黄河水利委员会第二次
档案进馆全宗概览

主　编　王　静　张　丹　付　钰
副主编　朱晓玫　费　凡　李加加　黄海叶　丁小妮

黄河水利出版社
·郑州·

内 容 提 要

黄河档案是黄河文化遗产的重要组成部分，它既是黄河文化的重要载体，也是开展黄河文化传播的重要媒介，黄河档案管理部门参与黄河流域生态保护和高质量发展战略具有重要意义。

本书系统地介绍了黄河水利委员会和所属各立档单位的情况及其所保存的黄河档案的主要内容，使社会全面了解黄河档案的主要内容，为有效地开发黄河档案信息资源提供有力帮助，同时还可以用来进行各立档单位之间的信息交流，互知情况，以利于档案信息资源共享，为促进黄河流域生态保护和高质量发展贡献档案力量和智慧。

本书可供从事档案管理工作的人员，特别是从事水利相关工作的管理人员参考使用。

图书在版编目（CIP）数据

黄河水利委员会第二次档案进馆全宗概览/王静，张丹，付钰主编．—郑州：黄河水利出版社，2022.9

ISBN 978-7-5509-3396-5

Ⅰ．①黄… Ⅱ．①王… ②张… ③付… Ⅲ．①黄河-水利工程-技术档案-档案管理-概况 Ⅳ．①G275.3

中国版本图书馆 CIP 数据核字（2022）第 174047 号

组稿编辑：王志宽　电话：0371-66024331　E-mail：wangzhikuan83@126.com

出 版 社：黄河水利出版社　网址：www.yrcp.com

地址：河南省郑州市顺河路黄委会综合楼 14 层　邮政编码：450003

发行单位：黄河水利出版社

发行部电话：0371-66026940、66020550、66028024、66022620（传真）

E-mail：hhslcbs@126.com

承印单位：河南新华印刷集团有限公司

开本：787 mm×1 092 mm　1/16

印张：15

字数：365 千字

版次：2022 年 9 月第 1 版　印次：2022 年 9 月第 1 次印刷

定价：120.00 元

前　言

黄河是我国的第二大河,源远流长。发源于青海高原巴颜喀拉山北麓约古宗列盆地,蜿蜒东流,穿越黄土高原及黄淮海大平原,注入渤海。干流全长 5 464 km,水面落差 4 480 m。流域总面积 79.5 万 km^2(含内流区面积 4.2 万 km^2)。黄河哺育了中华民族,孕育了华夏文明。1946 年开始,中国共产党领导人民治理黄河,治黄史册展开了新的篇章。从"黄河综合利用规划"的研究和编制,以及治理开发技术措施的拟定,既汲取了前人的治黄经验,又采用了当时的先进科学技术成果。一代又一代的黄河人长期坚持不懈地参与黄河的治理和开发,取得了前所未有的成就,形成了丰富的档案,档案工作也开始走向系统化、科学化、规范化的轨道,这时期的档案基本上被完整地保存下来。

黄河档案是我国人民治理与开发黄河的原始记录,在治黄的规划、防汛、编史修志、科研及经济建设等方面发挥着重要作用,同时档案信息只有被开发与利用,才能真正实现它的价值。为此,我们编写了本书。本书系统地介绍了黄河水利委员会(简称黄委)和所属各立档单位的情况及其所保存的黄河档案的主要内容,使社会全面了解黄河档案的主要内容,为有效地开发黄河档案信息资源提供有力帮助,同时还可以用来进行各立档单位之间的信息交流,互知情况,以利档案信息资源共享,使黄河档案更好地为黄河的治理与开发服务。

本书所说的黄河档案是指人们在黄河的治理与开发活动中形成的具有查考利用价值的各种记录,习惯上又称作治(理)黄(河)档案。

黄河水利委员会及所属各立档单位所保存的黄河档案按保存地点分为黄河档案馆馆藏档案和各立档单位档案室室藏档案两部分。黄河档案馆(档案信息处)是在原黄委档案资料科的基础上于 1983 年成立的,除负责收集保管黄委机关所形成的档案和黄委所属各立档单位需永久和长期保存的档案外,还履行对全河档案工作的指导、监督和检查的职责。目前,馆藏黄河档案按时期主要包括中华民国时期的黄河档案和新中国成立以来的黄河档案,中华民国时期的黄河档案包括国民政府治河机构所形成的档案、抗日战争时期日本东亚研究所第二调查委员会形成的档案和解放区治河机构形成的档案。新中国成立以来的黄河档案占馆藏档案的 95%以上,主要由两部分组成:其一是黄委机关所形成的档案,这部分档案原一直由黄委档案资料科收集保管,黄河档案馆成立之后,这部分档案由黄河档案馆负责验收保管;其二是黄委所属各立档单位形成的档案,这部分档案原一直由各立档单位自己保管,黄河档案馆成立之后,根据《中华人民共和国档案法》的规定,决定全河的档案实行集中统一保管,开始接收黄委所属各立档单位的档案。自 1987 年至今,共接收所属立档单位共 95 个全宗(含撤销单位)中 1967—1985 年(含 1985 年)形成的具有永久保存价值的档案。1985 年以后形成的档案考虑到各单位相距黄河档案馆所在地——郑州比较遥远,为方便利用,没有按国家规定的满 20 年即需向档案馆移交,但这部分档案今后将按计划分批向黄河档案馆移交。

本书在介绍档案时,按全宗号的先后顺序排列。档案介绍的具体内容主要包括:一是概述。主要介绍单位管理情况及主要工作内容。二是机构沿革简介。主要介绍单位的名称、成立与变更时间、地址、内部机构设置及其演变。三是主要负责人名录等。四是档案数量统计。为本单位档案室室藏档案数量。部分单位1966年以前的档案已经进馆,但在进馆时有许多重份档案仍然保存在档案室。因此,在室藏档案数量统计时,仍然包括1966年以前的档案。统计时分文书档案、科技档案、图纸、会计档案、声像档案、电子档案等。五是档案进馆情况简介。主要介绍第二次档案进馆情况和档案的主要内容。单位档案数量较少的没有分开介绍;单位档案数量较多、内容较复杂的都分开介绍,分文书档案、科技档案、声像档案,其下分别再分小类;档案数量较少、内容不是很复杂的只分文书档案、科技档案、声像档案,下边不再分小类;档案数量少、内容简单的不再分类介绍。声像档案只介绍了部分比较重要的照片、录音带和录像带,部分单位只统计数字,没有做内容介绍。会计档案和实物档案考虑到其形式和内容比较单一、固定,各单位情况都差不多,只统计了数量。

值此书完成之际,谨向中国南水北调集团中线有限公司的付钰同志表示衷心的感谢!付钰同志深厚的学术造诣、严谨求实的治学态度、埋头苦干的工作精神使我们受益匪浅,特别感谢在本书编写、选题、研究,在提供全面系统的水利工程专业理论知识、丰富的水利工程实践经验等方便对本书的顺利完成做出的巨大贡献。

本书在收集、编写过程中,得到了黄委有关单位领导和同志的大力支持与帮助,在此深表感谢!由于编者水平有限,错误之处在所难免,敬请读者批评指正。

编　者

2022年4月

目　录

天水水土保持科学试验站档案全宗介绍

全宗号:2.1

一、概述

黄河水利委员会天水水土保持科学试验站(简称天水站),隶属于黄河上中游管理局,单位创建于1942年8月,是国内建立最早的水土保持试验研究机构之一。天水站主要承担着黄土丘陵沟壑第三副区的水土流失规律试验研究、小流域综合治理及单项措施研究、水土保持科研成果推广应用和水土保持规划设计等任务。

天水站属社会公益性科研事业单位,机关办公地点位于甘肃省天水市秦州区公园路60号,占地面积7 227 m^2。试验基地分布在龙王沟、梁家坪、罗玉沟、烟铺等4处,共有农耕地15.3 hm^2(其中川水地5.7 hm^2)。

同时还开展吕二沟、罗玉沟及桥子东、西沟4条观测流域的水土流失原型观测工作,现共布设有径流泥沙观测站4处、雨量观测站30个,收集、分析、处理和整编降雨、径流和泥沙观测资料。其中,径流泥沙资料整编形成成果表有:“实测流量成果表”“悬移质含沙量计算表”“洪水水文要素摘录表”“逐次洪水测验成果表”“逐日平均流量表”“逐日平均含沙量表”“逐日平均输沙率表”;降雨量成果表有:“逐日降水量表”“降水量摘录表”“各时段最大降水量表”。

二、历史沿革简介

(一)黄河中游水土保持委员会领导时期(1964年10月至1970年8月)

1966年11月起全站工作被迫中断。1968年3月,经天水地区革命委员会批准成立“黄河中游水土保持委员会甘肃省天水水土保持站革命委员会”,组成三结合领导班子,任命军代表周琼林兼主任,群众代表牧金铭、李少龙为副主任。

1968年3月13日,黄河中游水土保持委员会被撤销,天水站下放甘肃省领导。甘肃省革命委员会决定交天水地区革命委员会代管。1970年8月10日,天水地区革命委员会决定撤销本站建制,人员、设备合并到天水地区水利电力局。撤销时全站有职工94人,其中技术干部37人、行政干部16人、工人13人、水保专业队员28人。

(二)甘肃省水电局领导时期(1973年7月至1978年6月)

1973年7月5日,甘肃省革命委员会通知“为积极开展水土保持科研工作,经省委同意立即恢复1969年下放我省的天水水土保持科学试验站。组织机构、人员编制参照撤销前决定,原科技人员应基本归队”。

1973年10月10日,天水地区革命委员会根据甘肃省革命委员会的通知,决定正式恢复“黄河水利委员会天水水土保持科学试验站”。归队职工33人,其中行政干部5人、技术干部 17 人、工人 11 人。任命刘景泰为革命委员会主任,李硕光、李腾章为革命委员会副主任。机构设置为:办公室、政工科、技术科、推广科,梁家坪、龙王沟、罗玉沟 3 个试验场。恢复南家湾农村基点。隶属关系是"业务由省水电局和黄委双重领导,党政工作由所在地区管理,为县级机构",名称改为"甘肃省水利电力局天水水土保持科学试验站"。

1975 年 8 月,在吕二沟沟口恢复径流观测。

(三)黄河水利委员会领导时期(1978 年 6 月至 1988 年 4 月)

(1)1978 年 6 月,黄委根据水电部意见,经请示甘肃省革命委员会同意,天水站回归黄委领导。黄委主任王生源、甘肃省水电局孙步云一同来天水站办理交接手续。恢复黄河水利委员会天水水土保持科学试验站原名称。

任命李硕光为代理站长,李腾章、胡景贤为副站长。1979 年 4 月增补阎文光为副站长。1979 年 10 月阎文光为代理站长、党委书记。

机构设置为:办公室、政工科、后勤科、科研室,梁家坪、龙王沟、罗玉沟 3 个试验场。成立首届学术委员会。

(2)1980 年 5 月调整领导班子,任命张效杰为党委书记,阎文光为站长,李腾章、胡景贤、于卓德为副站长。

(3)1983 年 8 月,为贯彻中央科研机构改革和领导干部"四化"的要求,调整天水站领导班子。任命周建文站长兼党委书记,张效杰为顾问,李绍凯、于卓德、胡建丽为副站长,胡景贤为工会主席。

机构设置为:办公室、政工科、科技管理科、科研室,龙王沟和罗玉沟 2 个试验场。

1984 年,站机构调整撤销技术管理科。扩建罗玉沟试验场,征购山耕地 100.38 亩(1 亩 = 1/15 hm^2,全书同),幼林地 36.76 亩,全场土地总面积达 300 亩。在罗玉沟烟铺村附近新征川地 10 亩,筹建罗玉沟试验基地办公室。左家场村附近征地 0.6 亩,筹建罗玉沟沟口径流测验站。

(4)1985 年 7 月,为贯彻"党政分工"原则,经黄委批准任命周建文为党委书记,于卓德为站长,李绍铠、胡建丽为副站长,胡景贤、李腾章为调研员,胡建丽兼工会主席。

机构设置为:办公室、政工科、土地利用研究室、工程与径流泥沙研究室、农牧措施研究室附罗玉沟试验场、林园措施研究室附龙王沟试验场、多种经营科附劳动服务公司。

三、主要负责人名录

略。

四、档案进馆情况简介

(一)档案进馆情况

此次进馆档案年限为 1967—1985 年,而自 1966 年开始,天水站工作被迫中断,至 1973 年 10 月 10 日,天水地区革命委员会根据甘肃省革命委员会的通知,决定正式恢复"黄河水利委员会天水水土保持科学试验站",所以 1967—1973 年间的档案资料基本没有存留;1973—1985 年间由于档案管理尚不规范,部分科研档案未及时归档或遗失,加之当时的当事人大多已退休或离开天水,故部分重点科研项目资料未收集齐全。

2009 年,黄河档案馆要求天水站 1967—1985 年的各类档案进馆,天水站积极组织人员对本站1967—1985年间的档案进行了整理,共整理出符合进馆条件的案卷92卷,共计345件,其中科技档案48卷、文书档案32卷、会计档案12卷,于2010年5月移交黄河档案馆。现保存在天水站档案室的是1985年后的档案。

(二)档案主要内容

1. 文书档案

天水站此次进馆的文书档案涉及1973—1985年间机构设置、人员编制、干部任免、经费划拨、行政管理、基建等案卷共计32卷。

2. 科技档案

1)吕二沟径流泥沙观测资料(资料时间:1975—1985年)

天水站从20世纪40年代开始,就在丘三区布设野外试验观测小区和试验小流域,进行天然降雨条件下原型观测和水土流失规律研究,是国内较早开展水土流失试验观测的机构之一,曾建立了黄土高原最早的坡面径流(场)小区,开展了黄土高原最早的坡面土壤侵蚀规律探索;20世纪50年代建立的小流域径流泥沙观测站,使该站水土流失规律试验研究初步形成体系,径流(场)小区和小流域径流泥沙观测站60多年几经反复和易地重建至今,积累了我国系列最长的水土保持科学试验径流泥沙观测资料(1942—2009年)及天水地区最早的气象观测资料,取得了不少试验研究成果,为我国水土保持科学研究体系建立和水保科技事业的发展,起到了奠基和导向作用,在国内外都具有重要影响。

天水站长期观测的典型小流域有罗玉沟、吕二沟、桥子东沟和桥子西沟4条流域,因罗玉沟、桥子沟测站均于1985年后开始观测,所以此次进馆的观测资料主要为吕二沟流域的降雨、径流、泥沙资料。

吕二沟流域位于甘肃省天水市南郊、藉河南岸,地理坐标为东经105°43′、北纬34°34′,是渭河一级支流藉河右岸的一条支沟。流域走向自南至北,呈狭长形,似叶舟状,面积12.01 km^2。1954年,天水站按照"前后对比"(治理前和治理后的对比观测)的原则,在流域内布设雨量站4个,沟口设立径流泥沙测站1处,进而开始开展降雨、径流、泥沙观测,是我国最早布设的小流域水土流失观测站网。现已积累有40多年的系列资料,取得了不同地类、地形、土壤、耕作方式等较为系统的降水、径流、泥沙等方面的实测资料。目前流域内有1处径流泥沙观测卡口站、6个雨量站,常年开展降雨、径流、泥沙观测。此次进馆的观测资料主要包含1975—1985年间吕二沟流域降雨量、径流、泥沙等原始观测资料。

这些资料观测系列长,数据翔实,是分析径流泥沙来源、研究水土流失规律的重要依据。

2)黄河中游地区机械修梯田协作研究(实施时间:1975—1982年)

黄河中游不同类型区技术人员结合当地生产实际,采用试验、示范、推广相结合的办法,历经7年试验研究,以机修梯田的规划、设计、施工技术、机具研制和多机联合为重点,提出了"需工量"与机械运土功率的分析计算方法,研制成了破冻土机、液压悬挂翻转犁和改装八字松推铲等机具。参加协作研究的单位共20个,提出科研成果报告50多篇,刊印《黄河中游地区机械修梯田试验研究成果汇编》一、二集,集体编著出版《机械修梯田》一书,天水站承担陡坡耕地机修梯田研究,提供规划、设计、施工技术研究成果报告4篇,提出了推土机双平列推土法,可提高工效65.5%~70.1%,在当时具有较高的推广应用价值。

3)深松耕法利用研究(实施时间:1979—1982年)

深松耕法是黑龙江省通过多年试验研究取得的一项改革耕作制度的科研成果,首次引进西北地区,由甘肃省农科院组织各地试验。深松耕法是以深松代替大部分翻耕,以深松为主体、松翻耙压等相结合的一套土壤耕作方法,能改善农田土壤理化性状,减少整地作业程序,有利于适时耕作和安排复种。天水站在王窑点试验结果为:小麦、玉米可增产7%以上,洋芋增产13%以上。土壤水分提高1.7%~8.1%,有机质增加7.4%~19.1%。生产效率提高28.6%,减少成本28%。1980—1988年累计深松面积4万亩,增产粮食74.9万kg,增加收益21.5万元。此次试验具有西北地区先进水平。

该项研究获1984年甘肃省科技成果三等奖。

4)沙棘研究(实施时间:1978—1984年)

沙棘为胡颓子科沙棘属灌木,是保持水土、解决"三料"问题的重要树种,沙棘果实有较高营养和经济价值,开发利用具有广阔的发展前途。1978年以来通过资料收集、野外调研、标准地定位观测、场圃试验、造林实践等方法,对沙棘的种类性状、自然分布、经济价值、保持水土和改良土壤作用,以及生物学特性、栽培技术等广泛领域进行了探讨,编写出研究报告9篇,总称为《沙棘研究》。天水站提供研究报告7篇。

该项研究成果获1984年黄委科技成果四等奖。

5)复种大豆引种试验(实施时间:1979—1985年)

该项目由南北各地引进大豆品种110个,经过3年品比试验和区域试验,筛选出了晋豆1号和铁丰18号两个品种。为小麦收后夏闲地复种短期作物以增加产量和收入,防止降雨集中季节休闲地水土流失开辟了新途径。其中,晋豆1号具有株型直立紧凑、主根入土深、根量多的特点,种子百粒重19~23 g,生育期104~110 d,可在6月底至7月初播种,10月上中旬成熟,平均亩产75.9 kg,每亩播量7.5 kg。适宜在天水地区海拔1 400 m以下的河谷川区和浅山地区推广种植;铁丰18号具有分枝多、结实密、种皮浅黄无褐斑、商品性好等特性,生育期106~109 d,7月初播种,10月中旬成熟,种子百粒重19~22 g,平均亩产101.7 kg,每亩播量6.5~7.5 kg。宜在徽县、两当川坝区推广种植。

该项目获1986年黄委科技成果四等奖。

6)王窑水土保持综合治理(实施时间:1977—1983年)

1977—1983年,基本建成了水土保持林和水平梯田为主体的水土保持防护体系。造林由1976年424亩增加到2 864亩,种草由591亩增加到640亩,水平梯田由1 082亩增加到1 482亩,沟道治理控制面积达367亩。林草覆盖率由12.7%提高到43.7%,土地利用率由59.5%提高到84.4%,治理程度由25.9%提高到70%,可减少径流量34.8%,减少泥沙量50.4%,土地生产率增长4.07倍,粮食总产增长1.83倍,家畜增长1倍多,"三料"问题基本解决。王窑的综合治理,采取"保梁、护坡、固沟"的基本原则,体现了以林草措施为主,林草措施与工程措施紧密结合的治理方法,收到了良好的经济效益和生态效益。

在省、地、县的领导下,王窑的治理经验得到了广泛的宣传和推广。1980年天水地区党委在王窑召开现场会,推广治理经验。1982年甘肃省委、省政府号召"全省学王窑",1984年全国水土保持协调小组授予王窑"全国水土保持先进单位"称号,对面上的水土保持工作起到了推动、示范作用。

该项目获1987年黄委科技成果五等奖、1988年天水市科技成果三等奖。

7)山旱地增产轮作制度的研究(实施时间:1982—1984年)

该试验通过在天水站梁家坪试验场的旱梯田内,以豆科作物扦入轮作,既能提高营养价值较高的豆类作物产量,又能培肥地力,达到抗旱增产的目的。该项试验研究为寻找适合当地抗旱、肥地的新的轮作制度和适种作物做出了有益的实践,在当时具有一定的积极意义。

8)小冠花引种试验(实施时间:1983—1985年)

多变小冠花(*Coronilla varia*. L.),简称小冠花,是豆科小冠花属多年生草本植物。1943年天水站叶培忠由美国引进,1982年再次从山西农业大学、黄委绥德水保站引进,先在海拔1 100 m的龙王沟场草圃试种观察,1983—1985年在海拔1 450 m的罗玉沟场进行试验和示范,1984—1985年扩种到渭河以北海拔1 300~1 800 m的秦安、甘谷、张家川等县进行适生范围的区域试验。经过4年5个县(市)不同海拔的多点试验观察和调查分析,小冠花是可以在天水地区生长的优良牧草,具有适应性广、自繁能力强、生长产量高、抗逆性强、水土保持性能及肥地改土作用强等特点,可在本区的"三荒地""四旁"种植,建立永久草层植被,既能保持水土,又可扩大饲草基地。两年生以上的小冠花年亩产鲜草2 500 kg、种籽15 kg,每亩纯收入80~100元,是帮助山区农民脱贫致富的有效途径。1985—1988年将小冠花作为水土保持优良牧草推广到青海、甘肃、宁夏、内蒙古、新疆等省(区),累计推广面积6 000余亩,发挥了较好的水土保持效益。

该项目成果获1986年黄委科技成果五等奖。

9)浅山区旱梯田有机旱作农业技术措施研究(实施时间:1984—1985年)

该项试验研究通过对小麦、夏茬作物、玉米进行二年三熟轮作制度,测定各种措施对土壤水分的影响、裸地土壤水分运行情况、作物耗水情况、土壤养分变化情况等,了解了耕作措施、施肥措施对蓄水保墒的作用,摸清了天水地区土壤水变化情况的作物安排和相应的施肥水平及耕作技术措施,为经济有效地利用现有雨量,充分发挥黄土高原土层深厚、土壤水蓄积量的优势,提高水分利用系数,利用非灌溉措施抗旱做出了有益的探索。

10)罗玉沟流域水土保持综合治理规划研究(实施时间:1984—1985年)

该项研究首先通过对罗玉沟流域详查,查明了流域地质、地貌、土壤植被等自然地理要素,流域土地利用农牧生产水平与经济结构、人口数量与素质,粮食与"三料"供求状况等基本特征,流域水土流失的危害,水土保持治理现状、经验与问题,其精度达到土地资源详查的同等精度,解决了长期存在的资源底子不清问题,为今后在流域开展科研与开发治理提供了比较系统、可靠的基础资料;其次通过对流域主要自然资源的评价,对流域水土流失基本特征的分析,研究并提出综合开发治理方略;再次制定了流域土地利用与水土保持综合治理规划及农牧林园、工程等专项规划;最后进行了变革传统的小流域规划方法的实践,并总结出新的规划方法和经验。

本项研究为该流域水土保持综合治理规划提供了依据,也为研究本流域综合开发治理优化模式奠定了重要基础。

该项研究成果获1991年黄河上中游管理局科技进步三等奖。

3. 会计档案

天水站此次进馆的会计档案主要为1975—1985年的年度事业费决算报表,除1980年缺年度事业费决算报表,以第一、三季度决算报表代替外,其余年份均为当年年度决算报表,共计12卷。

4. 声像、电子档案

天水站1967—1985年份段无声像、电子档案。

5. 实物档案

此次进馆无实物档案。

(三)其他需要说明的问题

(1)本全宗介绍编制中,参考了《黄河水利委员会天水水土保持科学试验站站志》(送审稿)。

(2)1966 年天水站工作被迫中断,至 1973 年 10 月 10 日,天水地区革命委员会根据甘肃省革命委员会的通知,决定正式恢复"黄河水利委员会天水水土保持科学试验站",所以 1967—1973 年间的档案资料基本没有存留;1973—1985 年间由于档案管理尚不规范,部分科研档案未及时归档或遗失,加之当时的项目负责人大多已退休或离开天水,故部分重点科研项目资料未收集齐全。

(3)由于材料不足、编制时间短、编制人员水平所限和缺乏经验,"天水水土保持科学试验站档案全宗介绍"有许多遗漏和不足之处,恳请有关领导和专家提出宝贵意见。我们将陆续补充、修改,使"天水水土保持科学试验站档案全宗介绍"更加充实、完善。

绥德水土保持科学试验站档案全宗介绍

全宗号:2.2

一、概述

黄河水利委员会绥德水土保持科学试验站创建于1952年,单位地址在陕西省榆林市绥德县朝阳路36号,面积1 474 340 m^2,为黄河上中游管理局的下属机构,是一个以水土保持科研、监测、技术推广为主体,具有一定水土保持试验研究与示范、水土保持水资源及预防监督管理职能的公益性事业单位。

二、简要历史沿革

(一)名称与时间

1952年黄委西北黄河工程局经过查勘确定在水土流失最严重的黄土丘陵沟壑区无定河流域陕西省绥德县建站,定名为“陕北水土保持工作推广站”,隶属黄委西北黄河工程局。在此期间,单位经过了多次变更,1954年8月更名为“绥德水土保持工作推广站”;1956年4月收归黄委直管,改名为“黄河水利委员会绥德水土保持科学试验站”;1957年8月划归黄委水利科学研究所领导;1958年恢复西北黄河工程局领导,并在无定河河源区建立靖边试验场;同年12月划归黄委水保处,并在辛店试验场成立水土保持农业中学;1960年2月建立神木、靖边分站,同时将水土保持农业中学改名为“绥德水保站实验学校”,1961年该校停办;1964年8月划归新成立的黄河中游水土保持委员会;1966年4月撤销靖边、神木两分站;1967—1968年,成立站革命委员会,取消科室机构,改设政工组、生产组;1969年下放由地方领导,改名为“榆林地区水土保持站”;1978年8月恢复黄委建制。

(二)机关住址的变更情况

该站从1952年建站以来一直在绥德县农村。

(三)机关内部机构设置

该站1952年初建时,隶属黄委西北黄河工程局,定名为“陕北水土保持工作推广站”,由陶克同志任站长,机构设置为:秘书室、工程股、财务股、农林牧坡地综合利用试验场;1958年在无定河河源区建立靖边试验场;同年12月划归黄委水保处,并在辛店试验场成立水土保持农业中学;1960年2月建立神木、靖边分站,神木分站站长张润宁,靖边分站站长杨树森,同时将水土保持农业中学改名为“绥德水保站实验学校”,1961年该校停办;1963年机构设置为:办公室、径流测验科、技术推广科、辛店试验场、靖边分站、神木分站。1966年4月撤销靖边、神木两分站,工作转为边搞社教,边搞治理;1967—1968年成立站革命委员会,取消科室机构,改设政工组、生产组,主要在面上治理工作;1978年8月恢复黄委建制,尚守益任站长,机构设置为:办公室、试验场、后勤科;1983年荆振民任站长,调整后的机构设置为:政工科、科研室、办公室、试验场。

通过近年的发展,该站的科技力量发生了根本性变化,专业涉及水保、水文、林业、畜牧、农田水利、地质、遥感、计算机等20多个,已形成了具有多学科的水土保持试验研究机构、水土保持水资源及预防监督管理机构。

三、档案情况简介

(一)档案数量统计

此次进馆档案共计468卷。其中,文书档案85卷、科技档案376卷及会计档案7卷。

(二)档案整理情况

该次档案整理年限是1967—1985年,为了能够更好地完成档案进馆工作,单位领导高度重视,专门成立了档案整理领导小组、档案鉴定小组及档案整理小组,制订了档案整理方案,为圆满完成档案整理工作,及时组织档案整理人员外出参观学习,有力地保证了档案整理工作的顺利开展。档案进行了收集、分类、立卷、鉴定等整理工作,并进行了案卷题名、卷内目录及备考表等著录,均严格按照黄河档案馆关于接收档案的规定进行整理,并多次修改完善,出色完成了绥德站所有档案的整理工作。

(三)档案主要内容

文书档案主要包括机构设置、职务任免、职称晋升、会议记录、工作总结、干部统计报表、劳资统计报表、党员统计报表、老干部统计报表等内容。

科技档案主要分为科研和水文两类,科研档案主要包括"无定河流域粗流沙来源初步分析""榆林地区开展小流域治理的经验""陕北黄丘区旱地谷子高产稳产栽培技术研究""树木引种试验""辛店试验场小流域不同治理措施配置增产拦泥效益""辛店试验场小流域不同治理措施配置增产、拦泥效益""韭园沟流域综合治理减水减沙效益初析""绥德、米脂黄土丘陵区小流域侵蚀地貌分类及其特征报告""柠条的栽培技术及其效益研究""坝地盐碱化的防治试验""辛店试验场小石沟流域水土保持综合治理实验样板研究""早熟沙打旺品种选育报告""山旱地作物轮作试验总结报告""陕北黄丘区优良牧草、柠条的种植、效益研究""小冠花在绥德的生长表现及其评价报告"等。其中,"早熟沙打旺品种选育"课题获国际成果奖,"小冠花引种栽培试验"获农牧渔业部自然科学进步奖二等奖,"柠条栽培技术研究"获黄委科技成果三等奖,"坝地盐碱化防治"获黄委科技成果四等奖。水文资料主要有径流观测资料及年度整编成果。

(四)主要参加者

王彦琪、王晓、刘立峰、王建荣、张慧兰、黄晓琴、尚国梅、徐立青、马宁、马亚莉、王彩琴、李云树、王保娥、孟雪梅、马竹娥、马秋霞、任兆选。

四、其他需要说明的问题

编写过程中遇到的问题:

(1)水文资料1969—1973年由于历史原因断测了(《1954—1979年黄河中游水土保持径流泥沙测验资料——绥德水土保持科学试验站的红本》里有说明),没有资料。

(2)照片、光盘资料由于当时设备、条件所限,没有资料。

西峰水土保持科学试验站档案全宗介绍

全宗号:2.3

一、概述

黄河水利委员会西峰水土保持科学试验站(简称西峰水保站)位于甘肃省庆阳市南大街268号,属黄委下设的水土保持科研机构,下设南小河沟综合治理试验场和东湖园艺场两个场。主要职能是:面向黄土高原沟壑区,以水土流失规律研究、单项治理技术研究和推广为重点,为大面积治理提供技术支撑,为减少入黄泥沙和当地农业生产服务。

二、组织沿革

西峰水保站始建于1951年10月,从1966年开始,科研工作受到严重干扰,组织机构处于瘫痪状态,职工人数为86人。1969年,将西峰水保站下放归属甘肃省水电局领导。1970年,西峰水保站被撤销,与庆阳地区水利局合并,新成立庆阳地区林业局,人员被调整,由庆阳地区革命委员会安排工作。

1973年4月,根据国家治黄领导小组在延安召开的黄河中游水土保持工作会议精神,决定恢复西峰水保站,归属甘肃省水电局领导。1976年以后机关机构、人员基本恢复,各项科研业务工作逐步得到正常进行。

1978年10月,根据黄委黄河流域水土保持科研规划座谈会精神,征得甘肃省同意,并经水电部批准,正式将西峰水保站归属黄委水保处领导。是年,经黄委党组批准,中共西峰水保站委员会成立。1979年5月,经黄委和庆阳地区批准,拨款修建了西峰水保站办公大楼,总面积3 600 m^2,9月,黄河工会西峰站委员会成立。

1980年7月,西峰水保站办公大楼竣工交付使用,职工人数为184人。

三、档案主要内容

(1)文书档案:主要有工作总结、职务任免的通知、机构撤销及合并的请示报告、兑换土地的协议、征用土地的批复、改选团总支批复等。

(2)会计档案:主要有会计决算报告、工资册。

(3)科技档案:主要有水文径流观测站降水量、蒸发量、流量含沙量原始记录资料,南小河沟水土流失与综合治理及其效益、平整塬面条田试验总结、综合治理增产减沙效益,花果山危险水库安全复核加高及泄水建筑物改建设计书的报告等。

韩城黄河河务局档案全宗介绍

全宗号 3.1

一、立档单位的历史沿革

黄河小北干流陕西黄河河务局韩城黄河河务局是由韩城市黄河指挥部、陕西省三门峡库区管理局、黄河小北干流陕西管理局韩城修防段、韩城市黄河河务局沿革而来的。

(1)1969 年 5 月 19 日按照韩革发(69)第 058 号文通知精神,成立了“韩城县革命委员黄河防洪工程指挥部”,机构规格为正科级,行政关系隶属韩城县(现已为韩城市)革命委员会领导。

1981 年 3 月 23 日,陕西省三门峡库区管理局库办(1981)051 号文,依据陕西省人民政府《关于改变三门峡库区七个重点县的库区治理机构领导体制批复》[陕政发(1980)278 号]精神,原韩城县革命委员黄河防洪工程指挥部更名为“陕西省三门峡库区管理局韩城修防段”,隶属陕西省三门峡库区管理局。

1985 年 9 月,根据国务院(82)国函字第 229 号文件精神,陕西省三门峡库区管理局韩城修防段正式移交黄河水利委员会统一管理,机构名称改为“黄河小北干流陕西管理局韩城修防段”,隶属黄河小北干流陕西管理局。

1994 年 12 月更名为“韩城市黄河河务局”。

(2)机关住址的变更情况:

韩城县革命委员会黄河防洪工程指挥部成立于 1969 年 5 月 19 日,指挥部设在龙门镇桥南村(借住民房),后在龙门镇下峪口村修建指挥部院落,1972 年迁入办公。1986 年 12 月迁至韩城市黄河大街北段新址。

(3)机关内部机构设置:

韩城县革命委员会黄河防洪工程指挥部于 1969 年 5 月 19 日成立,领导设指挥和副指挥,编制 8 人,修建桥南护村工程。1981 年 3 月,根据陕西省人民政府陕政发(1980)278 号文精神,韩城县革命委员会黄河防洪工程指挥部移交到陕西省三门峡库区管理局后,领导设段长和副段长各 1 人,年末正式职工人数为 17 人。

(4)主要负责人名录(略)。

二、档案数量统计

此次进馆档案共计 61 卷。其中,文书档案 29 卷、科技档案 32 卷。

三、档案主要内容

(一)文书档案

韩城黄河河务局在治黄工作中的年度工作总结,启用印章、单位更名的通知、批复,单位会议记录,劳动工资报表,干部职工花名册,基本建设、防汛岁修和水利事业费决算批复等。

(二)科技档案

本次科技档案进馆的主要内容有:工程管理工作总结,编制的定额、办法,修改预算和批复,工程设计,堤坝加高土石方、防汛工作总结,黄河、渭河、洛河各断面水位预报表,工程计划安排意见,治理情况统计和总结报告会议纪要。

合阳黄河河务局档案全宗介绍

全宗号 3.2

黄河小北干流陕西黄河河务局合阳黄河河务局是由合阳县黄河护岸工程指挥部、陕西省三门峡库区管理局合阳修防段、黄河小北干流陕西管理局合阳修防段沿革而来的。

一、立档单位的历史沿革

1972 年 7 月,经合革发〔1972〕62 号文批准成立“合阳县治理黄河工程指挥部”,隶属合阳县革命委员会领导。

1977 年 7 月,抽治黄分设,名称隶属关系不变。

1980 年 5 月,合阳县革命委员会以合革发〔1980〕43 号文指出“合阳县治黄指挥部是县革命委员会的一个部门,按县级部局对待”。

1981 年 3 月,陕西省三门峡库区管理局库办〔1981〕051 号文,依据陕西省人民政府《关于改变三门峡库区七个重点县的库区治理机构领导体制批复》[陕政发(1980)278 号]精神,原合阳治黄工程指挥部更名为“陕西省三门峡库区合阳修防段”,隶属陕西省三门峡库区管理局。

1985 年 9 月,根据国务院(82)国函字第 229 号文精神,合阳修防段正式移交黄河水利委员会统一管理,机构名称改为“黄河小北干流陕西管理局合阳修防段”,隶属黄河小北干流陕西管理局。

二、机关住址变更情况

1972 年合阳县治理黄河工程指挥部机关开始筹建住址,曾在合阳县二旅社、坊镇公社南街大队、伏六公社中雷队借住民房。

1973 年 2 月,开始在伏六公社太里村修建指挥部,同年 12 月搬入。

1976 年 3 月,东雷抽黄工程开工后,抽治黄组织合并,住址仍设在太里村。

1981 年 2 月,机关住址迁至合阳县东王乡王村街。

1996 年 11 月,机关住址迁至合阳县东新街 85 号。

三、机关内部机构设置

1972 年合阳县治黄工程指挥部,下设政工组、工程组、后勤组、保卫组。

1975 年 7 月,随着抽黄工程大会战的结束,恢复了合阳县治理黄河工程指挥部,下设政工组、工程组、后勤组、合阳办事处、车队、专业队、农场、东王工程指挥所、新兴工程指挥所。

1980 年 5 月,合阳县治黄工程指挥部下设政办组、工程组、后勤组、合阳办事处、车队、东五工程指挥所。

1981年3月,陕西省三门峡库区合阳修防段下设政办组、工程组、后勤组、合阳办事处、东王、新兴工程指挥所。

1982年,黄河小北干流陕西管理局合阳修防段下设政办股、工程股、财供股、综合经营股。

四、主要负责人名录

略。

五、档案数量统计

原保存的1969—1984年永久档案为46卷,长期档案为46卷,经此次重新整理后,本次进馆的永久档案为78卷,全部为纸质档案。

六、档案主要内容

(一)文书档案

合阳黄河河务局在治黄工作中的年度工作总结,启用印章、单位更名的通知、批复,领导职务任免、处分的通知、批复,领导班子会议记录,支部会议记录、劳动工资报表,党员、职工花名册等。

(二)科技档案

本次科技档案进馆的主要内容有:工程管理工作总结,工程“三查三定”工作通知,实施要点,立案材料,防汛工作总结,会议记录,工程设计的请示报告,竣工验收报告,基建工程设计的通知、批复,申都抢险工程批复、报告、总结,水利基建、防汛岁修统计表,施工合同,施工日志等。

大荔黄河河务局档案全宗介绍

全宗号 3.3

一、概述

黄河小北干流陕西黄河河务局大荔河务局,简称大荔黄河河务局,是水利部黄河水利委员会驻大荔县副县级单位。隶属黄河小北干流陕西黄河河务局。单位住址在大荔县城关镇仁合巷27号,机关和宿舍占地面积4 000 m^2,机关成立于1995年5月8日,现有职工31人,其中公务员12人、事业编制职工19人。单位内设办公室、工程管理科、水政水资源科(防办)、财务科、运行观测科(二级机构)。管护着华原(护岸)、雨林、牛毛湾三处控导工程,工程全长38.3 km。管护着17 km的朝邑围堤,担负着大荔县35万亩土地及10万余群众和农场生活生产安全的防汛任务。单位自1969年成立以来,逐步形成和积累了大量的档案资料,并按国家档案局印发的《机关档案工作业务建设规范》及黄委下发的档案管理工作的有关规定,结合大荔黄河河务局实际情况,分门别类立卷归档,集中统一管理,综合档案室已成为大荔黄河河务局档案资料的信息中心。

二、沿革简介

(一)名称与时间

大荔黄河河务局最初成立于1969年6月20日,时称“大荔县革命委员会黄河小北干流指挥部”。根据国家水电部(69)水电生字141号批准修建朝邑围堤,经大荔县革命委员会1969年6月24日研究决定,成立“大荔县革命委员会黄河北干流工程指挥部”,隶属大荔县革命委员会,编制45人。

1973年1月16日,依据荔水发(1973)001号成立“大荔县黄河工程管理站”,隶属大荔县水电局。

1978年12月28日,依据荔革黄发(1978)001号成立“大荔县黄河抢险指挥部”。

1981年3月29日,陕西省三门峡库区管理局库办(1981)051号文,依据陕西省人民政府《关于改变三门峡库区七个重点县的库区治理机构领导体制批复》[陕政发(1980)278号],原“大荔县黄河工程管理站”“大荔县黄河抢险工程指挥部”统一更名为“陕西省三门峡库区大荔修防段”,隶属陕西省三门峡库区管理局。

1983年8月24日,根据陕西省水利厅《关于成立大荔黄河牛毛湾修防段的批复》[陕水政(83)50号],成立“陕西省三门峡库区大荔黄河牛毛湾修防段”,隶属陕西省三门峡库区管理局。

(二)机关住址变更情况

大荔黄河河务局成立于1969年6月20日,时称“大荔县革命委员会黄河小北干流工程指挥部”,部址设在华原公社下辛大队。1973年5月部址迁移至步昌乡安昌村,1979年3月迁至华原乡,1990年10月由华原迁至大荔县城西环路新址办公,1993年段机关移至大荔县仁合巷27号。

(三)机关内部机构设置

大荔县革命委员会黄河小北干流工程指挥部于1969年6月20日成立,下设指挥和副指挥,人员编制45人。1978年12月28日成立“陕西省大荔县黄河抢险工程指挥部”,设有指挥1人,副指挥5人,下设办事组、工程组、后勤组。1981年3月29日成立“陕西省三门峡库区大荔黄河修防段”,设有段长、副段长。

(四)主要负责人名录

略。

三、档案情况简介

(一)档案数量统计

大荔黄河河务局机关档案室集中统一管理着大荔黄河河务局的全部档案。1969—1984年永久档案为233卷,长期档案为229卷,本次进馆的永久档案为139卷,全部为纸质档案。

(二)档案完整程度

大荔黄河河务局自创建以来,各任领导对档案工作都十分重视,多年来档案都有专人负责管理,档案室所保存的档案都比较齐全完整,从未发生过档案丢失和档案毁损现象。

(三)检索工具编制情况

保管档案的目的在于利用,为了更好地开发档案信息资源,大荔黄河河务局编制了案卷目录、卷内文件目录、发文汇集;为查阅某一专题方面的方便,编写了离任领导职务任免索引、离退休人员索引、档案存放索引等检索工具,为充分利用档案创造条件。

(四)档案整理情况

根据单位的实际情况,为确保各门类档案的完整,各科室在年初就对其形成的文件资料进行收集,每年12月底交档案室,由档案人员按要求分类,划分期限、编写目录,统一装订、整理归档。

(五)档案主要内容

1. 文书档案

大荔黄河河务局在治黄工作中的年度工作总结,启用印章、单位更名、领导职务任免和处分的通知、批复,领导班子会议记录,支部会议记录,单位制定的各项规章制度,劳动工资报表,党员、职工花名册,表彰先进,财务物资年报,水政执法工作、工会总结。

2. 科技档案

大荔黄河河务局工程管理工作总结,颁布的制度、办法,工程简介,1969年自单位成立以来华原、牛毛湾护岸工程开始修建及加高培厚过程中请示、报告,工程设计及上级主管单位的批复,工程施工日志、会议记录、工程竣工验收鉴定书。防汛工作总结、河势观测记录、根石加固及探测报告,黄河朝邑滩退水渠放淤工程断面竣工图、放淤方案协议报告、朝邑滩退水渠站闸工程修建设计,黄河西倒实查实测数据报告,1977年伏秋大汛涨水人员淹没情况统计,防汛岁修费、房屋修缮的请示、批复。

潼关黄河河务局档案全宗介绍

全宗号 3.4

一、立档单位的历史沿革

黄河小北干流陕西黄河河务局潼关黄河河务局是由潼关县黄河护岸工程指挥部、陕西省三门峡库区管理局潼关修防段、黄河小北干流陕西管理局潼关修防段沿革而来的。

(1)1972 年 7 月按照潼革发(72)第 071 号文通知精神,成立了“潼关黄河护岸工程指挥部”,机构规格为正科级,行政关系隶属潼关县革命委员会。

1981 年 3 月,陕西省三门峡库区管理局库办(1981)051 号文,依据陕西省人民政府《关于改变三门峡库区七个重点县的库区治理机构领导体制批复》[陕政发(1980)278 号]精神,原潼关护岸工程指挥部更名为“陕西省三门峡库区管理局潼关修防段”,隶属陕西省三门峡库区管理局。

1985 年 9 月,根据国务院(82)国函字第 229 号文件精神,潼关修防段正式移交黄河水利委员会统一管理,机构名称改为“黄河小北干流陕西管理局潼关修防段” 隶属黄河小北干流陕西管理局。

(2)机关住址的变更情况。

潼关护岸指挥部成立于 1972 年 7 月,机关办公临时借住在原航运队旧址,1973 年 10 月,经陕西省渭南地区三门峡库区管理局革命委员会批复同意购买临时居住的 30 间房屋作为机构管理用房。至 1996 年由于高速公路修建占地,12 月,机关办公机构正式迁至潼关县和平路北段,门牌号为 25 号。

(3)机关内部机构设置。

潼关黄河护岸工程指挥部于 1972 年 7 月成立,领导设指挥和副指挥,年末正式职工共 3 人。1981 年 3 月,根据陕西省人民政府陕政发(1980)278 号文精神,潼关护岸工程指挥部移交到陕西省三门峡库区管理局后,领导设段长和副段长各 1 人,年末正式职工人数为 4 人。

(4)主要负责人名录(略)。

二、档案数量统计

潼关河务局档案室存 1972—1984 年永久档案为 39 卷,长期档案为 94 卷。此次进馆档案共计 84 卷。其中,文书档案 38 卷、科技档案 46 卷。

三、档案主要内容

(一)文书档案

潼关黄河河务局在治黄工作中的年度工作总结,启用印章、单位更名的通知、批复,单位会议记录、劳动工资报表,干部职工花名册,基本建设、防汛岁修和水利事业费决算批复等。

(二)科技档案

本次科技档案进馆的主要内容有:工程管理工作总结,编制的定额、办法,工程简介,吊桥渭河护岸工程设计、修改预算、竣工验收报告和批复,七里村工程设计、堤坝加高土石方、1981年续建计划的报告及1980年施工计划批复和安排,山西大做挑流工程,对大桥施工清除临时设施情况的报告和北干流治理座谈纪要,防汛工作总结,三门峡库区潼关以上黄河、渭河、洛河各断面水位预报表,工程"三查三定"工作通知、实施要点、立案材料要求、计划安排意见、治理情况统计和总结报告会议纪要,管理房屋购买、修缮的请示、批复,港口公社贸易货栈在潼河口设渡与山西通航的报告,十六号坝被炸事件的报告、座谈纪要、处理情况和协议等。

河津黄河河务局档案全宗介绍

全宗号:4.1

一、机构沿革简介

1968年7月,河津县(现为河津市)革命委员会在接到水利电力部军规水字〔1968〕75号和省农水计财字〔1968〕94号文件后,速从县直各部门抽掉70余名干部,成立了"河津县黄河防洪指挥部",下设办公室、政工处、工程处、后勤处。

1972年,黄河防洪工程指挥部与县治汾指挥部合并,改称为"河津县治理汾河指挥部",为了加强对施工第一线的领导,在指挥部的领导下,又相继设立了禹门口、清涧湾、苍头三个工区。

1978年,改名为"河津县治理黄河指挥部"。

1981年成立了"河津县黄河工程管理局",治黄指挥部名称仍保留,实际是两个牌子、一套人马。

二、档案数量统计

1968年建档以来,档案材料虽然实行了统一集中管理,但与档案管理有关法规的要求还有较大距离,档案材料虽有所残缺,但总的来说比较完整,基本上能反映河津治黄的真实情况。1985年以前河津黄河河务局档案共分文书档案和科技档案。其中文书档案2卷,永久综合类1卷、长期1卷。科技档案28卷(永久),其中综合类(G_1)3卷,河道治理类(G_3)2卷,防汛类(G_6)4卷,计划类(G_{11})19卷。根据黄委进馆要求,河津黄河河务局对1985年以前所有文件进行重新整理、组卷,目前共整理出进馆档案28卷。

三、档案主要内容

主要内容有机构成立和启用公章的通知,黄河防汛抢险工程预算的请示及对黄河防洪工程追加预算的批复,年度工作总结,会议记录,防汛工作总结,人事任免,黄河工程逐年完成情况统计,治黄基建工程续建计划,临时工改为固定工的通知,水利基本建设年报表及基本建设统计年报表,运城地区行署关于河津县黄河工程管理局工人工资标准的批复及工程竣工报告等,县黄河工程管理局工人工资标准的批复及工程竣工报告等。

万荣黄河河务局档案全宗介绍

全宗号:4.2

一、机构沿革简介

(一)名称与时间

1969年10月,万荣县人民政府成立了“万荣县治理黄河指挥部”,开始了治黄事业。

根据国务院(82)国函字229号文和山西省人民政府办公字(85)晋政办函21号文等文件精神,为了加强黄河小北干流统一规划、统一管理,将两岸已建工程及现有管理机构统一移交给黄委所属黄河小北干流山西管理局接管。黄委于1985年6月接管以后,原治黄指挥部更名为“黄河小北干流山西管理局万荣修防段”。

(二)机关住址的变更情况

万荣县治理黄河指挥部从1969年10月成立后,指挥部设在庙前后土祠;1984年8月迁址秦村;1985年收归黄委,万荣修防段段址为秦村。

(三)机关内部机构设置

治黄指挥部于1969年10月成立后,内部机构设置为:办公室、工程组、政工组、后勤组、机车队、养护队、施工营(宝鼎)、七个运石营(宝鼎、荣河、王显、孙吉、贾村、王亚、古城)。

1984年8月治黄指挥部机构调整如下:办公室、工程组、后勤组、庙前工区、秦村工区、三门峡库区管理局服务公司万荣分公司。

1985年6月万荣修防段内部机构设置为:办公室、工程股、财务股、经营股、庙前工区、西范工区。

(四)主要负责人名录

略。

二、档案数量统计

万荣黄河河务局1974—1985年的档案,经档案人员进行分类、鉴定、整理,共有12卷文书档案进馆,共计130页。

三、档案主要内容

万荣县治理黄河指挥部1976年工作总结,1976年基本建设财务决算报告,1977年工作总结、全民所有制基本建设项目普查基层表,1978年工作总结,1978年基本建设财务决算,1979年度基本建设财务决算报告,机车队1979年度分车决算表,1980年工作总结,1982年工作总结,1984年干部职工基本情况统计表、工资补贴审批表。

临猗黄河河务局档案全宗介绍

全宗号:4.3

一、机构沿革

(一)名称与时间

1971年12月,临猗县人民政府成立了“临猗县治理黄河指挥部”,开始了治黄事业。

根据国务院(82)国函字229号文和山西省人民政府办公字(85)晋政办函21号文等文件精神,为了加强黄河小北干流统一规划、统一管理,将两岸已建工程及现有管理机构,统一移交给黄委所属黄河小北干流山西管理局接管。黄委于1985年6月接管以后,原治黄指挥部更名为“黄河小北干流山西管理局临猗修防段”。

(二)机关住址的变更情况

临猗县治理黄河指挥部从1971年12月成立后,指挥部设在北赵村;1981年迁到临晋卓儿村。

(三)机关内部机构设置

治黄指挥部于1971年12月成立后,内部机构设置为:办公室、工程组、政工组、后勤组、机车队、养护队、施工营及运石营。

1985年6月临猗修防段内部机构设置为:办公室、工程股、财务股、经营股、北赵工区、屈村工区、浪店工区、夹马口工区。

(四)主要负责人名录

略。

二、档案数量统计

临猗黄河河务局1976—1985年的档案,经档案人员进行分类、鉴定、整理,共有9件文书档案进馆,共计67页。

三、档案主要内容

关于北赵湾工程险情的紧急报告,临猗县治理黄河指挥部1976年基本建设财务决算报告,1978年工程年报表,1979年工程年报表,1980年工程年报表,1981年工程年报表,1983年工程年报表,关于扬范、元上电灌站护岸工程的报告,1984年工程年报表。

永济黄河河务局档案全宗介绍

全宗号:4.4

一、概述

永济黄河河务局位于山西省运城永济市舜都大道60号,于1971年成立,机关初设于永济县(现为永济市)蒲州老城。主要职能和任务是:依法管理黄河水资源,受理河道水事违法案件,维护正常的水事秩序,实施基建工程和防汛岁修施工,维护管理防护工程和防洪设施,明确划定工程管护范围,负责水情预报、抢险技术指导、防汛物资准备,配合永济市黄河防汛指挥部完成任务。

二、沿革简介

(一)机关住址变更情况

永济河务局(原名山西省永济县革命委员会治黄指挥部)1971年成立,机关设于永济县蒲州老城。

(二)机关内部机构设置

1971年,机关内设办公室、政工组、施工组、后勤财务组、采石运输组。

三、1985年以前档案主要内容(共计15卷)

(1)永济治黄指挥部1975年党委会议记录。
(2)永济治黄指挥部1975年工作总结。
(3)永济治黄指挥部1976年工作总结。
(4)永济治黄指挥部1977年党委会议记录。
(5)永济治黄指挥部1977年工作总结。
(6)永济治黄指挥部1978年工作总结。
(7)永济治黄指挥部1978《简报》1~22期。
(8)永济治黄指挥部1978年党委会议记录。
(9)永济治黄指挥部1979年工作总结。
(10)永济治黄指挥部1979年党委工作会议记录。
(11)永济县三管局1980年党支部会议记录。
(12)永济治黄指挥部1980年工作总结。
(13)永济县三管局1982年治黄工作情况汇报。
(14)永济治黄舜帝分段指挥部1982年工作总结。
(15)永济县治黄指挥部关于黄河治理情况汇报。

河南黄河河务局档案全宗介绍

全宗号:6

一、概述

河南黄河河务局作为河南黄河的水行政主管机关,受水利部黄河水利委员会和河南省人民政府的双重领导,履行河南黄(沁)河的防洪治理开发规划与实施、水行政管理、工程建设与管护、水资源管理与调度等职责,管辖河道长 711 km、堤防 858 km。下设濮阳、郑州、开封、豫西、新乡、焦作等 6 个市级河务局和 26 个县级水管单位,直属企事业单位 14 家,目前共有职工 1.3 万人,其中各类专业技术人员近 2 500 人,具有高中级职称 1 250 余人,局机关设有 14 个职能处室,机关编制 161 人。

二、机构沿革简介

1967 年的机构名称为“黄河水利委员会河南河务局”。1968 年 5 月 4 日,经河南省革命委员会批准,成立黄河水利委员会河南黄河河务局革命委员会,行使原黄河水利委员会河南河务局的一切权力,启用“黄河水利委员会河南黄河河务局革命委员会”新印章,局机关设政工组、财务组、生产组,全局职工 2 307 人,局机关编制 126 人。

1973 年 3 月 24 日,根据《国务院批转水利电力部关于黄河水利委员会体制改革报告》(国务院〔71〕国发 70 号)文件精神,河南黄河河务局归属河南省直接管理,经国务院批准,黄河水利委员会河南河务局改为“河南省革命委员会河南黄河河务局”,全局职工 2 378 人,局机关职工 111 人。

1978 年,根据水电部〔78〕水电办字第 28 号文,将河南省革命委员会河南黄河河务局改为水利电力部黄河水利委员会河南黄河河务局。局机关设办公室、政治处、计划财务处、引黄灌溉处、河防处、科技办公室、物资供应处,全局职工 3 566 人,局机关职工 204 人。

1980 年 5 月 25 日,水利电力部黄河水利委员会河南黄河河务局改为水利部黄河水利委员会河南黄河河务局,全局职工 8 228 人,局机关职工 235 人,局机关设办公室、政治处、劳动工资处、计划财务处、引黄淤灌处、河防处、科技办公室、物资供应处、石料运输处。

1982 年 6 月 17 日,由于水利部与电力部合并,名称由水利部黄河水利委员会河南黄河河务局改为水利电力部黄河水利委员会河南黄河河务局,全局职工 8 865 人,局机关职工 252 人,局机关设办公室、人事处、劳动工资处、计划财务处、科技办公室、物资供应处、工务处、基建施工管理处、规划计划室、生产办公室、劳动服务公司。

1985 年的机构名称为水利电力部黄河水利委员会河南黄河河务局。

三、档案数量统计

此次进馆档案共计 455 卷。其中:文书档案 198 卷、科技档案 225 卷(含图纸 113 张)、会计档案 32 卷。

四、进馆档案主要内容

(一)文书档案

治黄工作意见、总结、治黄工作会议文件,机关建立、撤销、更名、启用印章;干部任免、劳动工资、干部和党员职工年报表与花名册;职称认定、表彰先进、工龄更改、离职休养、违纪处分等文件材料的请示、报告、批复、通知等。

(二)会计档案

基本建设,水利事业费,淤背、淤灌、建安单位会计决算、批复。

(三)科技档案

防汛岁修、基本建设计划、批复、年报表;河势查勘报告、河势图;涵闸改建、防洪工程设计、竣工图;防洪工程管理、防汛、通信、工作意见、总结、规划;堤防加固、堤防普查、河道整治、险工加高、放淤固堤等工程的竣工总结、年报表。

孟津黄河河务局档案全宗介绍

全宗号:6.6.1

一、概述

豫西黄河河务局孟津黄河河务局(简称孟津河务局)是水利部黄河水利委员会派出的具有水行政职能的中央财政供给的副处级公益性事业单位,现住址在洛阳市孟津县会盟镇陆村十字口西北角,受河南黄河河务局豫西黄河河务局和孟津县委、县政府双重领导。该局东临207国道,南靠孟津至扣马公路孟津汽车站,交通便利,地势优越。机关大院面积1 891.44 m^2,建设规模3 282 m^2,有一幢办公住宿综合楼。

该局现有职工83人,其中事业单位50人、养护公司33人。其中干部33名、工人50名。有专业技术人员32名。另外工程师4名,会计师1名,助理工程师及助理政工师24名。

孟津河务局主要承担着孟津黄河段区域内的水行政管理,《中华人民共和国水法》《中华人民共和国防洪法》《中华人民共和国河道管理条例》的宣传贯彻执行;负责区域内黄河的防洪抢险、抗旱水调工作;负责黄河段的工程管理与维护工作;负责黄河水资源的开发利用管理等职能。

黄河流经孟津县横水、小浪底、白鹤、会盟4镇,河道全长59 km,西霞院工程以下30 km为设防河道,西霞院工程以上29 km为小浪底、西霞院库区。孟津河务局所辖黄河防洪工程有堤防1处(7.6 km);河道工程4处,分别为铁谢险工、白鹤控导工程、花园镇控导工程和铁炉护滩工程,其中铁谢险工有36道坝(含2道潜坝)、73个垛、24段护岸,白鹤控导工程有8道坝、2个垛,花园镇控导工程有29道坝、2个垛,铁炉护滩工程有2道坝,共计176个单位工程。

孟津县河道地处黄河中游末端,河道初出峡谷,比降大、汇流快,洪水来势猛、突发性强、预见期短。近年来,由于黄河水量偏枯,小浪底、西霞院水库运用后,河道发生冲刷,滩岸坍塌,河床下切,根石下蛰,河势多变,防洪形势依然严峻。

孟津黄河段工程管理现状如下:

(1)铁谢险工。

该险工位于孟津县白鹤、会盟2镇,黄河南岸小浪底坝下24 km处,西起白鹤镇牛庄,东至会盟镇和家庙,全长7.6 km。始建于1873年,相传为保护汉光武帝陵而建,20世纪50年代由孟津黄河段接管,70年代初,被列入河道整治节点工程。工程迎接白坡工程来流,送流于孟州逯村工程,其防御标准为黄河小浪底站17 000 m^3/s洪水。铁谢险工现有坝29道(1~19坝、填湾1~5坝、下延1~5坝)、潜坝2道、垛73个、护岸24段。

(2)白鹤控导工程。

该工程位于孟津县白鹤镇，黄河南岸小浪底坝址下18 km处，是黄河下游河道整治的第1处控导工程，工程上接西霞院工程来流，送流至白坡工程。工程始建于1946年，当时有2坝2垛，20世纪50年代初孟津黄河管理段成立后接管。现工程长度800 m，丁坝8道（0~5、8、9坝），垛2个（6、7垛），各坝坝顶宽15 m，坝顶高程0坝为125.708 m（黄海高程），5坝为125.874 m（黄海高程），其余各坝垛为123.30 m。坦石裹护外坡1∶1.5，土坝基未裹护段坡度1∶2。该工程各坝垛历年靠河较紧，有较好的控导护滩作用，整治效益明显。

（3）花园镇控导工程。

该工程位于孟津县会盟镇台荫至小寨，黄河南岸小浪底坝址下39 km、洛阳公路桥下12.5 km处，为黄河洛阳段最下首河道整治工程。工程始建于1964年，现工程长度3 900 m，坝29道、垛2个，防御标准为当地5 000 m^3/s。现状丁坝顶宽15 m左右，联坝顶宽10 m，土坝体边坡1∶2。

（4）铁炉护滩工程。

该工程位于孟津县会盟镇铁炉村，黄河南岸小浪底坝址下35 km、洛阳桥下8.5 km，工程原为1649年（顺治六年）所建工程之一，现2坝长500 m，坝顶高程115.00 m（黄海高程），顶宽10 m，裹护长度120 m，裹护体外坡1∶1.5，土坝基坡度1∶2。

二、组织沿革简介

（一）名称与时间

孟津河务局成立于1955年3月，当时名称为河南黄河河务局孟津管理段（简称孟津黄河管理段），也叫孟津段。当时由孟津县县长郭老八代段长，机关负责人：王移风。主管财务人员：章震东。机关有职工6名。为河南黄河河务局直属单位。

1990年11月2日，根据豫黄劳人字〔1990〕52号，河南黄河河务局孟津黄河修防段更名为：孟津县黄河河务局。

（二）机关住址的变更情况

1955年3月，成立孟津段机构时，办公地址设在白鹤乡铁谢村。

1970年，孟津段搬到水文站（原黄委设立在距铁谢村东1 km处，观测水位的地方。撤销后房地产移交孟津段）。

1976年，机关由水文站搬迁到老城西关办公。

（三）机关内部机构设置

1955年，机关成立时仅有6名职工，设有工务、财务、工程班。

1970年，机关设立了政工组、财务组、工务组和工程组。

1980年，有38名民技工转正，机关人员达到64人，这时设了秘书股、财务股、工务股和工程队。

（四）主要负责人名录

略。

三、档案情况简介

（一）档案数量统计

1955—1980年有档案238卷，1981—1985年有档案247卷，总计485卷。本次进馆档案261卷,其中文书档案80卷、技术档案141卷、会计档案40卷。

(二)完整程度

孟津黄河管理段1980年以前形成的档案情况:1955—1966年有6名职工,无档案管理人员;1975年,机关增加到20人,抽出1名职工兼职收集,装在麻袋放在仓库里;1986年,成立档案室,归秘书股领导,抽出段银铃同志专搞档案工作,整理档案分1980年以前放在一起,1980年以后的档案按照黄委1982年下发的黄办字〔1982〕32号文整理,相对规范了许多。案卷排序号从1980年开始。通过段银铃、王俊兰、张健朴等同志的辛勤工作,1992年,孟津县黄河河务局档案升级为黄委档案管理三级。经过这次档案进馆整理情况来看,1980年以前的档案主要文书材料不多,大部分是报表,经过整理完整率都在98%以上。1980年以后就更加规范完整了,无发现损坏和档案工作人员在工作移交中丢失档案现象。

(三)进馆情况

孟津黄河管理段从建段到现在从没有进馆。这次进馆对孟津河务局是一次实力的检验。在整个进馆工作的过程中,首先把所有进馆的档案资料,孟津河务局先组织单位较老的同志和各科室业务比较熟的同志,请教他们给予鉴定,然后请上级档案领导部门进行指导鉴定,最后档案管理工作人员严格按照本次进馆的文件规定,一一对照检查整理立卷。编号顺序从1955年起,不分类别,从0001到0261卷。排列是文书档案80卷,技术档案141卷,会计档案40卷。

通过这次进馆工作有几点感受:①一定要宣传贯彻档案进馆的重要意义,提高全局干部职工对档案工作的认识和重视;②单位、部门负责人一定要深入专业部门了解实际,制订切实可行的方案,解决实际问题,不能网上遥控,让工作者轻装上阵;③提高档案工作者的使命感和责任心;④要树立"全局一盘棋"的思想,协调好与其他专业部门的工作关系,让他们大力支持和帮助,尽快完成任务。

(四)检索工具编制情况

孟津河务局档案现编制有四种检索工具,分别是:①账簿式;②卡片式;③机读目录;④全宗介绍。账簿式的应用较广,使用也方便准确。在没用软件管理档案之前一直使用,档案为孟津河务局的治黄工作发挥了巨大的作用。卡片式在使用电脑管理档案之前,为录入档案数据起到了承前启后的作用。机读目录更是方便快捷。全宗介绍在领导了解全局、制定大政方针的过程中起到了参谋助手的作用。

(五)档案整理情况

孟津黄河管理段自1955年成立至1966年,只有6名职工。因人员少,业务量繁重,缺乏档案意识,没人管理档案,只有会计保管一点有关经济利益问题的文书和会计报表资料。1975年,机关人员增加到20人时,才抽出一名黄委下放干部一边参加劳动,一边对过去长期散乱存放的文件、资料加以整理,这时才开始有了档案工作。当时整理的档案则比较粗糙、简单,只是把文件归纳在一起,不分类别和保管期限放在麻袋里,存放起来。到1986年,正式成立档案室,归秘书股领导,抽段银铃同志负责档案工作。把1980年以前的档案资料放在一起,1980年以后的按黄委下发的相关整理归档的规定加以整理。所以孟津黄河管理段的档案从这里步入较正规的第一步,档案编号从这里开始。后1992年由张健朴、王俊兰做了进一步的规范整理,晋升黄委三级标准。

孟津黄河管理段因职工人员少,对文书档案、科技档案的整理立卷采取了集中整理、集中管理,每年进入年初由办公室人员把上年保存的所有文件、资料按照黄委立卷归档管理办法,对照每年文件收、发文登记簿一一核对,对运转未收回的,进行追回,对各部门形成的文件材料由办公室档案管理人员督促催缴。对领导开会学习带回的文件由通讯员收集移交档案室。此处,还要求各科室根据专业技术档案的不同要求进行初步的整理,然后移交档案室再进行把关整理,按照档案的相关规定进行立卷归档。

对收集的文件、资料,档案室人员每年按照技术类整理按黄办字〔1982〕32 号文的通知分 14 类,按重要程度的规定划分不同的保管期限。卷内排列顺序,按工程项目时间先后;请示在前,批复在后;正件在前,附件、复制件在后。编号:全宗单位+问题+时间+保管期限。如 G2-82-10(永)等。编页用铅笔,正面在右上角,背面在左上角。文书档案整理按照黄办字〔1986〕51 号文的通知精神,共分 9 大类,按重要程度划分不同保管期限。卷内按责任者+问题+时间+保管期限排放。只是批复在前,请示在后;正件在前,底稿、附件在后;复制件在前,原件在后。编页用铅笔,正面左上角,背面右上角。

会计档案整理,过去大都是报表整份排放。有决算批复的放在报表前面,有的是和报表连在一起的,原封不动。编号参照文书类。

本次进馆档案的整理,孟津河务局严格按进馆的文件要求,重新鉴定、整理组卷。经过部门有经验的人员参与,请专家进一步确定。

(六)档案主要内容

孟津段 1955 年设立机构,当时名称为孟津黄河管理段(简称孟津段),地址在白鹤乡铁谢村,只有 6 名职工,孟津县县长郭老八兼任孟津段段长,工务 2 人,财务 2 人,工程班 2 人。1955 年在填坝基施工中发生民工死亡事故有报告。有年水利事业费决算和黄河防洪工程计划完成情况报表。

1956 年孟津段对堤防培厚加宽,加固坝、垛。

1957 年,单位有会计报表、工程防汛统计报表、岁修专题报告和岁修工程中堵塞牛庄堤段涵洞的请示、批复。

1958 年孟津县县长李瑞兼孟津段段长,职工 6 人。本年黄河发生了中华人民共和国成立以来特大洪水,孟津段小浪底站洪峰流量为 16 000 m^3/s,当时铁谢险工河水几乎与各坝持平。这次洪水给孟津县城、老城乡带来了深重的灾难,从老城到扣马村,有十几个村庄,近 8 万亩滩地全部被水倒灌,使一些企业停产,经济损失惨重。有当年河势图、防洪工程总结、下年工作计划、报销单位会计报表。

1959 年孟津黄河段 12 月报销单位会计报表、防洪工程定期统计报表。

1960 年关于堵塞及家庙和小集以北二道窜沟情况的报告、防洪工程定期报表。

1961 年防洪工程定期报表、报销单位会计决算报表。

1962 年单位预算机关决算报表、河势工情整编索取资料险工概况、工程单项总结、黄河下游防洪工程竣工表、工程定期统计报表。

1963 年工作总结、单位预算会计报表、关于白鹤至扣马段河势塌滩的报告、黄河下游防洪工程定期报表、黄河下游防洪工程竣工表。

1964 年单位预算会计报表,关于花园、铁炉工程修复解决人力技术资金的报告,河南河务局抽调技术人员支援,孟津段与孟津县关于恢复柳荫地转发堤防养护办法的请示通知,防洪工程竣工表及修复和家庙、抢修白鹤大坝堤防涵洞闸门的请示报告。

孟津段1964年5坝施工总结,1965年关于修建铁谢、花园堤坝建抽水站、铁炉坝资金处理的请示报告的批复。

1966—1968年预算单位会计报表、事业费决算报表、防洪工程统计报表。

1969年孟津段老城公社关于修建堵串护堤工程和修复旧四坝的意见。

1970年关于基建计划、防汛岁修、竣工综合表意见的批复,关于花园镇工程整修进度五坝护坡及加修坝垛和1、2、3坝抢险的报告批复。

1971年关于成立党支部、党支部工作总结。事业、基建决算报表单位预算支出审批意见。0062卷,关于春修工作意见汇报及老城公社拆四坝进展情况的报告。孟津段防汛岁修、基本建设“四五”规划意见。

孟津段党支部1972年工作总结,年度事业、基建决算报表,河南黄河河务局对孟津段关于铁谢、花园开挖堤身涵洞、修生产堤接长坝及花园河势突变、防汛工作请示汇报的批复。0069卷,河南黄河河务局孟津段孟津县老城公社关于花园险工移交国家并增修工程建房的请示批复下达计划的通知。0072卷,孟津段续建花园工程进展情况、防洪工程竣工综合表。

河南黄河河务局调孟宪怀到孟津段任职,孟津县地方任孟宪怀同志为党支部书记,参见0077卷。

1973年孟津段防汛工作总结、河势图,沿黄防汛队伍落实情况统计表,孟津段与交通部大桥工程局桥梁工程处关于施工占用土地协议书。

1974年孟津黄河管理段工作总结及1975年工作安排。0088卷,河南黄河河务局孟津段关于工程统计报表下达零星土建15、16坝计划批复的通知。0090卷,关于铁谢、花园冬春新建工程完成度汛备料情况、竣工报告及工程平面图。0091卷,河南黄河河务局孟津段关于黄河大桥一处在铁谢段三坝以下抛笼护顶的答复。0092卷,孟津段关于电话架设建房增加石料的请示报告批复。

1975年,0095卷,孟津黄河管理段人事安排意见及批复、工资情况统计报表。0096卷,孟津段关于民工工资发放办法的通知。0101卷,河南省革命委员会河务局孟津段洛阳黄河公路大桥影响防汛建涵洞及后续工程计划请示批复的通知。0102卷,孟津段1975年基建工程竣工报告和竣工表等。0103卷,孟津段1971—1975年部分河势图。

1976年,0105卷,孟津段职工人数、工资年报。0106卷,孟津黄河管理段1976年工作总结。0107卷,河南黄河河务局以孟津段1976年水利事业费决算的批复。0108~0110卷,河南黄河河务局对孟津段防汛岁修、基建工程计划、备料报告的批复计划通知。0113卷,孟津段1977年劳动工资报表。0114卷,孟津段1977年工作总结。0118卷,1977年防汛工作意见及汛期工程观测几点体会。0120卷,1973—1977年关于孟津段部迁移址老城西关的相关文件。0122卷,河南黄河河务局对孟津段地方私建工程盗取石料、堤防工程清查处理情况的报告的批复。

1978年,0123卷,1978年上半年工作报告、调资工作总结及牛静和奖励升级工资的报告。0126卷,孟津段1978年征用柳荫地沿河社队耕地面积情况及与险工大堤管理的报告。0128卷,孟津黄河段1978—1979年基本建设、防汛岁修工程计划险工图、房屋面积普查表。0131卷,孟津县革命委员会关于孟津县1978年防汛工作意见。

1979年,0132卷,孟津黄河管理段1978—1979年部分河势图。0134卷,河南黄河河务局孟津段有关干部人事任免机构编制、党支部改选的批复。0135卷,孟津县孟津段关于杨中峰同志错划右派改正、付劳因工死亡处理、成立团支部的批复。0136卷,关于启用新印章及孟津段工作总结等。0138卷,河南黄河河务局孟津段滩区建设投资的通知。0142卷,孟津黄河管理1976—1979年铁谢险工、花园工程水位观测月记录。0146卷,河南人事厅孟津县黄河段关于工人退休和招收新工人20名录取通知书。0148卷,关于增加编制新招工人定级等问题的报告总结。0149卷,孟津县孟津段关于对赵庆黄问题的平反和纠正吴秀英转正定级等问题的报告的通知。0150卷,孟津县关于新选中共孟津黄河管理段党支部委员会的批复。0151卷,河南黄河河务局孟津段关于赵华英同志升级的批复及1980年劳资年报。0152卷,孟津段关于工程管理综合经营规划。0153卷,孟津黄河段1980年财务预算、决算报表。0155卷,孟津黄河管理段关于沿黄堤段破坏堤防和征购柳荫地的报告。

1980年,0154卷,孟津县黄河防汛工作意见。0157卷,孟津段铁谢、花园工程大断面统测成果、险工水准点设置记录堤线断面图。0158卷,孟津段1980年5月、8月、9月河势查勘图及说明。0159卷,孟津段关于修铁谢下延工程和白鹤公社擅自修护滩工程的报告。

1981年,0161卷,孟津段关于1981年工会工作总结。0162卷,孟津段职工生育计划和职工教育五年规划。0163卷,孟津段关于职工教育工作总结。0164卷,孟津黄河管理段关于机构定员编制的报告。0166卷,孟津段关于1981年党支部工作汇报。0167卷,河南黄河河务局孟津管理段关于秦忠孝任职的通知,牛静和等同志技术职称、纠正吴秀英延期转正,窦焕春等人考试分数等问题报告的通知。0168卷,孟津县、孟津段关于党支部工作汇报增补选支部委员和党员介绍信。0171卷,河南黄河河务局关于孟津段先进集体登记表和人事调动介绍信。0174卷,孟津县关于1981年黄河防汛工作意见。0176卷,孟津黄河段关于接长12坝设计说明及花园工程治理的规划意见。0177卷,孟津黄河段关于1981年8月、9月、11月河势图及说明。0178卷,孟津段1981年防汛汇报。0179卷,孟津段关于宅基地征用土地,新建职工家属宿舍“六五”“七五”期间建房计划、建房图纸说明书等问题的报告。0181卷,孟津段关于征购柳荫地、技术更新和堤防卷护办法补充规定。0182卷,孟津段关于1981年5~11月河势图及说明。0183卷,河南黄河河务局孟津县黄河段历史档案、李中凡违反计划生育处分的请示报告批复。

1982年,0184卷,孟津黄河管理段1982年工作总结。0186卷,河南黄河河务局、洛阳地区、孟津黄河段关于杨中峰同志任职招收退休职工子女,调郭启明搞活经济的报告批复通知。0188卷,孟津段1982年劳资报表。0189卷,孟津黄河段党支部关于1982年度工作总结和新选支部委员会的批复。0190卷,孟津县黄河段党支部关于水灾救济和工会工作总结。0193卷,孟津黄河段关于基建、事业费决算报表的批复。0194卷,孟津段铁谢下延1、2坝设计说明的批复。0195卷,孟津县关于1982年防汛工作方案。0197卷,孟津县、孟津河段关于征用花园工程柳荫地的报告批复及铁谢险工大堤背河护堤地宽度表。0198卷,孟津黄河管理段1982年7~10月河势查勘图及说明。0200卷,河南黄河河务局孟津黄河段1982年基本建设防汛岁修工程计划批复及基本建设调整计划的通知。0201卷,孟津黄河段1982年基本建设、防汛岁修工程年报表。

1983年,0205卷,孟津黄河管理段各类专业技术人员分机构统计报表。0207卷,河南人事厅孟津县劳动局批准雷三锁家属农转非和郭启明调孟津段报到通知书。0208卷,孟津黄河管理段1983年劳动工资年报表。0209卷,孟津黄河管理段1983年工作总结和机关、工地的几项制度。0210卷,孟津黄河管理段1983年度水利基建、事业费决算报表。0211

卷,河南黄河河务局孟津段关于铁谢险工填湾3、4坝设计说明的批复。0215卷,孟津段1983年6~10月河势勘查图。0217卷,孟津黄河管理段关于修建耙场的决定和加固堤防设计图。

1984年,0220卷,孟津段关于1984年工作总结、开展为“四化”立功活动和坚持改革道路促进工程管理的意见办法。0221卷,孟津段关于行政管理制度经济改革意见及领导人员工作守则。0222卷,河南黄河河务局孟津段关于劳动工资年报表。0223卷,河南黄河河务局孟津段关于秦忠孝、卢麦闹、孟庆恩等的任职通知及机构编制的请示报告及领导人员工作手册。0226卷,河南黄河河务局孟津县黄河段关于李宝珠、秦金虎、潘广军、梁遂堂等同志调动工作介绍信。0227卷,孟津县孟津段关于1984年党支部改选工作总结和新一届委员会的批复。0228卷,孟津县孟津段关于工会改选工作的通知和召开职代会的情况汇报。0230卷,孟津段1984年工会报表。0231卷,孟津黄河段1984年党支部工作总结。0232卷,孟津黄河段关于财务器财管理办法。0236卷,孟津黄河管理段关于工程管理实施细则和黄河志。0238卷,孟津黄河管理段关于1974—1984年竣工报告。0239卷,河南黄河河务局关于1984年防洪工程基本建设、防汛岁修事业费计划和下延3、4坝设计的批复。0240卷,河南黄河河务局关于印发通信系统机构改革的若干意见的通知。0241卷,孟津段关于1984年7~10月河势图勘查说明。0245卷,黄河孟津段铁谢水文站说明位置图及1971—1984年铁谢、小浪底水位观测水位表。0247卷,孟津段是怎样创建职工之家的。

1985年,黄河孟津黄河段1984—1985年基本建设工程竣工决算表。0251卷,孟津段1985年水利事业费决算报告。0252卷,孟津黄河管理段1974—1983年基建工程竣工验收报告。0254卷,孟津黄河段1985年铁谢站水位观测记录与资料整编。0256卷,孟津段下延5坝竣工的报告。0259卷,孟津黄河管理段1984—1985年基建工程竣工验收报告。0260卷,孟津黄河段1985年7~10月河势图。

(七)档案利用情况

孟津段档案的发展比较缓慢。建立的档案主要是报表多一些,处理黄河水事问题,大都请示上级与地方政府。到后来技术档案利用较多,如在修建铁炉和花园工程期间,因单位人少,工程量大,顾此失彼,忙不过来。河南黄河河务局抽调了一部分富有工程经验的技术人员,技术人员到场后为了全面了解第一手资料,利用了大量的孟津段资料,为工程的完成提高了速度。后来档案越来越规范,利用率也越来越高。

(八)档案编研成果

孟津黄河管理段档案室成立以来,编研成果有全宗介绍、组织沿革、机关大事记、黄河志、档案全宗介绍,给地方编地方志提供材料,专题工程大事记等。

(九)档案室达标升级情况

1992年12月30日黄委档案管理达标。河南黄河河务局定级三级。

1999年1月29日晋升水利部部颁标准。有证书,档案存有案卷。

四、档案室现存资料

孟津河务局现存档案4027卷,其中永久、长期保存的档案2 380卷(件)。完整记录了孟津河务局的历史面貌。

档案室存现有治黄资料160多册。其中有《人民黄河》、黄河治理工具书、黄河治理法规、《黄河年鉴》、《今日黄河百市县》,孟津县组织史资料。还有 1999—2001 年豫西河务局孟津河务局黄河治理工程技术资料立卷后的多余资料,正是这些资料利用率很高,为今天的治黄、领导的治黄决策,发挥了无法替代的巨大作用。

巩义黄河河务局档案全宗介绍

全宗号:6.7.1

一、概述

巩义黄河河务局是巩义黄河治理的专业机构,受巩义市政府、郑州黄河河务局双重领导,主要负责巩义境内黄河防汛、防洪工程设施的建设与管理等工作。负责《中华人民共和国水法》《中华人民共和国防洪法》《中华人民共和国河道管理条例》等法律、法规的实施和监督检查;负责所辖范围内的水行政执法、调查处理水事纠纷;负责监督管理范围内黄河滩区的安全建设以及巩义黄河水利资源的开发利用等。所辖河段上起康店镇的杨沟村,下至河洛镇的英峪村,全长 34 km。辖区有赵沟、裴峪、神堤 3 处控导工程,共有丁坝 87 道、垛 14 个,工程全长 10 583 m。单位现有职工 80 人,其中离退休职工 15 人。

二、机构沿革情况

1973 年 9 月,巩县(现为巩义市)修防段成立,全称为“河南省黄河河务局巩县修防段”。隶属河南黄河河务局开封修防处和巩县革命委员会领导。

1978 年 2 月,黄委建制,更名为“河南黄河河务局巩县修防段”。1978 年 9 月,更名为“河南黄河河务局巩县黄河修防段”。1983 年 7 月,随着地方区划的变更,隶属郑州市黄河修防处领导。

三、单位主要领导任免情况

略。

四、档案数量统计

进馆档案从 1973 年至 1985 年共 95 卷。

五、档案进馆情况

机关档案是向档案馆输送史料的源泉,黄河档案馆是全黄河系统档案的归宿。2010 年 7 月,根据《关于接收档案进馆工作相关事项的通知》(黄办档〔2009〕22 号)文件规定,把 1967—1985 年在治黄工作中形成的文书、会计、科技等档案全部重新整理,由于时间跨度大,加之当时保管条件差,部分史料字迹褪色,特别是文书卷里的职工花名册等,多数是用圆珠笔填写,时间长了,模糊不清,就重新抄写、复印,对需进馆的 200 多卷进行审阅、分析、鉴定,并重新组为 95 卷。

六、进馆档案主要内容

本次进馆的档案主要有1973—1985年治黄工作总结、会议纪要；机关建立、更名和启用印章；干部任免、劳动工资计划；党员登记表、年报；职工花名册、年报表；表彰劳模、先进集体；违纪等文件材料的请示、报告、批复、通知等。1974—1983年十年竣工资料；水位观测记录和整编成果；根石探摸记录；河势图；防汛、基建岁修、备石、滩建计划及年报；征地建段资料；水利事业费、基本建设会计决算报表、批复等，共计95卷。

1973—1985年无声像、电子、实物档案。

中牟黄河河务局档案全宗介绍

全宗号:6.7.3

一、概述

中牟黄河修防段位于郑汴之间中牟县境内,黄河流经中牟县 39.282 km,上至杨桥,下至狼城岗,相应大堤公里桩号为 30+968~70+250。有险工 4 处(杨桥险工、万滩险工、赵口险工、九堡险工),控导 2 处(赵口、九堡 118 坝),坝、垛、护岸 279 道,涵闸 1 座(杨桥引黄闸,设计流量为 32.4 m^3/s),是中牟县境内的水行政主管部门(副处级),依法肩负着中牟县境内黄河修、防、管、营等重任,受郑州黄河河务局和中牟县人民政府的双重领导。现有职工 388 人,离退休职工 62 人。

二、机构沿革情况

(一)名称与时间

1973 年中牟黄河修防段之堤,大堤桩号 70+250~75+840 又重归开封处领导。

1983 年 7 月中牟黄河修防段划归郑州黄河修防处领导。

(二)机关住址的变更情况

1975 年中牟黄河修防段办公机关由九堡移至万滩村北 1 km 处。

(三)机构设置

1977 年成立淤灌股,1981 年被撤销。1980 年全段共有职工 402 人,增设政工股、工程队、船队、泵队、教育股、派出所。1984 年撤销教育股,增设工会。

三、单位主要领导任免情况

略。

四、档案数量统计

此次进馆档案自 1967 年 7 月至 1986 年 1 月共计 180 卷。其中,文书档案 55 卷、会计档案 35 卷、科技档案 90 卷。

五、进馆档案主要内容

(一)文书档案

本次进馆的文书档案主要有 1967—1985 年治黄工作总结、意见、会议纪要;机关建立、撤销、更名、启用印章;干部任免、劳动工资计划、遗属补助;党员登记表、年报、支部会议记录;职工花名册、年报表;职称认定、表彰劳模、先进集体;违纪等文件材料的请示、报告、批复,通知等,共计 55 卷。

(二)会计档案

本次进馆的会计档案主要有购地赔偿证明,挖、压、踏土地数量计算表,水利事业费、基本建设会计决算报表、批复,共计 35 卷。

(三)科技档案

本次进馆的科技档案主要有防汛岁修、基本建设工程计划、批复、年报;河势查勘、险工登记表;防洪工程管理、防汛、工作总结、意见、会议纪要、规划;背河购地及附属物赔偿付款清册、图纸,放淤固堤、堤防加固、河道整治、险工加高等工程的竣工总结、年报表等,共计 90 卷。

(四)声像、电子档案

1967—1985 年无声像、电子档案。

(五)实物档案

1967—1985 年无实物档案。

赵口渠首闸管理处档案全宗介绍

全宗号:6.7.4

一、机构沿革简介

赵口渠首闸管理处主要负责三刘寨、赵口二座引水涵闸及所辖堤防工程的日常管理和防汛等工作。

1971年3月,赵口引黄渠首闸管理段成立,隶属开封地区黄河修防处,内设办事组、财务组。1983年3月,赵口引黄渠首闸管理段改归郑州市黄河修防处领导。1985年机构设置有秘书股、财务股、工务股。

1995年赵口引黄渠首闸管理段更名为“赵口渠首闸管理处”,机构设置有办公室、工务科、财务科。1996年3月,增设施工队。1999年施工队更名为“郑州黄河工程公司第七工程处”。2004年赵口渠首闸管理处成建制划转中牟县黄河河务局管理,2007年赵口闸管所更名为“河南黄河河务局供水处中牟供水处”。

二、职务任免

略。

三、档案数量统计

此次进馆档案自1971年3月至2007年7月,共148卷。

四、档案主要内容

(一)文书档案

治黄工作总结,启用印章与变更名称的通知,目标责任书,机关规章制度,申报精神文明材料及嘉奖令;劳动工资计划、年报,人事任免的通知,职工花名册,机关人员编制、机构增设和撤销情况的通知,职工处分决定;有关工人技术鉴定、技术等级、任职资格等方面的通知;综合经营经费管理、基建项目、事业经费、建设项目报表;财务清产核资报告和年终决算与统计年报;党员统计年报、花名册,党支部工作总结。

(二)科技档案

工程管理工作总结,涵闸工程管理办法;三刘寨、赵口二座涵闸初建与改建的报告、批复、协议、设计图、竣工图、验收鉴定报告及闸门沉陷观测成果;用水签票,放水记录;水文、水情记录,流量、含沙量及输沙率统计表;防洪基建、防汛岁修工程计划批复与年报表;引黄淤灌资料汇编、水资源资料整编、测压管注水试验资料。

巩义市黄河石料厂档案全宗介绍

全宗号:6.7.5

一、概述

荥阳河务局(全称:郑州黄河河务局荥阳黄河河务局)成立于2005年1月,住址为荥阳市洞林西路004号,占地总面积为17 330 m^2,隶属河南黄河河务局郑州黄河河务局主管,现有职工105人,其中在职71人、离退休34人;高级职称1人,中级职称6人,初级职称16人,技师17人。荥阳河务局属于事业单位,主要负责荥阳段黄河水行政管理、水利工程管理以及荥阳黄河的治理与开发。管辖河道长45.68 km,下设枣树沟、桃花峪两处控导工程,工程长度为10.71 km,共计109个单位工程。

巩义市黄河石料厂住址在荥阳市城关镇演武路东818号,占地总面积为17 467 m^2,其中职工家属楼占地面积为2 928 m^2,职工宿舍占地面积为240 m^2。该厂成立于1969年,隶属郑州市黄河河务局主管。截至2004年12月底,厂现有在职职工人数57人,其中干部5人,工人52人[具有中级职称2人(含技师2人),初级职称7人(含工人初级技术职称4人)]。巩义市黄河石料厂属事业单位企业管理,拥有石料山场256 128 m^2,铁路专用线7 km,主要负责防汛片石的生产、调运任务以及防洪基建工程施工等工作,为黄河的治理与开发做出了一定贡献。

二、沿革简介

(一)名称与时间

1969年10月,由黄委河南黄河河务局革命委员会在巩县(现为巩义市)米河公社水头大队第八生产队筹建石料厂,命名为“黄河水利委员会河南河务局革命委员会石料厂”,隶属黄河水利委员会河南河务局革命委员会主管。

1970年8月,河南黄河河务局将石料厂移交给开封地区,更名为“开封地区石料厂”,由开封地区革命委员会主管。

1974年,开封地区将石料厂移交给巩县革命委员会,更名为“巩县水头黄河石料厂”,由巩县革命委员会主管。

1975年11月,由河南省革命委员会黄河河务局收回巩县水头黄河石料厂,1976年1月移交河南省革命委员会公安局经营管理,厂名为“河南省公安局陉山强劳场米河黄河强劳分场”,主管单位为河南省革命委员会黄河河务局。

1976年6月,河南黄河河务局正式将巩县水头黄河石料厂收回,更名为“河南河务局巩县石料厂”,其隶属关系不变。

1983年10月,河南黄河河务局将石料厂移交给郑州黄河修防处,更名为“郑州市黄河修防处巩县黄河石料厂”,隶属河南黄河河务局郑州市黄河修防处主管。

1991年2月,“郑州市黄河修防处巩县黄河石料厂”更名为“郑州市黄河河务局巩县黄河石料厂”,隶属郑州市黄河河务局主管。

1991年9月,“郑州市黄河河务局巩县黄河石料厂”更名为“巩义市黄河石料厂”,其隶属关系不变。

(二)机关住址的变更情况

巩义市黄河石料厂自建厂以来住址先后变更2次。1994年8月,由巩义市米河镇水头村迁址米河镇新兴路81-1;2000年1月,由巩义市米河镇迁址荥阳市城关镇演武路818号。

(三)机关内部机构设置

1969—1980年内部机构设置为:秘书股、财务股、生产股;1981年增设车站、机电队;1983年撤销车站;1986年增设车站;1988年增设工区,撤销机电队;1992年增设综经股,撤销工区;1993年增设机电队;1994年增设兴河联营水泥厂办公室,撤销综经股;1995年增设工程队,撤销兴河联营水泥厂办公室;1996年增设综经科,撤销车站、机电队;1997年增设技术科;1998年增设设备科、基建科;1999年增设工程科,撤销生产科、综经科、技术科、设备科、基建科;2001年增设信息技术科。

1980年末职工总人数为192人,其中固定工137人、集体工55人。2004年末职工总人数为98人,其中离退休职工40人。

(四)主要负责人名录

略。

三、档案数量统计

此次进馆档案共计214卷。其中文书档案214卷。

档案室的面积及主要设备情况:档案室共占有面积40 m^2,其中办公室占20 m^2、库房占20 m^2。主要设备有档案柜6组、计算机1台、打印机1台、切割机1台。

四、本次进馆档案的主要内容

共整理档案214卷。主要内容有:1981—2004年年度工作总结,1983—2004年安全生产工作总结,表彰先进的通知及决定;1981—1999年下达的劳动工资计划;1983年关于厂群纠纷造成停产的情况报告;1983年、1991年石厂更名及启用新印章的通知;1991—2004年机关大事记、组织沿革、厂务会议记录;1990年、1992年、1998年档案管理定会标三级、晋升会标二级、一级的通知及1993年筹建兴河联营水泥厂的批复;1981—2003年档案全宗介绍;1981—2004年劳动工资年报、职工花名册、内部机构设置、职务任免和聘用的通知及决定;1999—2004年合同制职工养老金台账; 1990—2004年成立的领导小组的报告。

1981年方留柱同志建房补助及离休时享受处级待遇的批复;1983年杨中仁除名的决定;1984年开除翟文秀公职的批复;1985年对王国强、李建国同志撞车事故处理意见的批复;1986年职工刘向服毒死亡的调查报告;1988年关于更改柴永录参加工作时间的批复、宋宝玉同志翻车事故报告的批复;1990年李占国同志伤残证鉴定的报告、审批表、鉴定结果;1995年关于电工程广安同志在排除线路故障时发生事故的通报;2001年马德应工伤鉴定评审结果的通知。

1986—1987 年要求解决强劳厂欠款 7 万元及巩县石料厂变价处理自卸矿车损失差价的批复；1983 年党支部组织关系划归巩县管理的决定；1983—2004 年支部工作总结、会议记录、党员花名册；1988—1999 年支部换届改选的批复；1988—1999 年表彰优秀党员、先进党支部的通报、决定。

1981—2000 年表彰劳模、先进集体和积极分子的通知、决定及先进事迹材料，吴国强同志 1996 年当选黄委劳模登记表；1988—2004 年工会工作总结；1992 年工会换届的批复，第四届职代会议程、工作报告、大会主席团公告；1994 年、1999 年被黄委命名为“先进职工之家”的通报、先进系统工会、嘉奖令。

1970 年关于新建石料厂征用土地的批复；1971 年延伸铁路征用土地的批复、会议纪要、申请书；1980 年新建职工宿舍楼的批复、开工报告；1991 年铁路专用线大修的请示、概算、施工方案、承包任务书、竣工报告；打井申请、许可证、协议；1991—1992 年建设米河生活基地征地批复、协议、许可证、补偿方案、会议纪要、支付款凭证；1991—1995 年防洪工程基本建设项目投资包干协议书；2001 年米河家属楼出售合同、收款记账凭证。

1997—1999 年表彰财务报表先进单位的通知。1981—2004 年度财务决算报告、报表。

郑州黄河河务局农副业基地档案全宗介绍

全宗号:6.7.6

一、机构沿革简介

农副业基地主要负责农场的农、林、副、渔的种植、养殖等工作。

1976年原黄河花园口水利枢纽工程管理处演变为河南黄河河务局"五七"农场,隶属河南黄河河务局。1978年8月,更名为"河南黄河河务局机关农副业生产基地",隶属河南黄河河务局。

1983年3月,更名为"郑州市黄河修防处农副业基地",隶属郑州市黄河修防处。1984年11月,启用"河南黄河河务局郑州黄河修防处农副业基地"印章。

1987年12月,农副业基地实行内部招标,由王自力同志对农副业基地实行经济承包。

1990年1月,改变农副业基地管理方式,由原来的招标承包改为目标责任管理。

1991年1月,更名为"郑州市黄河河务局农副业基地"。

1995年12月,农副业基地并入郑州市邙山金水区黄河河务局。

2004年9月,郑州市邙山金水区黄河河务局更名为"郑州黄河河务局惠金黄河河务局"。

二、职务任免

略。

三、档案数量统计

进馆档案从1978年至1994年,共92卷。

四、档案主要内容

1980年与岗李一队解决土地的协议;领导办公会议纪要,启用印章的通知,郑州郊区黄河修防段与农场土地的划分纪要,大事记,全年工作总结;职工情况登记表,劳动工资年报;行政、技术职务任免的通知;调动、招工、知青上山下乡审批与登记表,机电设备清查报告,生产承包计划,清产核资报表,基本建设工程计划结算表;领导经济责任审计报告;党支部改选换届选举的批复;1993—1994年修建岗李水库围堤溢流堰、小鱼池投资联办食品厂、药材回收等工作的协议、投资预算表、竣工总结、批复;黄河滩区水利建设承包合同,滩区道路、机井水利建设竣工总结。

郑州黄河河务局船舶修造厂档案全宗介绍

全宗号:6.7.7

一、机构沿革简介

郑州黄河河务局船舶修造厂属企业单位,主要负责黄河治理所用船舶的建造、日常维护、设备运行,以及郑州黄河河务局所辖堤防道路的建设维护和道路工程质量检测等工作。

1984年6月,原开封市黄河修防处航运队修配车间更名为“开封市黄河修防处花园口船舶修造厂”,隶属开封市黄河修防处航运队,内设办公室、财务科、金加工车间、船体车间、生产科、电瓶厂。

1988年8月,花园口船舶修造厂改归郑州市黄河修防处领导,更名为“郑州市黄河修防处船舶修造厂”。1989年11月,撤销电瓶厂,增设瓶盖车间。

1991年1月,船舶修造厂更名为“郑州市黄河河务局船舶修造厂”,撤销瓶盖车间,增设技术科、质量检验科、造船指挥部。1992年8月,造船指挥部更名为生产指挥部;同年11月,增设硅溶胶蓄电池厂。1993年7月,撤销生产科、技术科、质量检验科。1993年12月,增设生产经营科,船体车间更名为船体制造分厂,金加工车间更名为“机械制造分厂”。1995年10月,撤销蓄电池厂。

1996年3月,船舶修造厂又称“郑州市黄河工程公司第二工程处”(一套机构,两块牌子)。1997年3月,撤销生产技术科、质量检验科、船体制造分厂、机械制造分厂,增设技术管理科、修造车间、工程一队、工程二队。2000年2月,增设实验室,工程一队、工程二队合并为工程队,修造车间更名为船体车间。

2002年11月,郑州河务局船舶修造厂成建制划归邙山金水区黄河河务局管理,事业性质、独立核算、自收自支、自负盈亏。

2004年9月,郑州市邙山金水区黄河河务局更名为“郑州黄河河务局惠金黄河河务局”。

2005年3月,撤销郑州河务局船舶修造厂。

二、职务任免

略。

三、档案数量统计

进馆档案从1984年至2004年,共119卷。

四、档案主要内容

全年工作总结，机关大事记，开封修防处航运大队船舶修造厂移交给郑州市修防处有关问题的纪要及清册；厂务会议记录，目标责任书，厂金加工车间承包合同，机关制定的各项规章制度；劳动工资年报，职工花名册，机关内部机构增设、职务任免的通知；库存材料、设备及自动驳船报废申请表，清产核资报表，差旅费规定，医疗费报销程序的通知；支部换届选举与增补报告、批复；船厂第二届、第三届职代会文件，表彰先进集体和劳动模范的决定及劳模个人的登记表，创建先进职工之家的验收申请及汇报材料，工会工作总结；对外经营船舶修造等业务的批复及委托书。防汛岁修、防洪基建计划，建设项目投资协议书；在花园口街 27 号院建家属住宅楼竣工报告及分房方案，红专路 102 号院家属楼建设的请示、批复。

花园口石料转运站档案全宗介绍

全宗号:6.7.8

一、机构沿革简介

花园口石料转运站主要负责郑州、中牟、原阳、封丘、开封等地黄河险工的石料运输等工作。

花园口石料转运站的前身是成立于1962年2月的广花铁路站,当时该站隶属河南河务局(现河南黄河河务局)。1964年7月,花园口铁路支线交由郑州市铁路局管理,由河南河务局使用。

1965年1月,广花铁路站更名为"郑州市花园口石料转运站",隶属河南河务局。1968年4月,成立河南河务局花园口石料转运站革命领导小组。1978年10月,恢复花园口石料转运站称谓。

1984年4月,花园口石料转运站改归郑州市黄河修防处领导。

1997年4月,花园口石料转运站并入郑州市邙山金水区黄河河务局。

2004年9月,郑州市邙山金水区黄河河务局更名为"郑州黄河河务局惠金黄河河务局"。

二、职务任免

略。

三、档案数量统计

进馆档案从1977年至1997年,共92卷。

四、档案主要内容

全年工作总结,企业管理条例,订、卸石料合同,表彰先进集体及个人通知;改变隶属关系、机构设置、成立微粉厂、社办医疗室通知,行政职务任免、专业技术职务任职,增资,招工、调动,职工花名册,劳动工资计划、年报;清产核资报表,转运石料年度收支结存、会计决算报表;工会工作总结,职代会、劳动模范登记表、先进事迹材料;综合经营报表;修建卸石料场、石料装卸机械化计划的批复;石料机械化装船法技术鉴定证书,成本核算总结;石料转运站搬迁、铁路货场改建批复、基建计划、包干协议、基地建家属楼的批复、购地公证书;花园口转运站与大桥局一处、广武车站运输使用"广花"铁路线的协议; 1987年、1988年封锁广花铁路的报告;石料转运志。

郑州黄河水电工程有限公司档案全宗介绍

全宗号:6.7.9

一、单位组织沿革

郑州黄河水电工程有限公司属事业单位企业管理,主要任务是为黄河防汛工程施工,同时承揽社会水电工程、土方工程、道路工程、基础工程,并兼营汽车运输等。

1977年12月5日经黄委黄革政字〔1977〕第130号文批准,河南黄河河务局开封修防处机械修配厂更名为“开封黄河修防处运输队”,1978年4月8日正式启用“河南黄河河务局开封修防处运输队”印章,原“河南黄河河务局开封修防处机械修配厂”印章同时废止。

1979年9月1日接河南黄河河务局颁发新印章一枚,启用“河南黄河河务局开封黄河修防处运输队”,同时废止旧印章“河南黄河河务局开封修防处运输队”。

1982年5月,开封黄河修防处运输队更名为“开封黄河修防处施工大队”,原“河南黄河河务局开封修防处运输队”印章同时作废。内设生产股、财务股、秘书股、运输队、铲运机队、旋喷桩队。

1983年8月,因行政区划分,开封修防处施工大队改属郑州市黄河修防处管理,更名为“郑州市黄河修防处施工大队”,隶属郑州市黄河河务局,增设汽车队、车间,撤销运输队、旋喷桩队。

1984—1985年机构设置没有变化,内设生产股、财务股、秘书股、汽车队、铲运机队。

二、机关住址变更情况

1977—1978年,开封黄河修防处运输队全部人员临时借住在中牟黄河修防段老段部(东章乡辛寨村后)。

1978年3月,开封修防处运输队由老段部搬迁到了中牟县万滩乡(村)北。

三、进馆档案数量统计

自1977年至1985年12月共有文书档案永久卷29卷。

四、进馆档案主要内容

工作总结,职工花名册,表彰先进生产者;印章的启用与废止;基建和生产经营年终、统筹决算,征地合同,购地建房报告、批复及土地交费证明;劳动人事变动,领导职务任免,技术职务任职的通知;劳动工资报表。

开封黄河河务局档案全宗介绍

全宗号:6.8

一、概述

开封黄河河务局直接隶属河南黄河河务局,是黄河水利委员会派出的流域管理机构,接受开封市委、市政府和河南黄河河务局的双重领导。下辖开封第一黄河河务局、开封第二黄河河务局和兰考黄河河务局3个副县级垂直管理单位,以及黑岗口、柳园口、三义寨3个引黄渠首闸管理所和水上抢险队、机动抢险队5个正科级垂直管理单位。开封黄河河务局属于水行政事业单位,主要行使黄河流域开封河段水行政管理职能,促进开封黄河河段综合治理与开发,担负着开封河段的黄河防汛、黄河水资源管理和保护、黄河河道治理、防洪工程建设与管理、水事纠纷协调和处理等职能,管理堤防长度109.07 km(含标准化堤防建设新修堤防21.4 km),河道长度74 km。

二、机构沿革简介

1967年机构名称为:河南黄河河务局开封修防处。

1968年机构设置有政工组、生产组、办事组、财务组。1970年增设淤灌组,撤销财务组。

1971年复设财务组。

1972年6月,开封市黄河修防处成立,原开封黄河修防处改成:开封地区黄河修防处。

1974年增设基建组。

1978年机构调整后设政工科、工务科、秘书科、财务科、淤灌科。

1980年增设人事科、劳动工资科,撤销政工科。

1982年增设办公室、教育科,撤销秘书科、淤灌科。

1983年9月,开封地区黄河修防处与开封市黄河修防处合并为开封市黄河修防处,隶属河南黄河河务局,增设政工科,撤销人事科、教育科、劳动工资科。直到1987年又增设科室。

三、单位主要领导任免情况

略。

四、档案数量统计

此次进馆档案共计145卷、445张图纸。其中,文书档案37卷、科技档案87卷及会计档案21卷。

五、进馆档案主要内容

(一)文书档案

治黄工作意见、总结、治黄工作会议文件,机关建立、撤销、更名、启用印章;干部任免、劳动工资,干部、党员职工年报表、花名册;职称认定、表彰先进、工龄更改、离职休养、违纪处分等文件材料的请示、报告、批复、通知等。

(二)会计档案

基本建设、水利事业费、淤背、淤灌、建安单位会计决算、批复。

(三)科技档案

防汛岁修、基本建设计划、批复、年报表;河势查勘报告、河势图;涵闸改建、防洪工程设计、竣工图;防洪工程管理、防汛、通信、工作意见、总结、规划;堤防加固、堤防普查、河道整治、险工加高、放淤固堤等工程的竣工总结、年报表。

开封第一黄河河务局档案全宗介绍

全宗号:6.8.1

一、概述

开封第一黄河河务局,机关驻地:河南省开封市东环北路2号。1949年3月1日,成立开封黄河修防段(开封第一黄河河务局前身),现隶属关系:直接隶属开封黄河河务局,是黄委系统最基层的副县级水行政管理单位,接受开封市委、市政府和开封黄河河务局的双重领导。下辖办公室、人事劳动教育科、工程管理科、党群科、水政科、财务科、防汛办公室、运行观测科8个科室和开封祥符维修养护公司第一分公司、开封水利水电工程有限公司。

开封第一黄河河务局主要行使辖区内黄河水行政管理和黄河水利工程管理两大职能,促进开封第一黄河河务局黄河河段综合治理与开发,担负着境内黄河大堤31.19 km(70+250~94+907;96+517~97+630,含新堤5.42 km)及6处河道工程的工程管理、防洪抢险任务。

二、机构沿革简介

1967年机构名称为:河南黄河河务局开封黄河修防段。

1972年2月1日,经豫黄(1972)63号文批准,撤销河南黄河河务局开封黄河修防段,成立开封市革命委员会黄河修防段,实行以地方为主的管理体制,干部由地方革命委员会任免。

1972年5月10日,经河南省革命委员会生产指挥组豫生字(72)78号文批准,撤销开封黄河修防段,设立开封市黄河修防处(简称市处),属河南黄河河务局和开封市人民政府双重领导。

1972年10月,依据豫生字(72)78号文批准,黑岗口渠首闸管理段和开封石料转运站由地处划归市处领导,市处机关设工务、淤灌、财务器材、政工、秘书5个科,工会和工程队(股级)。

1977年7月22日,依据豫黄(1977)131号文批准,成立开封市黄河修防处船舶修造厂,市处既是管理单位,又是施工单位,于1979年撤销开封市黄河修防处船舶修造厂。

1980年3月,依据豫黄劳字(1980)18号文通知,成立黄河派出所(股级)。

1983年9月5日,依据豫办(1983)85号文批准,在原市处范围内成立开封郊区黄河修防段,下设工务、财务、秘书、政工4个股,多种经营办公室、派出所、工程队、吸泥船队。

1983年9月,经豫办(1983)85号文批准,地、市两个修防处合并,组成新的开封市修防处。原市处范围更名为"开封郊区黄河修防段",属开封市修防处和开封市郊区人民政府双重领导。

三、单位主要领导任免情况

略。

四、进馆档案主要内容

(一)文书档案

治黄工作意见、总结、会议记录,机关建立、撤销、更名、启用印章;干部任免、劳动工资,干部、党员职工年报表、花名册;表彰先进、工龄更改、离职休养等文件材料的请示、报告、批复、通知等。

(二)会计档案

基本建设、水利事业费、淤背、淤灌、建安单位会计决算、批复。

(三)科技档案

防汛岁修、基本建设计划、方案、年报表;河势查勘报告、河势图;涵闸改建、防洪工程设计、竣工图;防洪工程管理、防汛、工作意见、总结、规划;堤防加固、地方铁路拆除、提灌站移交、境内堤防和工程移交、征地公证书、造船厂、水位观测、放水量,河道整治、堤防培修、险工加高、放淤固堤等工程的批复、竣工总结、年报表。

五、进馆档案数量统计

此次进馆档案共计 188 卷。其中,文书档案 63 卷、科技档案 107 卷及会计档案 18 卷。

开封第二黄河河务局档案全宗介绍

全宗号:6.8.2

一、概述

开封第二黄河河务局主要负责所辖30.62 km(94+907~96+517、97+630~126+640)黄河大堤的防汛及防洪工程设施的建设与管理等工作,具有水行政管理职能和水利工程管理两大职责的事业单位,位于开封县境内,机关成立于1977年2月,现由开封黄河河务局和开封县人民政府双重领导和管理。现有职工167人,其中离退休人员85人。

二、机构沿革简介

1977年2月,根据河南省革命委员会豫黄字(1977)93号文和开黄革字(1977)18号文批复,成立"开封县革命委员会黄河修防段",内设三组一队,即秘书组、工务组、财务组、工程队,隶属开封地区黄河修防处。

1979年10月,经河南黄河河务局批准更名为"河南黄河河务局开封黄河修防段"(科级),内设秘书股、政工股、工务股、财务股和工程队,隶属开封市黄河修防处。

三、单位主要领导任免情况

略。

四、档案数量统计

此次进馆档案共计29卷。其中,文书档案10卷、科技档案8卷及会计档案11卷。

五、进馆档案主要内容

(一)文书档案

本次进馆的文书档案主要为1977—1985年治黄工作意见和总结、治黄工作会议文件,机关建立、撤销、更名、启用印章;干部任免、劳动工资,干部、党员职工年报表、花名册;职称认定、表彰先进、工龄更改、离职休养、违纪等文件材料的请示、报告、批复、通知等,共计10卷。

(二)科技档案

本次进馆的科技档案主要是防汛岁修、基本建设计划、批复、年报表;河势查勘报告;防洪工程管理、防汛、通信、工作意见、总结、规划;堤防加固、堤防普查、河道整治、险工加高、放淤固堤等工程的竣工总结、年报表等,共计11卷。

（三）会计档案

本次进馆的会计档案主要为水利事业费、基本建设会计决算报表、批复。缺少1981年、1983年、1985年三年会计年度决算报表，会计入馆档案共计8卷。

（四）声像、电子档案

1977—1985年无声像、电子档案。

（五）实物档案

1977—1985年无实物档案。

兰考黄河河务局档案全宗介绍

全宗号:6.8.3

一、概述

兰考黄河河务局隶属开封黄河河务局,接受兰考县委、县政府和开封黄河河务局的双重领导,属副县级水行政管理单位,下辖开封祥符黄河水利工程维修养护有限公司第三分公司、河南中宇水利水电工程有限公司。主要行使辖区内黄河水行政管理和黄河水利工程管理两大职能,促进兰考黄河河段综合治理与开发,担负着兰考河段的黄河防汛、黄河水资源管理和保护、黄河河道治理、防洪工程建设与管理、水事纠纷协调和处理等职能。河道总长25 km、堤防工程43.08 km(含新堤工程11.8 km),7处河道工程,共有374道坝、垛、护岸。

二、机构沿革简介

1967年机构名称为“河南黄河河务局兰考黄河修防段”,机构设置有政工股、工务股、工程队、石料转运站。

1978年在兰考县黄河修防段的基础上,成立商丘黄河修防处,以处代段,机构设置有政工科、办公室、财务科、工务科、施工队、三义寨引黄闸管理段、兰考石料转运站、淤灌科。

1980年10月,撤销商丘黄河修防处,成立兰考县黄河修防段,隶属开封市黄河修防处,机构设置有秘书股、工会、财务股、人事股、政工股、工务股、工程队。

1985年撤销政工股,增设多种经营办公室。

三、单位主要领导任免情况

略。

四、档案数量统计

此次进馆档案共计128卷(包含图纸10张)。其中,文书档案31卷、科技档案76卷及会计档案21卷。

五、进馆档案主要内容

兰考黄河河务局本次进馆档案的年限为1967—1985年,期间各类档案均按照进馆档案的规定及有关事项进行挑选,最终确定进馆档案共128卷,其中文书档案31卷、科技档案76卷、会计档案21卷。具体内容如下。

(一)文书档案

文书档案31卷,其内容主要包括:治黄工作会议讲话材料,治黄工作总结,机关建立、撤销、合并,启用印章;干部任免,劳动工资,干部、党组织、党员、工人、职工年报表、增资、定级、审批表、花名册;职称认定、退休招工、先进事迹材料、违纪处分等文件材料的请示、报告、批复、通知等。

(二)科技档案

科技档案76卷,其中图纸10卷,主要内容包括:防汛岁修、基本建设计划、批复、年报表;河势查勘报告、河势图;四明堂、杨庄、东坝头险工;夹河滩护滩、东坝头、蔡集控导工程加高改建、筹建提灌站等防洪工程设计、竣工图;占压农耕土地,征地协议书;防洪工程管理、防汛、抗洪、工作意见、总结、规划;堤防加固、堤防普查、河道整治、险工加高、放淤固堤等工程的竣工总结、年报表。

(三)会计档案

会计档案21卷,其内容主要包括:基本建设、水利事业费、预算单位、建安单位会计决算、批复、审核意见。

黑岗口渠首闸管理处档案全宗介绍

全宗号:6.8.4

一、概述

黑岗口渠首闸管理处位于河南省开封市西北20多km的黑岗口险工处。大堤公里桩号为77+170。该涵闸于1957年8月建成并运用,现隶属开封黄河河务局,属水利事业单位。其职权范围:《中华人民共和国水法》《中华人民共和国防洪法》《中华人民共和国河道管理条例》等法律、法规的贯彻和监督检查。按照黄河治理规划的总体安排,研究制定黑岗口渠首闸战略规划和中长期计划,会同有关部门和当地政府编制综合规划和有关专业规划、批准后负责监督实施。在市防汛抗旱指挥部和河务局的领导下,制订黑岗口渠首闸管理处防汛方案,负责防汛日常工作。同时负责涵闸工程的日常维修、涵闸工程机械设备的运行管理;水资源管理、保护、利用,取水许可实施、水事纠纷协调处理以及产业经济的研究、发展经营。主要任务:担负着涵闸防洪和为开封市工业、农业生产、城市居民生活供水,农田灌溉、放淤改土,水产养殖、林业、畜牧业供水以及补给地下水等;同时担负着黑岗口渠首闸管理处的劳动工资报表、职工福利、党务、思想政治、工会、精神文明创建工作。黑岗口渠首闸管理处机关现有职工34人,其中,退休职工3人,干部4人,中级职称7人。

黑岗口渠首闸建于1957年2月,于当年7月竣工。该闸为涵洞式引黄闸,启闭力15 t,设计流量50 m^3/s,加大流量64 m^3/s,设计灌溉面积66万亩,放淤面积10万亩,设计防洪水位82.64 m。1980年对涵闸进行了改建。主要是解决堤身断面偏小、渗径不足等问题,确保防洪安全。涵闸改建后,提高其设计防洪水位为86.40 m,启闭力增至30 t。自涵闸动用到目前共引水达110.95亿 m^3,其中工业71.83亿 m^3,农业39.12亿 m^3,年引水天数在320 d以上。

二、机构沿革简介

1967—1985年机构名称为:黑岗口渠首闸管理段。

1967—1985年机构设置有秘书股、工务股、财务股。

黑岗口渠首闸管理段成立于1963年11月,开封市水利局1967年正式将黑岗口移交河南河务局,隶属开封黄河修防处。主要任务是引黄供水,为开封市工业、城市生活供水,为郊区农业灌溉放淤服务。段长刘东岗,任职于1963年11月至1968年4月。李连科任指导员,任职于1968年4月至1974年12月。李连科任革命委员会主任,盛恢固任副主任。丁启慧1974年3月至1985年12月任党支部书记。卓继增任副书记。朱清泉1978年8月至1984年1月任副书记,1984年1月至1985年10月任副段长。

1970年末在职职工人数为20人,1980年末在职职工人数为14人,1985年末在职职工人数为 21 人。

三、单位主要领导任免情况登记表

略。

四、档案数量统计

此次进馆档案共计 78 卷(包含图纸 27 张)。其中:文书档案 14 卷、科技档案 47 卷及会计档案 17 卷。

五、进馆档案主要内容

(一)文书档案

治黄工作总结,劳动工资,干部、职工年报表、花名册。

(二)科技档案

洞身裂缝处理,最高、最低水位统计,涵闸改建、申请、批复、竣工总结、预算书、设计图,启闭机架、机房改建设计的请示、意见、总结。

(三)会计档案

基本建设、水利事业费、水管费预算、会计决算、批复。

三义寨渠首闸管理处档案全宗介绍

全宗号:6.8.6

一、概述

三义寨渠首闸管理处(简称三义寨闸管处)属科级单位,业务上受开封黄河河务局、开封供水分局领导,党务关系、计划生育等归兰考县代管,位于兰考县三义寨乡夹河滩村东头,机关和宿舍占地面积为19.9亩,工程管理范围占地166.2亩,处机关现有人数30人,其中干部4人,工人26人,退休4人;具有专业技术职称的6人,其中工程师2人,助理工程师3人,助理政工师3人。

该闸始于1958年3月,相应大堤桩号为130+000,属开敞式一级过堤建筑物,设计流量为141 m^3/s,该闸的结构形式为钢筋混凝土结构,共分三联六孔,安装弧形钢闸门,由于该闸振动强烈,引起闸墩、闸底板、启闭机大梁裂缝,特别是闸底板发展严重裂缝,遂于1974年和1991年进行了二次改建。三义寨闸管处的主要职责和任务是:维护涵闸工程管理,黄河防汛,发展黄河多种经营及担负着商丘地区、兰考县的农业灌溉用水任务。

1966年根据(66)河办人字第136号、(66)豫黄政办字第36号、(66)河工办字第4号文件精神,三义寨渠首闸管理段业务工作划归所在地区的开封修防处领导(三义寨渠首闸管理段的单位名字是根据(63)河办字25号文件指示命名的,并启用印章)。

1968年3月15日,根据(68)渠革字1号文件精神,成立三义寨引黄渠首闸管理段革命领导小组,三义寨引黄渠首闸管理段印章停用并作废。

1978年5月8日,因行政区划变更,兰考划归商丘地区,三义寨引黄闸管理段归属商丘黄河修防处。

1980年兰考县又划归开封地区,10月商丘黄河修防处撤销。

1981年1月29日,根据河南黄河河务局豫黄劳字(1981)5号文件,河南黄河河务局三义寨渠首闸管理处归属开封黄河修防处领导至1985年底。

二、机关住址的变更情况

该闸自建立以来,住址一直在三义寨夹河滩村,未曾变更过。

三、机关内部机构设置:

1966年12人,1980年25人。

四、主要负责人名录

略。

五、档案进馆情况

根据河南黄河河务局汴黄办〔2009〕20号文档案进馆工作相关事项的通知，三义寨闸管处在河南黄河河务局档案科、开封黄河河务局档案室的指导及兄弟单位的协助下，经过严格的质量把关，对1966—1985年的档案进行了挑选，在单位领导和3人组成的工作人员的努力下圆满结束。进馆档案共28卷。

六、档案整理情况

我单位根据河南黄河河务局汴黄办〔2009〕20号文件精神，对挑选的1966—1985年进馆档案，凡是不耐久材料形成的档案文件一律进行复制，复制件在前，原件在后，立卷时将同一年度的同一问题的文件组在一起。正件与附件、印件与订稿、请示与批复、转发文与原文分别组在一起，卷内文件的排列按文件形成的规律、问题、时间区分不同情况，依次进行排列。技术档案请示在后，批复在后；正件在前，附件在后；印件在前，订稿在后。对单一问题按时间排列，对几个问题的档案按问题结合时间，几个作者、几个问题的档案，按问题结合作者时间上下级确定排列，档案室逐卷审核后确定期限准确无误，抄写卷内目录、编写页号、填写备考表，去金属物，采用“三孔一线”进行装订，拟订案卷标题、并按照河南黄河河务局汴黄办〔2009〕20号文件精神的要求档案号为6.86-03-0001…n编档案号。

开封石料转运站机关档案全宗介绍

全宗号:6.8.7

一、概述

河南黄河河务局开封石料转运站位于开封市公园路南段,机关和宿舍占地总面积为3 085.24 m^2。机关成立于1964年2月26日,隶属开封第一黄河河务局,有职工23人,其中干部4人、工人19人,有初级技术职称1人,中级技术职称2人。开封石料转运站属于全民事业单位,实行系统内独立核算,自负盈亏,主要担负着开封第一黄河河务局、开封第二黄河河务局的防洪抢险、基建工程石料的供应任务。

二、沿革简介

(一)名称与时间

1964年2月26日河南黄河河务局(64)河人第8号通知,经报河南省人民委员会批准建立河南黄河河务局开封石料转运站,由河南黄河河务局直接领导。1967年交开封黄河修防段代管,1984年由开封市黄河修防处领导。

(二)机关住址的变更情况

1964年2月26日所成立的河南黄河河务局开封石料转运站,暂住开封市侯庄东地方铁路管理段临时办公。1964年12月5日由侯庄东地方铁路管理段搬迁到南关区铁路北沿街8号,后迁至公园路南段。

(三)机关内部机构设置

开封石料转运站1964年2月建站设立综合办公室,1990年7月综合办公室分为办公室和生产科。1995年5月根据多种经营需要,增设钢模板租赁站,1998年11月改制为开封黄石工程建筑设备有限公司。1966年底开封石料转运站固定职工人数13人,1980年底固定职工人数17人,2000年底固定职工人数24人,2001年底固定职工人数23人。2001年12月18日根据豫黄人劳〔2001〕63号文件精神,开封石料转运站撤销并入开封郊区河务局。

(四)主要负责人名单

略。

三、档案情况介绍

(一)档案数量统计

(1)开封石料转运站档案产生时间是1964年。

(2)档案分类:文书档案、科技档案、会计档案。

文书档案:综合、劳动人事、财务物资、审计党务、工会、多种经营、水政水资源类。

技术档案:G1 综合、G6 防汛、G9 科研、G11 计划统计、G13 房建类、G14 其他类。

会计档案:包括报表、账簿、凭证类。

(3)案卷排架:总长 24.2 m。

(4)档案室面积:16 m^2。

(5)档案室主要设备:档案柜 5 组、吸尘器等。

(6)档案数量:全宗档案 1 390 卷册。

(二)档案完整程度

开封石料转运站建档以来,没有发生任何被盗、虫蛀、失火、损毁事件。所存档案率 100%,完整率 99.5%。其中,房建类 1987 年永久卷有关开封石料转运站自筹资金购买开封黄河河务局自建房一卷里缺图纸、预算等相关材料。

(三)检索工具编制情况

档案室现编制的检索工具有五种:案卷目录、案卷文件、案卷文件目录、专题目录、发文号与档案号对照表。

其中案卷目录在平常查阅工作中使用率较高。

(四)档案整理情况

档案的收集一般有以下两方面:账内文件和账外文件。按照收文登记簿和发文登记簿一一核对,并对各部门外出会议文件逐一收集,杜绝丢失、遗漏现象,保证文件、材料齐全完整归档。

档案立卷:文书档案按豫黄办〔1997〕5 号文,技术档案按豫黄办〔1997〕13 号文,会计档案按开财豫(84)7 号、汴档发(84)6 号文件规定要求进行分类和期限划分。整理过程严格按照业务规范和豫黄办〔2001〕11 号要求立卷归档。

案卷的编目:根据卷内实有文件编写卷内目录,然后撰写卷皮,编写卷内文件目录,案卷目录、发文号与档案号对照表。

(五)档案主要内容

1. 文书档案

综合类室存 80 卷,其中永久卷 30 卷、长期卷 26 卷、短期卷 24 卷。它主要反映开封石料转运站每年的工作意见、总结,机关制度、目标承包责任书。

劳动人事类室存 146 卷,其中永久卷 49 卷、长期卷 45 卷、短期卷 52 卷。主要内容有劳动工资年报、职工花名册、历次增资审批表、名单、人事变动,安全、离退工作意见、总结。其中长期卷为黄河建筑设备租赁公司 1998 年公司章程、编制、董事会成员、岗位责任制、职责范围、规定。

财务物资类室存 104 卷,其中永久卷 12 卷、长期卷 39 卷、短期卷 53 卷。主要是:开封石料转运站运石计划、财务物资报表、清产核资报表。如永久卷河南黄河河务局开封石料转运站 1992 年物资达标的报告、批复;长期卷开封石料转运站 1986 年石料供应合同。

党务类室存 44 卷,其中永久卷 12 卷、长期卷 9 卷、短期卷 23 卷。主要有开封石料转运站党的组建、改届,纪检组织的总结、请示、批复。

工会类室存 30 卷,其中永久卷 2 卷、长期卷 13 卷、短期卷 15 卷。主要有开封石料转运站工会、女工总结、表模通知、决定。其中,1996 年永久卷记录了省局表彰先进集体、个人的材料决定。

多种经营类室存28卷,其中永久卷8卷、长期卷4卷、短期卷16卷。主要是:开封石料转运站多种经营立项匹配资金,经营状况的报告、年报。如1995年短期卷记录了成立打字复印部、模板租赁站的情况。

2. 科技档案

科技档案类室存50卷,其中永久卷24卷、长期卷8卷、短期卷18卷。有综合类、防汛类、计划统计类、房建类、其他类。

综合类永久卷1卷、短期卷1卷。主要有开封修防处、转运站1988年关于大堤加固竣工的报告、承包合同。

计划统计类永久卷16卷、短期卷7卷。主要是下达防洪基建、防汛岁修、增拨维修费用的报告、通知。如永久卷开封黄河河务局、转运站1993年关于下达备石、卸车经费、防汛岁修以工代赈计划,增拨专项资金的报告、通知。

房建类永久卷3卷、短期卷5卷。主要有永久卷河南黄河河务局、开封修防处转运站1987年关于自筹资金购房的报告、批复。河南、开封黄河河务局、转运站1990年关于改扩建办公、生产用房预算、平面图、承包合同、竣工报告、请示、批复。

其他类永久卷4卷、长期卷2卷。主要内容有开封石料转运站铁路修建、使用、维修收费合同、协议书。如1994年永久卷反映了开封石料转运站开柳铁路延长、土地征收、拆房迁坟、防洪石料卸车专用线修建购地平面图,设计竣工报告、请示、批复。

3. 会计档案

会计档案室存档904卷,完整地记录了历年的收支、决算情况。

4. 声像、电子档案

室存照片59张。主要反映开封石料转运站1990年危房情况。1995年开封黄河河务局在开封石料转运站召开有关单位石料协调会、职工参加铁路中修、租赁站劳动场面。

5. 实物档案

室存锦旗、荣誉证书、奖状共计35件,省部级及其以上共7件。

(六)档案利用情况

日常工作中,文书档案综合类、劳动人事类利用率较高。如1993年1月,开封石料转运站与开封市第二玻璃厂发生供电纠纷,致使照明线路连续五天不通,给防汛及其他工作带来不利影响,造成了严重后果。经查阅综合类永久卷,发现双方签订的供电协议中明确地说明了双方应尽的责任和义务,开封市第二玻璃厂对此没有异议,在市供电局的协调下,很快恢复了开封石料转运站的供电线路,保证了转运站的正常用电。

2001年初,铁路部门向开封石料转运站征收铁路土地使用租金,档案室调出其他类1994年永久卷,经过查阅发现此宗土地归开封石料转运站所有,并提供了征地补偿名单及有关批复、图纸,从而避免了开封石料转运站缴纳土地使用金的损失。

(七)档案编研成果

开封石料转运站由办公室李新军、王东阳二位同志自1991年多次查找档案,寻访老同志,整理材料,编写了机关大事记、组织沿革、全宗介绍、专题数字汇编。

(八)档案室达标升级情况

1995年12月经黄委验收达标,晋升为黄委系统内一级档案室。

四、资料内容介绍

档案室现存资料共 24 册，有发文汇集和介绍黄河的有关书籍。

五、1963—2001 年进馆档案情况介绍

（一）档案进馆调卷情况

此次为完成档案进馆工作，鉴定了 962 份财务凭证、151 份文书档案、39 份财务报表、33 份技术档案。其中料场征地单据 1 份、职工购房发票 2 份、工资表 4 个年度续到相关卷宗里，固定资产设备发票 23 份予以保留。

（二）进馆档案主要内容

治黄工作总结，机关建立、撤销、合并，启用印章，机关制度；职务任免，劳动工资，干部、党组织、党员、工人、职工年报表、增资、定级、审批表、花名册；职称认定、退休、招工、平反、恢复公职、劳模表先事迹材料、违纪处分等文件材料的请示、报告、批复、通知；房屋建设、开柳铁路建设施工、征地、基本建设，水利事业费，预算单位、建安单位会计决算、批复、审核意见；防汛岁修、基本建设计划、批复、年报表。

（三）档案数量统计

此次进馆档案共计 182 卷。其中，文书档案 100 卷、科技档案 25 卷及会计档案 57 卷。

兰考石料转运站档案全宗介绍

全宗号:6.8.8(撤销单位)

一、概述

河南黄河兰坝铁路专运线车站,直接隶属河南黄河河务局,1951年经水电部、河南省批准新修兰(封)坝(头)铁路支线14 km,1958年3月兴建三义寨引黄闸,因施工需要,将兰坝铁路改至夹河滩,1960年设兰坝车站,1961年7月新建,1962年5月经中央批准恢复兰坝铁路支线。主要职能是保证兰考、封丘、长垣、濮阳及山东东明五个黄河修防段和三义寨、渠村两座引黄闸防洪运石工作,同时承担着东明、长垣、濮阳、菏泽、聊城、梁山、阳谷、范县等县(市、区)的一部分民用燃料(煤炭)运输,以及粮棉的调出和输入。每年卸货量达8 000多车皮,计300 000 t左右,其中煤炭约占100 000 t之多,1988年停运。

二、机构沿革简介

1960年机构名称为:河南黄河兰坝铁路专用线车站。

1961年10月27日,根据河办(1961)12号即《河南省水利厅黄河河务局关于建立广花、兰坝铁路支线并颁发印章通知》正式成立河南黄河兰坝铁路专用线车站,车站下设四公里、夹河滩、东坝头三个分站,管理广花、兰坝两条支线。1960—1967年隶属河南黄河河务局;1960—1969年机构下设秘书股、财务股、调车股、养路工区、电务工区、工会;1970年更名为“兰考石料转运站”;1979年6月4日,根据豫河组〔1979〕29号通知,兰坝石料转运站隶属商丘修防处;1980年更名为“河南黄河河务局兰考石料转运站”;1967—1984年隶属开封黄河修防处;1984—1989年隶属于开封市黄河修防处;1969—1989年,机构下设办公室、财务股、石运股、工会;1989年7月机构撤销,并入兰考修防段。

三、单位主要领导任免情况

略。

四、档案数量统计表

此次进馆档案共计105卷,其中图纸2卷。文书档案95卷、科技档案6卷及会计档案2卷。

五、进馆档案主要内容

年度工作意见、总结,先进工作者、劳动模范事迹,职代会材料;机构建立、更名、隶属关系变化、启用印章;劳动工资、奖金计划、指标;干部、固定工、职工工资统计,套改审批、登记表;党支部、团支部、工委建立、改选;职工退休、子女接班、招工、平反、知青下乡、工人退职返乡、恢复公职;劳保福利,民兵组织,群众来访,职务任免,评定职称,专技人员工资定级,党员、干部、职工年报表、花名册;贪污、盗窃、事故调查、治安保卫、人口普查、困难补助;行政机构改革、机关、财务供给制度、办法、经营管理等方面的请示、报告、批复、函、通知。财务预算批复、事业费支出决算报表。恢复、开通兰坝铁路专用线技术材料、排水工程、桥梁整修、增添新线;兰坝、广花铁路专用线延长工程交付管理养护;铁路专用线 K7+089 人民跃进渠大桥设计图、概算、扣轨打桩记录、附图;购进“友好”机车,四公里夹河滩支线维护、开通使用、信号、提速问题;建蔡楼桥、施工计划、设备损坏情况;行车组织细则、工作责任制;搭盖料棚、铁路涵桥安全、处理旧枕木、整修破损路轨、解决机井配套、修改涵洞设计;铁路抢修工程、车务组、领工区工作总结;修改临时桥、便桥压道、检查、施工协议、措施、调令、桩号复打;车站货运、石料收支统计、进度年报表;工程竣工报告、函、批复、通知。

开封黄河河务局水上抢险队档案全宗介绍

全宗号:6.8.9

一、概述

开封黄河河务局水上抢险队始建于1947年,前身为黄河水兵司令部,为渡运刘邓大军强渡黄河而组建,后经数次变迁、名称更迭,于2005年更名为"开封黄河河务局水上抢险队"。隶属开封黄河河务局,事业编制50人,下设办公室、财务科、工务科、经发部和船队五个职能部门。主要承担黄河防汛抗洪抢险、滩区救护、防汛抢险技能培训及设备日常维修养护等任务,现位于开封市苹北中街80号。

二、机构沿革简介

1967年机构名称为:河南黄河河务局航运大队。

1976年撤销河南黄河河务局航运大队,成立了河南黄河河务局航运一、二、三队和造船厂,隶属河南黄河河务局领导。

1978年恢复河南黄河河务局航运大队,原河南黄河河务局航运一、二、三队和造船厂归航运大队领导。

1983年河南黄河河务局航运大队又一次撤销,原航运大队及一、三队和造船厂合并,归开封市黄河修防处管理,改称"开封市黄河修防处航运队",设有政工股、秘书股、生产股、财务股、工会、多种经营办公室。原航运二队归濮阳市黄河修防处领导。

三、单位主要领导任免情况

略。

四、档案数量统计

此次进馆档案共计40卷。其中,文书档案22卷、科技档案1卷及会计档案17卷。

五、进馆档案主要内容

(一)文书档案

治黄工作意见、总结、治黄工作会议文件,机关建立、撤销、更名,启用印章、干部任免等文件材料的请示、报告、批复、通知及劳动工资,干部、党员职工年报表、花名册等。

（二）科技档案

防洪工程竣工报告。

（三）会计档案

水利事业费，建安单位会计决算、批复。

武陟第一黄河河务局档案全宗介绍

全宗号:6.9.1

一、概述

武陟第一黄河河务局,现驻河南省焦作市武陟县木栾大道699号,机关占地面积为14.86亩。现有职工142人,其中干部58人(其中公务员21人)、工人84人,属于事业单位。主要承担着武陟县境内沁河左堤和沁河口以下的黄河防洪、水政、水资源管理、工程管护、综合经营等任务。黄河大堤68+469~90+432,沁河大堤44+800~79+700,沁河新左堤0+000~3+195,堤防总长度为60.058 km,现有险工9处,涵闸6座,黄河控导工程、护滩工程各1处。

二、沿革简介

(一)名称与时间

武陟第一黄河河务局始建于1949年,当时单位名称为“武陟黄沁河第二修防段”;1952年武陟黄河修防段并入武陟沁河修防段后并为武陟黄沁河修防段,隶属新乡黄沁河修防处。

1960年10月,温陟黄沁河修防段与武陟黄沁河修防段合并;1961年10月,因管辖堤段长,管理不便,又分为武陟黄沁河修防段和温陟黄沁河修防段;1975年4月,武陟黄沁河修防段改名为“武陟第一黄沁河修防段”,至1985年单位名称无变化。

(二)机构设置

从1966年到1983年机构设置为三股一队,即秘书股、工务股、财务股、工程队;1984年机构增设政工股。

1966年末职工总人数为73人,1985年末职工总人数为162人。

(三)印鉴启用与废止

(1)1968年1月22日,启用“武陟黄沁河修防段革命委员会”印章,同时停用“武陟黄沁河修防段”印章。

(2)1975年6月1日,启用“河南省革委黄河河务局武陟第一黄沁河修防段”印章,原印章同时作废。

(3)1979年6月25日,启用“武陟第一黄沁河修防段工会委员会”印章。

(4)1979年9月1日,启用“河南黄河河务局武陟第一黄沁河修防段”印章,原印章同时作废。

(四)单位主要领导任免情况

略。

三、档案数量统计

此处进馆档案共计 156 卷。

四、上次档案进馆情况

1991 年 5 月 16 日武陟第一黄河河务局将 1949—1966 年的档案移交到黄河档案馆，共移交档案 275 卷，文书档案 80 卷（其中永久卷 75 卷、长期卷 5 卷）、科技档案 195 卷（其中永久卷 186 卷、长期卷 9 卷）。

五、本次进馆档案的主要内容

（一）文书档案

文书档案主要为 1967—1985 年治黄工作总结，职务任免，劳动工资，干部、党员、职工年报表、花名册，党支部基本情况表，启用印章，职代会文件，征用宅基地请示、协议书、购地证明，建立派出所请示、批复等，共计 24 卷。

（二）科技档案

科技档案主要为 1967—1985 年的防汛工作总结，防汛岁修、基建计划、批复、年报表，河势报告及图，大断面图，淤背工程平面图，涵闸（包括改建、加固）设计报告、批复、竣工图，培堤工程计划及图表，北围堤险工历史资料，修防资料成果表，沁河杨庄改道工程设计、批复、总结等资料，险工加高总结，压力灌浆总结，十年竣工验收（1974—1983 年）资料等，共计 113 卷。

（三）会计档案

会计档案主要为 1967—1985 年的水利事业费、基本建设会计决算报表，共计 19 卷。

武陟第二黄河河务局档案全宗介绍

全宗号:6.9.2

根据黄委档案进馆精神,武陟第二黄河河务局的档案进馆工作,从2006年7月开始到12月结束。经过6个月的整理,已完成进馆档案194卷。其中,文书档案永久卷79卷、长期卷9卷,工程技术档案永久卷80卷、长期卷6卷,会计报表档案永久卷20卷。在整理档案进馆的过程中,文书档案是按黄办档〔1996〕13号文件规定的《治黄文书档案分类及保管期限表》文件精神整理立卷,技术档案是按《黄河河务科技档案分类办法及保管期限表》(黄办字〔1997〕8号)的划分办法,参照水利部《水利基本建设项目(工程)档案资料管理规定》(水办〔1997〕275号)及河南黄河防洪工程档案整理与组卷规范的标准立卷归档,并参照黄河档案馆接收进馆档案标准工作问题的说明进行整理立卷的。编号是逐年按大流水形式编号,先编文书档案、会计档案,再编技术档案。

在整理档案立卷进馆的过程中,武陟第二黄河河务局的领导对这次档案进馆工作非常重视,专门召开局委会研究部署,并成立档案进馆工作和鉴定工作领导小组。由副局长任小国任组长,办公室主任赵海江任副组长,并抽出对档案整理和鉴定工作有经验的翟富强帮助,和档案管理员穆东泉组成档案鉴定整理小组开展工作。

一、机关机构设置及演变情况

武陟第二黄河河务局的档案第一次进馆是1991年8月,第二次进馆于2006年7月开始。机构设置及续篇如下:

2002年1月4日,武陟第二黄河河务局机关从驻地40余年的大虹桥岳庄迁进县城黄河大道新址办公。2004年9月20日,根据《关于基层河务局单位名称变更的通知》(焦黄人劳〔2004〕49号),武陟第二黄河河务局由原来的武陟县第二黄河河务局变更为焦作黄河河务局武陟第二黄河河务局。

2004年10月18日,根据《关于启用焦作黄河河务局武陟第二黄河河务局新印章的通知》(焦黄办〔2004〕34号),单位名称已经变更,新印章从即日起启用。

1998年,经黄委河南黄河河务局、焦作黄河河务局、焦作市档案局联合考评小组各位领导、专家评审,一致通过达到了部级档案室的标准,并在1998年2月22日颁发了部级档案管理合格证书。

二、机关主要负责人名录

略。

三、机关的性质、职能隶属关系及演变情况

焦作黄河河务局武陟第二黄河河务局位于武陟县城黄河大道中段,隶属焦作黄河河务局领导,是专门从事黄沁河防洪工程治理的县级事业治河机构。2006年,共有职工160人,男职工142人、女职工18人。其中依照国家公务员制度管理18人,聘任制工作人员4人。2006年6月以前,机构设置如下:办公室、机关服务中心、财务科、工务科、水政科、防汛办公室、通信科、养护处、经济发展管理处、工会、黄河兴业开发总公司、华龙武二分公司、职能部门11个。

6月机关进行机构改革后,机构设置如下:办公室、财务科、工务科、水政科、防汛办公室、运行观测科、工会、黄河兴业开发总公司、华龙武二分公司,同时设焦作黄河第二维修养护分公司。

武陟第二黄河河务局管辖黄河大堤长20.674 km(堤防桩号43+814~65+414,内有董宋涝河口桩号45+250~46+176,长926 m)。沁河大堤长28.212 km(堤防桩号46+116~67+108、70+752~75+972)。驾部控导工程36道坝、13座垛、13道护岸及东安控导工程。黄沁河堤防抢险工11处,分别为:黄河赵庄、刘村、余会、花坡堤险工,沁河王顺、滑封、白水、石荆、五车口、朱原村、方陵险工。

涵闸9处,分别是:东张计、王顺、西白水、东白水、石荆、西小虹、五车口、朱原村、赵庄闸。2006年12月东张计、西白水2处涵闸废弃。

四、单位的工作发展及文书处理情况

武陟第二黄河河务局2005年被评为省级卫生先进单位,在开展办公室标准化建设中,武陟第二黄河河务局被河南黄河河务局评为标准化建设办公室,河道目标管理被评为国家河道目标管理二级。2006年武陟第二黄河河务局正在创建省级文明单位,年初武陟第二黄河河务局紧紧围绕工作会议确定的目标任务,以十六大精神和"三个代表"重要思想为指针,全面贯彻"维持黄河健康生命"治河新理念为目标,一手抓治黄创新工作,一手抓经济建设,坚持两手抓,两手都要硬。结合工作实际,认真分析形势,明确、分解目标任务,与时俱进、开拓创新,完成各项工作任务。

武陟第二黄河河务局领导历年来对档案管理工作都十分重视,专门成立了局长为组长、分管局长为副组长、各部门主要负责人为成员的档案管理工作领导小组,并配备了专兼职档案管理管理人员。专职档案管理人员主要负责档案室的日常工作和部门立卷归档的业务指导工作。兼职档案管理人员主要做好各部门的文件材料收集保管和部门档案管理,立卷归档、移交工作,并明确一名副局长主抓档案工作,把这项工作纳入机关的三年发展规划、年度工作意见以及目标责任书管理范围内,定期组织各科室有关领导及部分兼职档案管理人员同专职档案管理人员一起,对档案室所存放的全部档案资料进行检查,发现问题,及时整改,保证了档案资料的规范性和完整性。

武陟第二黄河河务局还实行了严格的文书处理制度,因文件的完整是整理好档案的关键,它直接关系到档案的质量,因此要在日常的工作中,建立健全收文、传阅、催办、整理、鉴定各项规章制度,做到收发文有登记,传阅文件要批办,承办有结果,只要办完毕的文件材料都要及时收回统一管理,防止文件丢失与损坏。平时借阅档案要登记,在机关形成的文件材

料中禁止使用圆珠笔、铅笔、纯蓝墨水钢笔,发现有此类现象,就及时进行纠正,同时在制订年度计划时,将档案管理工作作为一项主要内容纳入每年各部门的目标责任书内,与其他工作一起布置,一起落实,一起考核。同时针对上级档案管理部门关于档案工作的新要求,及时落实到各科室、各部门的档案管理工作中。特别是在近几年来武陟第二黄河河务局的经费比较紧张的情况下,局领导想方设法,筹借资金先后为档案室增加了档案柜4节,档案盒2 000个,凭证盒1 000个,文书、技术卷皮各500个。迁入县城后,优先安排了四大间面积为80余 m^2 的房屋,满足档案室的库房、阅览室和办公的要求,使武陟第二黄河河务局的档案库房真正实行了“三分开”。

五、全宗的基本状况及主要内容

武陟第二黄河河务局的档案是从20世纪50年代初开始创建的,至今已有五六十年的历史,在各级领导的支持和档案主管部门的指导下,经过不断努力,使档案管理水平不断提高,现已初具规模,室内存放各类档案文件资料目前为止已有5 488余卷册,案卷排列长度为120 m,从1982年先后三次增加铁柜55节,温湿度测试器1个,保持室内相应的干湿要求,并配备了消防设备,已基本上达到了通风、防潮、防尘、防虫、防盗、防火等安全措施,并制定有严格的岗位责任制,档案工作计划,档案的接收、整理,图纸修改补充、保管,预立卷归档,资料鉴定销毁、保密,保卫,库房管理,借阅统计等规章制度。

1990年后,为满足档案工作发展的要求,武陟第二黄河河务局在资金十分紧张的情况下又增添了装订机、裁纸机、除湿机、吸尘器、空调,并安装了防盗门。目前武陟第二黄河河务局的档案配套设施、设备能满足档案工作需要,并能满足档案利用者的需要。档案库房由原来的45.5 m^2 扩大到了现在的80 m^2。

这次档案进馆的主要内容是根据黄委的进馆精神将1967—1985年机关所形成的具有永久、长期保存价值的有关文书档案、技术档案、会计档案历史资料进行整理、划分、立卷进馆。武陟第二黄河河务局的进馆档案也包括有1951—1966年的部分文书档案。因为武陟第二黄河河务局在1991年档案进馆时部分文书档案还没有整理立卷,所以部分文书档案是在档案进馆以后才进行分类整理的。因此,这次进馆才将这部分的文书档案整理立卷进馆。

经过5个月时间的整理,现将这次档案进馆的工作情况简要介绍如下。

(一)文书档案

文书档案按类别要求划分为7类:综合类、劳动人事类、财务物资类、党务类、工会类、多种经营类、会计类。

1. 综合类

综合类主要内容包括1974—1985年机关工作总结、启用印章、段委会议记录、评奖细则、汛期岗位责任制的奖罚条例。

2. 劳动人事类

劳动人事类主要内容包括1951—1985年的充实组织,录用人员,工作证登记,退职申请、批复,调整工资收入、升级汇总,干部情况调入、调出统计,职工花名册,干部、劳动工资年报,基本情况,人事任免,职工子女花名册,民兵花名册,工资改革测算表等。

3. 财务物资类

财务物资类主要内容包括1967—1985年财务物资器材年报表。

4. 党务类

党务类主要内容包括 1972—1985 年党员基本情况年报表及花名册，取消党员资格的请示、批复、审查表，支部成员呈报表，支部会议记录，接收新党员通知，支部创优工作汇报、思想政治工作总结及党组织若干问题规定，整党工作总结等。

5. 工会类

工会类主要内容包括 1982—1985 年职工代表大会提案解答、条例细则、劳动保护教育规划、机关各项制度，工作报告、职工会议草案、号召书、意见、制度、条例、办法，治黄总结，表模大会材料。

6. 多种经营类

多种经营类主要有 1983 年有关广开门路为国家积累财富文件。

7. 会计类

会计类主要包括 1967—1985 年财务水利事业费、防洪基本建设决算会计报表。

（二）技术档案

技术档案按类别要求划分为 8 类：综合类、堤防类、河道治理类、涵闸类、防汛类、水文水情类、计划统计类、其他类。

1. 综合类

综合类主要内容包括 1980—1985 年武陟二段基本建设施工计划、1949—1980 年黄沁河历年修防资料成果表、1974—1983 年十年竣工资料汇编，险工、河道、控导工程、背堤竣工总结，1983 年河南黄河河务局关于对洪水资料复核修正、基建十年规划、工程验收竣工几项补充规定，1984 年工程管理工作总结，1974—1985 年基建竣工验收资料附断面图、汇集。

2. 堤防类

堤防类主要内容包括河南黄河河务局、新乡修防处、武陟二段关于 1980—1985 年险工加高批复、报告、竣工图、工程设计、单价计算，杨庄改道工程请示、报告、投资计划、批复、征地协议书、右堤纵断面图、竣工报告、总结、工程情况汇报，残缺堤段加固，请示，险工施工总结、防汛岁修落实、基本建设施工计划，1979—1980 年黄沁河堤防纵断图，1951—1980 年北郭乡、阳城、大虹桥、西陶及驾部控导柳荫地购地资料、黄河堤线及花坡堤明细卡片，1974—1983 年防洪基建、大堤加培竣工总结等。

3. 河道治理类

河道治理类主要内容包括 1980—1985 年黄沁河及驾部控导工程河势图、主流图、花坡堤背堤土方计算表及平面图、黄沁河险工控导修建记载、沁河纵断面图设计高程、沁河北阳至大虹桥大断面图，1974—1983 年驾部控导工程竣工验收资料及河道整治竣工总结，1949—1984 年黄沁河修防记述、控导工程专题材料、花坡堤抢险记述等。

4. 涵闸类

涵闸类主要内容包括 1980—1985 年河南黄河河务局、新乡修防处、武陟二段关于 1980 年方陵闸改建设计工程说明、批复和技术施工计划附工程图概算、竣工总结及竣工图、黄河赵庄闸工程验收鉴定。

5. 防汛类

防汛类主要内容包括武陟县防汛抗旱指挥部、武陟二段 1980—1985 年防汛方案、责任制、总结各类洪水防御措施、杨庄改道工程，1982 年战胜近百年来特大洪水情况报告及说明、抗御沁河特大洪水的总结、防汛工作总结、驾部控导工程抢险总结。

6. 水文水情类

水文水情类主要内容包括河南黄河河务局、武陟二段 1982—1985 年水位观测办法、杨庄改道工程新右堤水情水位观测记录表、汛期雨量、水位水情记录及沁河 4 280 m^3/s 资料，1977—1984 年水位水情记录、排洪能力分析，汛期控导出险、报险情况。

7. 计划统计类

计划统计类主要内容包括河南黄河河务局、武陟二段关于布置统计年报的通知，1980—1985 年基本建设、防汛岁修工程月报、水利基本建设、防汛岁修工程统计年报表、补充计划、防汛资料统计、汇总年报等。

8. 其他类

其他类主要内容包括河南黄河河务局 1982 年沁河杨庄改道工程指挥部关于沁河公路桥施工度汛导流工程说明，木桥改为水泥桥摆渡报告、附图，沁河 1 000 V 电力过线迁建工程竣工总结报告，武陟公路桥施工组织及大堤安排请示报告、估价测算表。

温县黄河河务局档案全宗介绍

全宗号:6.9.3

一、概述

温县黄河河务局(原温县黄沁河修防段)是由原温陟黄沁河修防段(现在的武陟第二黄河河务局)划分而来的,位于河南省焦作市温县子夏大街北段路东,机关和宿舍占地12 500 m^2。机关成立于1975年,隶属焦作黄河河务局和地方政府领导。现有干部职工141人,其中干部27人、职工114人;离退休人员50人。专业技术人员情况:高级工程师1人,工程师12人,助理工程师36人,技术员2人。温县黄河河务局属于全民事业性单位。职权范围是管辖黄(沁)河堤防、控导、险工工程。主要任务:担负温县境内的黄(沁)河防汛安全、确保黄河花园口站22 000 m^3/s洪水大堤不决口,沁河小董站4 000 m^3/s洪水大堤不决口。遇超标准洪水尽最大努力,采取一切措施减少灾害,完成上级下达的各项任务。

工程情况如下所述。

(一)堤防

(1)黄河大堤位于黄河下游左岸上首,上游与清峰岭相接(桩号为42+374),下游与武陟搭界(桩号为43+814),全长1.44 km。

(2)移民堤防护堤上游桩号为28+560,下游末端桩号为39+969,长11.409 km。

(3)沁河堤防位于沁河右岸,上游与沁阳市接壤(桩号34+944),下游与武陟县搭界(桩号46+116),全长11.172 km。

(二)险工控导

(1)大玉兰控导工程现工程长6 120 m,有坝49道、垛8座、护岸8段,计65座工程。

(2)张王庄控导工程始建于1999年12月,现工程长800 m,有丁坝8道。

(3)亢村险工位于亢村村北偏西。工程始建于1949年,工程长1 389 m,相应大堤桩号为34+944~36+333,现有坝7道、垛14座、护岸7段,计28座工程。

(4)善台险工位于善台村北,始建于1948年,相应大堤桩号为39+866~41+607,工程长1 741 m,现有坝5道、垛15座、护岸9段,共计29座工程。

(5)新村险工位于武德镇乡新村村北,始建于1948年,工程长2 021 m,桩号为41+803~43+824,现有护岸15段、垛24座,计39座工程。

(6)吴卜村险工位于武德镇乡吴卜村和西张计村北,工程始建于1949年,险工长1 160 m,桩号为44+973~46+133,有坝1道、垛8座、护岸5段,计14座工程。

二、机构沿革简介

（一）名称与时间

温县河务局原名温县黄沁河修防段,1974 年 11 月因兴建黄河大玉兰控导工程,由原温陟黄沁河修防段分支而来, 1975 年 5 月经河南省革命委员会和河南黄河河务局批准,温县革命委员会以温革〔1975〕37 号文批准建立温县黄沁河修防段,张兆礼任温县黄沁河修防段主任,宋子信任温县黄沁河修防段副主任,负责温县境内的黄沁河工程防洪和管理。机构下设秘书股、工务股、财务股、工程队。

1978 年温县黄沁河修防段受黄河系统新乡地区黄沁河修防处领导。

1975 年末单位职工人数为 13 人。

1985 年末单位职工人数为 87 人。

（二）机关住址的变更情况

温县河务局自 1975 年 5 月成立至今,单位住址变更 2 次。

（1）1975 年成立至 2010 年 10 月,单位住址位于河南省焦作市温县振兴路 40 号。

（2）2010 年 10 月 13 日搬迁至温县子夏大街北段路东。

三、单位主要领导任免情况

1975 年温县革命委员以温革〔1975〕37 号文批准建立温县黄沁河修防段,张兆礼任温县黄沁河修防段主任,宋子信任温县黄沁河修防段副主任。1976 年 3 月,经温县组织部批准,建立温县黄沁河修防段党支部,宋子信任党支部书记。1977 年 12 月 14 日,温县县委组织部以温组字（77）23 号文件任命李庆升为温县黄沁河修防段副主任。1978 年 5 月 13 日,经新乡黄河修防处新黄政字〔78〕5 号文批准,调宋子信到辉县石厂工作。1979 年 3 月 10 日,经河南黄河河务局豫黄政字（1979）第 22 号文批准,孙宪宗任温县黄沁河修防段段长,李鸿章、李庆升任温县黄沁河修防段副段长。1979 年 9 月 7 日,经温县县委组织部,温组字（79）122 号文批准,调李庆升任温县革命委员会民政局副局长。1980 年 10 月 6 日,经温县组织部批准,孙宪宗任温县黄沁河修防段支部书记,李洪章、史保国任支部委员。1982 年 1 月 16 日,经河南黄河河务局批准,张存恒任温县黄沁河修防段段长。1984 年 2 月 1 日,经河南黄河河务局豫黄政字（1984）28 号文批准,李安国任温县黄沁河修防段段长,游保印任温县黄沁河修防段副段长。1984 年 2 月 24 日,经温县县直党委批准,李安国任温县黄沁河修防段支部书记,张存恒任副支部书记;4 月 18 日,经温县县直党委批准,王振保任温县黄沁河修防段党支部委员;11 月 12 日,经温县县直党委批准,冯安生任温县黄沁河修防段党支部委员。

四、档案情况简介

（一）档案数量统计

档案产生时间是 1975 年,技术档案的分类是根据黄委《关于印发〈黄河河务科技档案分类办法及保管期限表〉的通知》（黄办档案〔1997〕8 号）;文书档案分类是根据黄委《关于印发〈治黄文书档案分类及保管期限〉的通知》（黄办档〔1996〕13 号）;会计档案是根据河南黄河河务局《关于转发〈会计档案管理办法〉的通知》（予黄财〔1998〕39 号）精神为原则划分的。截至 1985 年底库存档案 391 卷,其中文书档案 144 卷、科技档案 226 卷、会计档案 21 卷。主要设备有空调、除湿机、吸尘器、剪纸刀、装订机等。

(二)档案完整程度

档案的归档率与完整率都是百分之百,各科室都有兼职档案员负责当年的文件资料管理,收文是严格按照收文的程序运转,下一年由部门兼职档案员按来文登记库的记录如数上交档案室。发文按照科室发文程序进行,年终由各部门将当年形成的文件资料及底稿一并上交档案室整理归档。温县黄河河务局设立档案室以来,没有发生档案毁损现象,档案出库有借阅登记簿,并做到了按期归还,档案在交接过程中严格执行交接手续,没有发生丢失现象,做到了档案资料完整。

(三)档案进馆情况

本次档案进馆的范围为 1985 年以前形成的具有永久保存价值的档案。经过几个月的整理,共整理出符合进馆条件的案卷 77 卷。

(四)检索工具编制情况

档案室编制有卡片、案卷目录、案卷文件目录、收文号对照表、发文号对照表、全引目录及档案软件检索,为档案利用提供了有利条件。

(五)档案整理情况

温县黄河河务局的档案是每年由各科室兼职档案员把上年度的文件资料收齐全,专职档案员进行指导,并于本年 3 月 1 日开始整理,立好卷后再由各科室的科长及主管局长在档案移交目录及备考表上审核签字,并随同案卷目录、案卷文件目录,一式两份,一份各科室保存,一份和案卷一同移交档案室。

五、进馆档案主要内容

(一)文书档案

本次进馆的文书档案主要为 1975—1985 年治黄工作意见、总结,治黄工作会议文件,机关建立、更名,启用印章;干部任免,劳动工资,干部、党员、职工年报表、花名册;职称认定、表彰先进、劳模、违纪等文件材料的请示、报告、批复、通知等,共计 16 卷。

(二)科技档案

本次进馆的科技档案主要为 1964—1985 年的防汛岁修、基本建设计划、批复、年报表;河势查勘报告、河势图;防洪工程管理、防汛、通信、工作意见、总结、规划;堤防加固、河道整治、根石探摸成果、大断面图、险工埽坝鉴定、涵闸等工程的请示、批复、总结、图纸;柳荫地划界表、林权证、征地等的协议、公证书等,共计 50 卷。

(三)会计档案

本次进馆的会计档案主要为 1975—1985 年的水利事业费、基本建设会计决算报表、批复,共计 11 卷。

(四)声像、电子档案

1964—1985 年无声像、电子档案。

(五)实物档案

1964—1985 年无实物档案。

孟州黄河河务局档案全宗介绍

全宗号:6.9.4

一、概述

焦作黄河河务局孟州黄河河务局现驻河南省孟州市西韩愈大街293号,机关和宿舍占地总面积4 890.67 m^2,1971年4月10日成立孟州市黄河河务局(孟县黄河修防段),1986年2月以前属新乡市黄沁河修防处直接领导,1986年3月至今属焦作市黄河河务局(焦作黄河修防处)直接领导,机关现有职工154人,其中干部31人、工人123人;高级工程师1人,高级技师1人,工程师13人,馆员1人,技师28人,经济师1人,会计师1人,助理工程师及其他人员108人。

主要职责:包括水行政管理和水利工程管理两大职责。

(1)水行政管理职责。①负责《中华人民共和国水法》《中华人民共和国防洪法》《中华人民共和国河道管理条例》等法律、法规的实施和监督检查,负责管理范围内的水行政执法,水政监察,依法查处水事违法行为,负责调处水事纠纷。②执行水量统一调度指令,实施水量统一调度和监督管理。③负责编制管理范围内防御黄河洪水预案,并监督实施;负责监督管理范围内黄河滩区的安全建设;负责管理范围内的防汛抗旱指挥部黄河防汛办公室的日常工作。

(2)水利工程管理职责。①负责管理范围内的黄河河道、堤防、险工、控导等水利工程的管理、运行、调度和保护,保证水利工程安全和发挥效益。②协助做好管理范围内水利工程建设项目的建设管理;负责管理范围内建设项目的监督;负责落实水利工程管理标准。③负责水利工程的运行和观测;负责汛期巡堤查险的组织、指导监督工作和水尺观测工作,并及时向上级河务局部门上报汛情,负责险情抢护工作的组织。④负责水利工程的资产管理;负责签订维修养护合同及监督检查维修养护合同的执行情况。⑤负责管理范围内的黄河治理开发和管理的现代化建设。

孟州黄河河务局是国家二级水利工程管理单位,所辖河段位于黄河中下游接合部,工程上首距小浪底水利枢纽32 km,管辖着15.43 km黄河堤防、28.56 km移民防护堤,3处控导工程,1处黄庄险工,各类坝、垛、护岸共计170座。

二、沿革简介

(一)名称与时间

1971年4月10日,经新乡地委研究批准成立孟县(现为孟州市)黄河修防段,1979年2月以前人事安排调动、政治学习由孟县县委领导,业务技术由黄河系统领导。1979年3月至今人事安排调动、业务技术归黄河系统领导,政治学习归孟州市委(孟县县委)负责。

(二)机关住址的变更情况

孟州黄河河务局1971年4月10日建立以来,住址一直在孟州市韩愈大街。

(三)机关内部机构设置

1971年7月20日,经孟县革命委员会政工组研究同意,孟县黄河修防段成立临时党支部。1974年1月7日,经孟县直属机关委员会研究同意,孟县黄河修防段建立正式党支部。1974年6月30日,经孟县县委组织部研究同意,孟县黄河修防段下设机构:秘书股、工务股、财务股、工程队。

1985年4月15日,遵照新黄政字(85)8号文件精神,以适应当前经济体制改革的需要,经段党支部研究决定成立“孟县黄河修防段多种经营股”。1985年末职工总人数99人。

(四)主要负责人名录

1971年4月19日,新乡地革委研究决定:郭其勋任孟县黄河修防段革命委员会主任,张永安任副主任。1971年7月20日,经孟县革命委员会政工组研究同意,孟县黄河修防段成立临时党支部,郭其勋任支部书记,1974年1月7日,经孟县直属机关委员会研究同意,孟县黄河修防段建立正式党支部,郭其勋任支部书记,张永安、崔公太任支部副书记。1978年1月4日,经孟县县委常委研究决定,郝德升任孟县黄河修防段革命委员会第二主任,姚西录任副主任。11月8日,田忠和任副主任。1979年3月10日,新乡地区黄沁河修防处转发河南黄河河务局(1979)第22号文,经局党的核心小组研究同意,张永安任孟县黄河修防段段长,田忠和、姚西录任副段长。1980年2月23日,经河南黄河河务局党组研究同意,关继德任孟县黄河修防段副段长,9月10日,关继德任孟县黄河修防段段长。1981年9月16日,河南黄河河务局党组研究决定,李向义任孟县黄河修防段副段长。1984年2月1日,河南黄河河务局党组研究批复,王劲松、王郁录任孟县黄河修防段副段长(王劲松主持工作),李向义任基层工会主席(副科级)。1985年3月29日,经孟县组织部同意,关继德任孟县黄河修防段党支部书记,王劲松任党支部副书记。1985年5月31日,新乡黄沁河修防处党组研究决定,王郁录任孟县黄河修防段段长,冯道祥、张柏山任孟县黄河修防段副段长,12月11日,新乡修防处党组研究决定,李向义任孟县黄河修防段协理员(副段级),潘志恒任基层工会主席(副段级)。

三、进馆档案数量统计

此次进馆档案共计96卷。其中,文书档案30卷、科技档案51卷及会计档案15卷。

四、档案情况简介

(一)档案数量统计

孟州黄河河务局1969年产生了治黄档案,1985年以前文书档案共分四类:团委类、人事类、财务类、工会类。会计档案按财会分类办法整理归档,分报表类、账簿类、凭证类。科技档案:1982年9月按黄委要求共分14类:综合类、堤防类、河道治理类、黄河涵闸和虹吸扬水站工程类、引黄淤灌类、黄河防洪防凌类、水利枢纽工程类、水文水情类、科学研究技术革新类、机构设备仪器类、计划统计类、通信类、房屋建设类、其他类;文书、科技、会计档案总数量为1 611卷宗册,照片档案100多张,资料100多册。档案室配备有灭火器、温度计。

（二）档案完整情况

孟州黄河河务局1971年4月10日成立以来，由于当时没有建立档案室，形成的文件材料都在各股零散存放，1980年建立综合档案室后，才将以前存放的文件收集整理归档，有的文件收集不齐全，有的底稿不齐全，归档率达98%以上，完整率达96%以上。在实际工作中没有发现丢失档案现象。

（三）档案进馆情况

本次档案进馆的范围为1985年以前形成的具有永久保存价值的档案。经过几个月的整理，共整理出符合进馆条件的案卷96卷，共计426件。

（四）检索工具编制情况

目前，档案编制有7种检索工具：卡片、案卷目录、案卷文件目录、文件号与档案号对照表、移交目录、底图目录、资料目录。在档案检索中，案卷目录和案卷文件目录使用次数比较多。

（五）档案整理情况

1971年4月建段后，从1980年开始组织秘书股、工务股、财务股等有关人员，将1979年以前形成的文件材料进行收集整理，按照六个特征立卷、归档，编制有案卷目录、案卷文件目录。1980年以后每年形成的文件材料由档案员收集整理，按照新乡修防处下发的文书档案分类办法及六个特征立卷归档，1982年9月以后按照黄委下发的技术档案分类办法立卷整理归档，1985年以后会计档案均按照黄委、省局、市局的分类办法立卷归档，以上均按时间、问题、作者、地区、名称、通讯者六个特征立卷归档。以上档案均编制有案卷目录、案卷文件目录、文件号与档案号对照表、卡片检索工具；档案中编写有卷内文件目录，填写有备考表，有主管档案的负责人检查签字。文书档案在整理过程中均有专职档案员负责；科技档案实行部门立卷制度，由工务科负责立卷，档案员协助指导，财务档案由财务人员负责立卷，档案员协助指导，每年均填写有移交目录，并有局主管领导、科室领导、兼职档案员签字，双方各持一份移交清册。

在档案整理过程中，发现有关问题说明如下：

（1）6.9.4-01-0001卷中的河势图套绘于新乡修防段，套绘时间不详。

（2）6.9.4-01-0002卷中文件复制于河南黄河河务局、新乡修防处，复制时间不详。

（3）6.9.4-01-0003卷中的河势图套绘于新乡修防处，套绘时间不详。

（4）6.9.4-01-0004卷中的河势图套绘于新乡修防处，套绘时间不详。

（六）档案主要内容

此次进馆的档案涉及1971—1985年间机构设置、人员编制、干部任免、劳资年报、首届和第二届职工代表大会情况、经费划拨、行政管理、坝道续建情况、坝垛鉴定卡片、防汛岁修年报、水位和险情记录、工程平面位置图、河势图、防汛总结及堤防培修大堤情况及会计决算报表等共计96卷。

声像、电子档案：此次进馆无声像、电子档案。

实物档案：此次进馆无实物档案。

（七）档案利用情况

在治黄工作和经济建设中，科技档案、文书档案、会计档案在治黄中都发挥了较大的作用，帮助解决了许多问题。

(八)档案编研成果

1984年2月,由王郁录、谢执元、高亚平、曹思新、潘志恒五位同志组成编写小组,1985年4月完成了孟县黄河志的编写打印工作。

(九)档案室达标升级情况

无。

五、资料内容简介

目前,档案室保存治黄资料及各类杂志书刊1 000余册。

沁阳沁河河务局档案全宗介绍

全宗号:6.9.5

一、概述

焦作黄河河务局沁阳沁河河务局(原沁阳沁河修防段)于1949年春成立,1986年2月以前属新乡市黄沁河修防处直接领导,1986年3月至今隶属焦作市黄河河务局(原焦作黄河修防处),机关现有职工157人,其中离退休人员53人;在职职工104人,在职职工中干部31人、工人73人。现驻河南省焦作地区沁阳市太洛路北侧,机关和宿舍所占地总面积4 000 m^3。

主要职责:包括水行政管理和水利工程管理两大职责。

(1)水行政管理职责:主要行使沁河流域沁阳河段水行政管理职能,促进沁河流域沁阳河段综合治理与开发。流域水政执法与水政监察,流域水利发展规划计划拟订与监督实施、流域水资源管理与保护,流域防洪方案拟订与防汛抗旱协调,流域水事纠纷协调处理,流域重要工程组织建设与管理。

(2)水利工程管理职责:①负责管理范围内的沁河河道、堤防、险工、控导等水利工程的管理、运行、调度和保护,保证水利工程安全和发挥效益;②协助做好管理范围内水利工程建设项目的建设管理,负责管理范围内建设项目的监督,负责落实水利工程管理标准;③负责水利工程的运行和观测,负责汛期巡堤查险的组织、指导监督工作和水尺观测工作,并及时向上级河务局上报汛情,负责险情抢护工作的组织;④负责水利工程的资产管理,负责签订维修养护合同及监督检查维修养护合同的执行情况;⑤负责管理范围内的沁河治理开发和管理的现代化建设。

沁阳沁河河务局所辖沁河河道35.134 km,堤防50.374 km,险工17处、231座工程,引沁涵闸8座,提灌站及其他穿堤建筑物10处。

二、沿革简介

(一)名称与时间及机关住址的变更情况

沁阳沁河河务局于1949年成立,档案室随之建立,1949年至1990年12月机关全称为“沁阳沁河修防段”;1990年12月地方“撤县建市”后改名为“沁阳市沁河河务局”;1949年至1950年初,隶属新乡第一修防处领导;1950年平原省成立后,沁阳段隶属第五修防处领导;1951年平原省撤销,隶属河南河务局新乡修防处领导;1986年隶属焦作市黄河河务局领导。

1949—1951年沁阳沁河修防段设在王召乡庙后村。

1951—1955 年沁阳沁河修防段设在沁阳县(现为沁阳市)自治街。

1956 年至 1999 年 6 月沁阳市沁河河务局设在沁阳市北门大街 73 号。

1999 年 6 月至今沁阳市沁河河务局设在沁阳市太行路北侧马铺村东。

1985 年末职工总人数 103 人。

(二)主要负责人名录

1969 年 11 月,程学德任主任,伊萍任副段长,穆绪德任副指导员,张子庆任副主任。1970 年 12 月任命胡学志为主任,1971 年 2 月任命李学周为主任,1971 年 12 月任命刘福五、陈振江、李安国为副主任,1979 年 7 月李友武任副段长,1981 年 7 月肖明万任副段长。1984 年 2 月调整领导班子,任命马福照为段长、党支部书记,肖明万任工会主席。

三、主要负责人名录

略。

四、档案情况简介

(一)档案数量统计

沁阳沁河河务局 1949 年产生了治黄档案,1985 年以前文书档案共分 4 类:团委类、人事类、财务类、工会类。财务档案按财会分类办法整理归档,分报表类、账簿类、凭证类;技术档案:1982 年 9 月按黄委要求共分 14 类:综合类、堤防类、河道治理类、黄河涵闸和虹吸扬水站工程类、引黄淤灌类、黄河防洪防凌类、水利枢纽工程类、水文水情类、科学研究技术革新类、机构设备仪器类、计划统计类、通信类、房屋建设类、其他类;文书、科技、会计档案,共收藏各种门类档案 5 437 卷(其中文书档案 1 377 卷、科技档案 1 947 卷、会计档案 2 113 袋册)、声像档案照片 10 册、光盘 4 个、录像带 42 盘。

档案室配备有灭火器、温度计。

(二)档案完整率

沁阳沁河河务局 1949 年春成立以来,同年成立档案室并形成的文件材料,收集整理归档,归档率达 99%以上,完整率达 100%。

(三)档案进馆情况

本次档案进馆的范围为 1966—1985 年间形成的具有永久保存价值的档案。经过几个月的整理,共整理出符合进馆条件的案卷 66 卷,共计 162 件。

(四)检索工具编制情况

目前,档案编制有 7 种检索工具:卡片、案卷目录、案卷文件目录、文件号与档案号对照表、移交目录、底图目录、资料目录。在档案检索中,案卷目录和案卷文件目录使用次数比较多。

(五)档案整理情况

1949 年春建段后,从 1980 年开始组织秘书股、工务股、财务股等有关人员,将 1979 年以前形成的文件材料进行收集整理,按照六个特征立卷归档,编制有案卷目录、案卷文件目录。1980 年以后每年形成的文件材料由档案员收集整理,按照新乡修防处下发的文书档案分类办法及六个特征立卷归档,1982 年 9 月以后按照黄委下发的技术档案分类办法立卷整理归档,1985 年以后会计档案均按照黄委、省局、市局的分类办法立卷归档,以上均按时间、问题、作者、地区、名称、通讯者六个特征立卷归档。以上档案均编制有案卷目录、案卷文件目录、文件号与档案号对照表、卡片检索工具;档案中编写有卷内文件目录,填写有备考表,有主管档案的负责人检查签字。文书档案在整理过程中均由专职档案员负责;科技档案实行部门立卷制度,由工务科负责立卷,档案员协助指导;财务档案由财务人员负责立卷,档案员协助指导,每年均填写有移交目录,并有局主管领导、科室领导、兼职档案员签字,双方各持一份移交清册。

(六)档案主要内容

此次进馆的档案涉及1965—1985年间机构设置、人员编制、干部任免、劳资年报、首届职工代表大会情况、经费划拨、行政管理、坝垛鉴定卡片、防汛岁修年报、水位和险情记录、工程平面位置图、河势图、防汛总结及堤防培修大堤情况及会计决算报表等共计66卷。

声像、电子档案:此次进馆无声像、电子档案。

实物档案:此次进馆无实物档案。

(七)档案利用情况

在治黄工作和经济建设中,科技档案、文书档案、会计档案在治黄中都发挥了较大的作用,帮助解决了许多问题。

(八)档案室达标升级情况

无。

五、资料内容简介

目前,档案室保存治黄资料及各类杂志书刊200余册。

博爱沁河河务局档案全宗介绍

全宗号:6.9.7

一、概述

焦作黄河河务局博爱沁河河务局(简称博爱沁河河务局)现驻博爱县滨河路南段,机关和宿舍占地总面积5.96亩。现有职工119人,其中在职81人、离退休38人。在职职工中工人49人、干部32人。专业技术人员情况:高级工程师1人,工程师7人,经济师1人,助理工程师8人,助理政工师10人,助理会计师2人,技术员及其他人员6人。博爱沁河河务局属于全民所有制事业单位,主要职责包括水行政管理和水利工程管理,所辖范围上与沁阳交界,下与武陟交界,担负着北岸大堤加固、培修、穿堤、垒坝、河道整治、河势观测、防洪抢险的重任,确保小董站4 000 m^3/s洪水大堤不决口、不跨坝、不倒闸及两岸人民群众的生命财产安全。

博爱沁河河务局所辖沁河防洪工程位于丹河口以下沁河左岸,上起陈庄,下至武阁寨村(桩号23+875~44+800),堤防全长20.925 km,平均高度7 m,为国家一级二类堤防,平均比降为0.51‰。河道宽度为625~1 350 m(留村和孝敬村),现有险工8处,分为17道坝、48座垛、61段护岸,共126座工程,工程长度6.374 5 km。工程结构为土石结构,坦石顶宽1~1.5 m,临水侧散抛石护根,背水坡比1:2。穿堤涵闸3座,其中留村闸设计流量为5 m^3/s,大岩闸设计流量为3.2 m^3/s,白马沟闸设计流量为2.5 m^3/s。防洪工程设防标准为防御沁河小董站流量4 000 m^3/s,设计频率为20年一遇,沁河河性基本同其干流类似,河势不易控制。

二、机构沿革简介

(一)名称与时间

博爱沁河河务局于1949年3月建立,当时博爱和武陟为一个段,全称为博陟沁河修防段。为便于管理,经河南黄河河务局批准,1949年10月博爱和武陟分开,博爱沁河河务局被命名为博爱沁河修防段。1986年,新乡修防处分为焦作修防处和新乡修防处,博爱沁河河务局划归焦作修防处管理,受焦作黄河修防处和博爱县委、县政府双重领导。

1990年11月2日,根据河南黄河河务局豫黄劳人字〔1990〕52号文件通知,博爱沁河修防段(正科级)升格更名为博爱县沁河河务局(副县级)。

2004年,根据黄委《关于基层河务局单位名称变更的通知》(黄人劳〔2004〕53号),焦作黄河河务局下发《关于启用焦作黄河河务局武陟第一黄河河务局等六单位印章的通知》(焦黄办〔2004〕34号),自2004年10月18日文件下发之日起,博爱沁河河务局正式更名为“焦作黄河河务局博爱沁河河务局”。

（二）机关住址的变更情况

博爱沁河河务局自1949年成立至今单位住址变更3次：

（1）1949年10月博爱和武陟分开后，单位住址位于博爱县孝敬乡大岩村。

（2）1951年3月搬迁到博爱县孝敬乡孝敬村。

（3）1994年9月搬迁至博爱县环城东路（现更名为滨河路）南段。

（三）机关内部机构设置

1949年10月博爱沁河修防段下设四个部门：工务股、财务股、秘书股、工程队。

1990年11月升格更名为“博爱县沁河河务局”后，改股设科，即办公室、财务科、工务科、工程队。下设部门均为正科级。

1997年增设水政科、经营科。

1999年撤销工程队、经营科，成立公司和服务部。

2002年12月，博爱沁河河务局机构改革全面展开，2003年1月改革顺利结束，改革后的博爱沁河河务局业务部门增至8个，分别为：办公室、财务科、工务科、水政水资源科、工程养护处、机关服务中心、经济发展管理处、焦作黄河华龙工程有限公司博爱分公司。

2006年6月，机构改革后，博爱沁河河务局下设办公室、财务科、工程管理科、水政水资源与防汛科、运行观测科五个部门。2007年增设经济办公室。2008年8月，经河南黄河河务局批准，水政水资源与防汛科分为两个部门：水政水资源科和防汛办公室。

1966年末职工人数为41人，1980年末职工人数为67人，2000年末职工人数为73人。

（四）主要负责人名录

略。

三、档案数量统计

此次进馆档案共计119卷。其中，文书档案24卷、科技档案76卷及会计档案19卷。

四、档案进馆情况

根据上级档案进馆精神，博爱沁河河务局从1991年5月开始至8月结束，历时3个月，共立文书档案永久卷74卷、长期卷3卷，科技档案永久卷135卷、长期卷3卷、底图63张。1949年档案共18卷，文书档案11卷、科技档案7卷。在整理过程中，文书档案的分类按照黄办字〔1986〕51号文治黄文书档案分类保管期限表进行分类，工程技术档案按照黄办字〔1982〕32号文颁发的《黄河单位治黄科学技术档案分类办法》进行分类整理，会计档案的分类是按照财政部国家档案局会计档案管理办法进行的，再参照黄河档案馆关于进馆工作的一些问题的说明和进馆工作的规定进行整理。1991年档案进馆的主要内容是中华人民共和国成立前、1949—1966年机关所形成的有关历史档案资料，概括说有文书、技术、会计三大类。通过档案进馆工作，我们从实践中总结了经验，明确了档案整理的层次结构，如文件资料的整理，既要有正文，也要有草稿或底稿，文件要求完整，向上呈文要领导签发的请示或报告，存档时如有批文，可同请示放在一起，施工管理、竣工报告两者相附相应，尽量收集在一起，工程设计底图、蓝图也要收集在一起，要求时间、地点、经办人、拟办人都应填写清楚，才能成为一份完整的材料。

五、进馆档案主要内容

（一）文书档案

本次进馆的文书档案主要为1967—1985年治黄工作意见、总结、治黄工作会议文件，干部任免，劳动工资，干部、党员、职工年报表、花名册；启用印章、职称认定、表彰先进、劳模、违纪等文件材料的请示、报告、批复、通知等，共计24卷。

（二）科技档案

本次进馆的科技档案主要为1967—1985年的防汛岁修、基本建设计划、批复、年报表；河势查勘报告、河势图；水位、降水量记录；防汛工作意见、总结、规划；堤防加固、河道整治、根石探摸成果、大断面图；涵闸虹吸的设计、施工、测量、记录、图纸及报告；树木采伐、复堤占地、新建宿舍等的请示、协议等，共计76卷。

（三）会计档案

本次进馆的会计档案主要为1967—1985年的水利事业费、基本建设、器材会计决算报表，共计19卷。

（四）声像、电子档案

1967—1985年无声像、电子档案。

（五）实物档案

本单位1967—1985年无实物档案。

张菜园引黄闸管理处档案全宗介绍

全宗号:6.9.8

一、概述

张菜园引黄闸管理处位于河南省武陟县詹店镇张菜园村西南200 m,北岸临黄河大堤桩号86+620处。张菜园引黄闸管理处始建于1982年,隶属河南黄河河务局供水局。现有职工49人,其中在职职工34人、退休职工15人。在职职工中干部7人、工人27人。现有专业技术人员7人,其中工程师1人、会计师1人、经济师4人、助理工程师1人。

张菜园引黄闸管理处属准公益性事业单位,主要担负着张菜园闸、共产主义闸、老田庵闸和白马泉闸四座涵闸的防汛、工程管理以及人民胜利渠灌区、武嘉灌区和堤南灌区城乡工农业生产供水任务。

张菜园闸是人民胜利渠穿越黄河大堤的涵闸,位于武陟县詹店镇张菜园村西南200 m,北岸临黄河大堤桩号86+620处,属1级水工建筑物。该闸兴建于1975年,1977年10月竣工。设计流量为100 m^3/s,加大流量130 m^3/s。闸分5孔,每孔高3.6 m、宽3.4 m。闸洞和闸室长96 m,建筑物总长171 m。主闸门为钢筋混凝土梁板式平面闸门,采用2×25 t双吊点移动式卷扬启闭机。

共产主义闸老闸兴建于1957年11月,1958年6月竣工,最大引水流量540 m^3/s,年引水量在0.7亿~1.2亿 m^3,为6孔开敞式水闸。该闸在投入使用后出现了诸多问题,如闸墩不均匀沉陷、胸墙裂缝、闸底板开裂渗水、混凝土碳化等,致使无法正常使用。1960年封堵西5孔,留下东1孔灌溉使用。2000年经专家鉴定为四类涵闸,建议报废。2007年2月共产主义新闸开工建设,6月25日投入使用。新闸位于北岸黄河大堤桩号78+400处,为1级水工建筑物。设计流量40 m^3/s,设计防洪水位100.71 m,校核防洪水位101.71 m。该闸设计为3孔箱形涵闸,工作闸门采用浅孔式闸门,全闸总长172 m,孔口尺寸2.8 m×3.5 m(宽×高),底坎高程为90.45 m,设计水头9.62 m。闸门为平面定轮钢闸门,门体总重4.0 t,最大外形尺寸3.4 m×4.3 m×0.6 m(宽×高×厚),闸门运用方式为动水启闭,采用400 kN固定卷扬式启闭机操作,扬程为9 m。

老田庵引黄闸位于黄河左岸老田庵控导工程17坝和18坝之间,兴建于1994年。闸室为三孔一联,每孔高2.8 m、宽2.8 m,边墩、中墩厚均为1 m,闸室顺流方向16 m。设计引水流量为40 m^3/s,设计防洪流量5 000 m^3/s ,超高1 m,与老田庵控导工程联坝高程一致,高程为97.00 m,闸后桥宽10 m,闸底板高程91.00 m,闸顶高程98.00 m。防洪闸门为钢筋混凝土平板直升门,其尺寸为3.26 m×3 m×0.25 m(宽×高×厚)。

白马泉闸位于黄河左堤桩号68+800处,始建于1971年,为钢筋混凝土箱形涵洞,洞身长 50 m,洞宽 2.4 m,高 2 m。设计引水流量 10 m^3/s,加大为 15 m^3/s。1988 年改建后,向临河接长 35.5 m,涵洞总长为 85.5 m,闸底板高程 93.6 m,闸墩顶部高程 99.6 m,启闭机平台高程 105.1 m,设计水位 95.5 m,防洪水位 101.65 m,校核水位 102.65 m,累计工程造价 68 万元。该闸因黄河主流摆动南移,长期脱河,闸前引水的防沙闸封堵,1995 年以来未曾运用。

二、沿革简介

(一)名称与时间

1982 年 1 月,根据《关于成立张菜园引黄闸管理段的批复》(豫黄劳字〔1982〕7 号)文件精神,张菜园引黄闸管理段成立,隶属新乡黄沁河修防处。

1986 年 4 月,张菜园引黄闸管理段改归焦作市黄沁河修防处领导。

1996 年 4 月,根据《关于河南黄河河务局张菜园引黄闸管理段更名的通知》(焦黄劳人字〔1996〕8 号)文件精神,张菜园引黄闸管理段更名为"张菜园引黄闸管理处"(科级),隶属焦作市黄河河务局。

2006 年 6 月,根据《焦作河务局水利工程管理体制改革实施方案》(豫黄人劳〔2006〕26 号)文件精神,张菜园闸管理处更名为"张菜园闸管理所",闸管所为非独立法人机构,行政级别正科级,其人、财、物由焦作供水分局统一管理。

2007 年 5 月,根据《关于张菜园闸管理所更名的通知》(豫黄函〔2007〕6 号)文件精神,张菜园闸管理所更名为"张菜园闸管理处",隶属河南黄河河务局供水局。

(二)内部机构设置

1982 年 1 月张菜园引黄闸管理段成立,内设一个办公室,编制定员 14 人:段长 1 人,行干 1 人,技干共 2 人,会计、出纳、保管员共 2 人,司务员 1 人,炊事员 1 人,汽车司机 1 人,工人 5 人。

1987 年张菜园引黄闸管理段增设工务科。

1996 年 6 月,根据《关于印发张菜园闸管理处职能配置、机构设置和人员编制的通知》(焦黄劳人字〔1996〕27 号)文件精神,张菜园引黄闸管理处为正科级机构,下设办公室、工务科、财经科。人员编制 26 人,处领导按 1 正 1 副配备。职能科室领导职数按 1 人配备。

2000 年末张菜园闸管理处职工总人数 43 人。

2002 年 12 月,根据焦作黄河河务局下发的《关于张菜园闸管理处职能配置、机构设置和人员编制方案的批复》(焦黄劳人〔2002〕54 号)文件精神,机构设置:①机关机构,下设办公室、工务科(防汛办公室)、财务科(均为正股级);②事业单位,下设工程养护队(正股级)、机关服务部(正股级);③企业,设立焦作黄河华龙工程有限公司郑州分公司(副科级)。人员编制:张菜园引黄闸管理处事业编制总数为 35 人,其中处机关 12 人,行政领导 1 正 1 副,工会主席 1 人。

2006 年 6 月,张菜园闸管理所不再设立科室。闸管所负责管理张菜园闸、老田庵闸、共产主义闸和白马泉闸。人员编制:所长 1 人,副所长 2 人,引黄供水管理岗位 3 人,各闸管人员共 33 人。

(三)主要负责人名录

略。

三、进馆档案数量统计

此次进馆档案共计40卷、图纸79张。其中,文书档案5卷、科技档案31卷及会计档案4卷。

四、进馆档案主要内容

(一)文书档案

此次进馆的文书档案涉及1982—1985年间张菜园引黄闸管理段成立、工作总结、干部任免、劳动工资、党员统计、器材年报表,共计5卷。

(二)科技档案

此次进馆的科技档案涉及1974—1985年间建闸时征用土地协议、施工准备、施工细则、地基勘探试验成果、上下游渠道改线、连接衬砌工程的批复、报告;建闸技施设计说明、设计图纸、竣工图纸、混凝土与砂浆试验及质量检查报告;工程管理总结、防汛岁修年报、沉陷观测成果、共产主义闸加固工程竣工验收鉴定书的报告;流量、水位、渗压观测记录、过程线图、防汛河势图等案卷,共计40卷。

(三)会计档案

此次进馆的会计档案涉及1982—1985年间的水利事业费、基本建设单位会计决算报表、批复,共计4卷。

(四)声像、电子档案

1966—1985年无声像、电子档案。

(五)实物档案

1966—1985年无实物档案。

新乡黄河河务局档案全宗介绍

全宗号:6.10

一、概述

新乡黄河河务局现驻河南省新乡市新飞大道123号,占地24.5亩,成立于1949年2月10日,隶属河南黄河河务局。下辖11个单位:原阳、封丘、长垣3个县河务局,河南华禹黄河工程局,河南金龙水利水电工程有限公司,河南中建水电工程有限公司,河南中原黄河工程有限公司,河南豫源水利水电工程有限公司,河南江河水利水电工程有限公司,河南黄蒲水利水电工程有限公司,新乡黄河水利工程维修养护有限公司。市局机关现有职工111人,其中参照公务员管理人员51人、事业编制48人、其他12人。

新乡黄河河务局在所辖黄河区域内行使水行政主管职责,主要负责所辖黄河堤防总长220.66 km(其中临黄堤长153.212 km,太行堤长44 km,贯孟堤长21.612 km,北围堤长1.836 km)的防汛及防洪工程设施的建设与管理等工作。

二、沿革简介

(一)名称与时间

1967年机构名称为"河南黄河河务局新乡黄沁河修防处"。

1968年改为"河南黄河河务局新乡黄沁河修防处革命委员会",内设办事组、政工组、生产组。

1973年处机关机构调整为秘书科、政工科、工务科、淤灌科、财务科。下属单位有封丘黄河修防段、原阳黄河修防段、武陟黄沁河修防段、温陟黄沁河修防段、孟县(现为孟州市)黄河修防段、沁阳沁河修防段、博爱沁河修防段、石料厂筹备组。

1978年10月,新乡黄沁河修防处革命委员会更名为"新乡地区革命委员会黄沁河修防处"。处机关机构有秘书科、政工科、工务科、灌溉科、财务科。下属单位有封丘黄河修防段、原阳黄河修防段、武陟黄沁河一段、武陟黄沁河二段、温县黄沁河修防段、孟县黄河修防段、沁阳沁河修防段、博爱沁河修防段、石料厂、运输队、施工队。

1979年10月,撤销淤灌科,增设劳动工资科。

1979年11月,新乡地区革命委员会黄沁河修防处更名为"新乡黄沁河修防处"。

1981年9月,政工科更名为人事科,增设宣教科。

1983年新乡黄沁河修防处更名为"新乡地区黄沁河修防处",宣教科、劳动工资科、人事科合并为政工科,秘书科更名为办公室,增设纪检组。

1985年处机关机构有办公室、政工科、工务科、财务科。下属单位有石料厂、运输队、建安队、孟县黄河修防段、温县黄沁河修防段、武陟黄沁河一段、武陟黄沁河二段、张菜园闸管理段、原阳黄河修防段、封丘黄河修防段、济源沁河修防段、沁阳沁河修防段、博爱沁河修防段。

(二)单位主要领导任职情况

1967—1969年:主任刘述贞,副主任蔡风台、井传生。

1970年:主任刘述贞,副主任蔡风台、张瑞义、井传生、艾计生、陈新芝。

1971—1972年:主要负责人张瑞义,副主任艾计生、陈新芝、井传生。

1973—1974年:主任潘藏兴,副主任张瑞义、陈新芝、艾计生、井传生。

1975—1976年:主任潘藏兴,副主任张瑞义、史洪飞、陈新芝、艾计生、井传生。

1977年:主任潘藏兴,副主任张瑞义、史洪飞、陈新芝、井传生。

1978年:主任潘藏兴,副主任张瑞义、史洪飞、陈新芝、郑福朝。

1979—1980年:主任张瑞义,副主任郑福朝、游学勤。

1981年:主任张瑞义,副主任郑福朝、游学勤、庄景林。

1982年:主任张瑞义,副主任郑福朝、张克敬、游学勤、庄景林、王景太。

1983年:主任王景太,副主任郑福朝、辛长松、汪上和、郭继孝,主任工程师耿石民,工会主席游学勤。

1984年:主任王景太,副主任郑福朝、汪上和、郭继孝、王法寿,主任工程师耿石民,工会主席游学勤。

1985年:主任王景太,副主任汪上和、郭继孝、王法寿,主任工程师耿石民。

三、档案数量统计

此次进馆档案共计179卷、图纸306张。其中,文书档案28卷、科技档案130卷及会计档案21卷。

四、进馆档案主要内容

(一)文书档案

治黄工作意见、总结,单位更名及启用公章的通知,机关制度、规定,劳动工资、离退休干部、党员年报,干部、职工、党员花名册,干部任免等。

(二)科技档案

治黄工程管理工作意见、总结、规划及报表;堤防加固、堤防普查、压力灌浆、河道整治、险工加高、放淤固堤等工程的竣工总结;汛前、汛后河道大断面及河势图;沁河涵闸管理办法;涵闸防守方案;引黄人民胜利渠灌区调查报告,淤灌稻改规划总结;防汛工作计划、意见、总结;基建岁修计划及年报;机关搬迁及征用土地、新建职工住宅楼的请示、报告、批复。

(三)会计档案

会计预算、决算、事业费、基本建设、淤背、淤灌、建筑安装企业年报。

原阳黄河河务局档案全宗介绍

全宗号:6.10.1

一、概述

原阳黄河河务局现驻河南省原阳县南干道1号,占地总面积1.33万m^2,成立于1949年7月,隶属新乡黄河河务局。全局现有职工211人,其中干部62人、工人149人。现有初级以上职称专业技术人员98人,其中参照公务员管理人员27人,事业编制184人。

原阳黄河河务局在所辖黄河区域内行使水行政主管职责,主要负责所辖总长63.824 km的黄河堤防工程及105道防洪坝,马庄、双井、武庄、毛庵、三官庙、大张庄六处滩区控导工程,韩董庄、柳园、祥符朱三座穿堤引黄涵闸的防汛及防洪工程设施的建设与管理等工作。

二、沿革简介

(一)名称与时间

1967年机构名称为"原阳县黄河修防段"。

1980年增设政工股、工会、派出所。

1985年增设多经办,机关构成有秘书股、工务股、财务股、工程队、政工股、工会、派出所、多经办。

(二)单位主要领导任职情况

1967—1970年:政治指导员李国安。

1970—1973年:副主任秦忠孝、张西亭。

1973—1974年:副主任秦忠孝、张西亭、郑方魁。

1974年至1977年11月:主任娄季堂,副主任薛好义。

1977年11月至1979年12月:主任秦遵贤,副主任张书勤、杨文良。

1979年12月至1980年2月:主任秦遵贤,副主任张书勤、杨文良,副段长赵振卿。

1980年2月至1984年3月:主任秦遵贤,副主任杨文良,副段长张子庆。

1984年3月至1985年:段长暴振海,党支部书记秦遵贤,工会主席张书勤,副段长常国俊。

1985年:段长暴振海,党支部书记秦遵贤,副段长张子庆、常国俊,工会主席靳克庆。

三、档案数量统计

1967年1月1日至1985年12月,鉴定整理进馆档案共计197卷。

四、进馆档案主要内容

治黄工作意见、总结，单位更名及启用公章的通知，机关制度、规定，劳动工资、离退休干部、党员年报，干部、职工、党员花名册，干部任免等。

会计预算、决算、事业费、基本建设、淤背、淤灌年报。

治黄工程管理工作意见、总结、规划及报表；堤防加固、堤防普查、压力灌浆、河道整治、险工加高、放淤固堤等工程的竣工总结；汛前、汛后河道大断面及河势图；涵闸管理办法；淤灌稻改规划总结；防汛工作计划、意见、总结；基建岁修计划及年报；机关搬迁及征用土地的请示、报告、批复。

封丘黄河河务局档案全宗介绍

全宗号:6. 10. 2

一、概述

封丘黄河河务局现驻河南省封丘县幸福路中段487号,主要负责所辖黄河堤防77.944 km(其中黄河大堤46.624 km,起止桩号154+256~200+800;贯孟堤9.32 km,起止桩号0+000~9+320;太行堤22 km,起止桩号22+000~44+000)的防汛及防洪工程设施的建设与管理工作。

二、沿革简介

(一)名称与时间

1947年8月,曲河县修防段成立,隶属冀鲁豫黄河水利委员会第二修防处。1949年12月,曲河县修防段和封丘修防段合并为封丘修防段。1950年9月隶属濮阳修防处,机构设置有秘书股、工程股、供给股、工程队。

1955年,封丘修防段改归新乡黄沁河修防处领导。1958年撤销工程股。1981年5月增设涵闸管理所。1982年7月增设派出所。1983年11月增设挖泥船队。1984年3月,增设政工股。1985年5月增设多种经营办公室,政工股与秘书股合并。

(二)单位主要领导任职情况

1960—1968年,段长张兆礼,副段长孟宪怀,指导员张西廷,副指导员张子庆、杨文卿(1965年任副段长)。

1968—1969年,主任杨文卿,副主任张玉清、王沛成。

1969—1970年,主任赵海法,副主任陈顺兴、王沛成。

1970—1973年,主任陈新之,副主任郑福朝、崔喜海、刘云星、王沛成。

1973—1979年,主任郑福朝,副主任崔喜海、王沛成、江占军、李向义。

1979—1981年,段长李占元,副段长江占军、王沛成、孟宪怀、李向义。

1981—1982年,段长江占军,副段长王沛成、孟宪怀、暴振海、王振才。

1982—1984年,段长江占军,副段长王振才。

1984—1986年,段长江占军,副段长高兴利、王振才。

三、档案数量统计

1967年1月至1985年12月,鉴定进馆档案共计143卷。

四、进馆档案主要内容

治黄工作意见、总结,启用公章的通知,机关制度、规定,劳动工资、离退休干部、党员年报,干部、职工、党员花名册,干部任免等。会计预算、决算、事业费、基本建设、淤背、淤灌、建筑安装企业年报。治黄工程管理工作意见、总结、规划及报表;堤防加固、险情登记、水位计记载表、根石探摸、堤防普查、压力灌浆、河道整治、险工加高、放淤固堤等工程的竣工总结;汛前、汛后河道大断面及河势图;涵闸管理办法;涵闸防守方案;淤灌稻改规划总结;防汛工作计划、意见、总结;基建岁修计划及年报;机关搬迁。

长垣黄河河务局档案全宗介绍

全宗号:6.10.3

一、机构沿革简介

长垣黄河河务局主要负责所辖黄河堤段 76.564 km(其中临黄堤 42.764 km,起止桩号 0+000~42+764;太行堤 22 km,起止桩号:0+000~22+000;贯孟堤 11.8 km,起止桩号:9+320~21+123)的防汛及防洪工程设施的建设与管理等工作。

1946 年 3 月长垣黄河修防段成立,机构设置为工务股、财务股、秘书股、工程队,隶属冀鲁豫黄委第二修防处。1950 年 9 月,隶属濮阳修防处。1954 年,隶属安阳修防处。1958 年 12 月,隶属新乡第二修防处。1962 年又隶属安阳修防处。1979 年 9 月,增设滞洪办公室。1981 年增设人事股、多种经营办公室。1982 年增设宣教股。1983 年宣教股、人事股合并为宣教人事股,成立工会。1984 年增设王堤分段、位庄分段、孟岗分段、赵堤分段、方里分段,撤销工程队,同年长垣黄河修防段改归濮阳修防处领导。1985 年滞洪办公室更名为滞洪股。

二、档案数量统计

(1)室藏档案数量。

长垣黄河河务局自 1950 年至 1985 年 12 月,室藏档案 453 卷, 文书档案 218 卷(其中永久档案 102 卷、长期档案 29 卷、短期档案 87 卷),科技档案 235 卷(其中永久卷 131 卷、长期卷 32 卷、短期卷 72 卷),会计档案 1 230 卷(其中报表 22 卷,现金和银行账 18 卷、总账 18 卷、明细账 18 卷,会计凭证 653 卷),室存资料 85 册。

(2)1985 年前的长垣黄河河务局档案是 2007 年 4 月进馆的,进馆档案共计 168 卷,其中财会档案 21 卷、科技档案 92 卷(永久卷 90 卷、长期卷 2 卷)、文书档案 55 卷(永久卷 51 卷、长期卷 4 卷)。

三、档案主要内容

(一)文书档案

治黄工作意见、总结;医疗、办公费、规定、黄河志;涂改人事档案的通报,干部职务任免,职称评定,聘任,工人、干部调动介绍信;劳动工资年报、职工基本情况登记、招收退休工人子女名单、劳动工资花名册、工资情况统计年报表、安全生产、意见;购地文约,修堤、修路、修坝挖、压踏征用土地赔偿办法,孟岗公社革命委员会、修防段、孟岗大队革命委员会移交原院址的协议、财务规定、总结、物资管理细则、设备、物资管理方法、实施办法、财务管理制度、规定、物资工作总结、报表、防汛岁修经费通知；党员年报，党员花名册，机关支部工作总结，纪检监察工作总结，建立党支部，党组书记、副书记、成员任职的请示与批复；职代会代表实施细则；工会工作意见、总结。

（二）科技档案

工程管理工作意见、工程普查、总结；1974—1983 年 10 年临黄堤、太行堤、贯孟堤、杨耿坝变化情况、竣工验收图、堤防压力灌浆、堤防管理养护、防洪坝竣工总结、购地文约；河势图，河道控导堤防险工土方工程，于林、周营险工深基作坝试验竣工报告，周营上延新修防洪坝的批复、设计报告、竣工报告，于林、周营、周营上延、大留寺水情记录、出险记录，河势图、根石探摸成果表、断面图；王辛庄与于林控导、周营上延控导工程达标总结；河道工程坝垛鉴定表，滩区治理工程规划、设计报告、设计书、预算表、总结、批复、协议书、竣工验收报告；孙庄、杨小占、瓦屋寨、郑占、左占、马占引黄闸意见、规定、放水验收纪要、请示、报告；技术设计书、设计报告、施工进度初步安排意见、施工总结、工程进度概况、请示、批复、验收鉴定书、竣工图、设计图、杨小占断裂缝和沉陷裂缝处理情况报告、破堤开挖请示、设计报告、批复；引黄灌区签票情况统计、防汛工作方案、部署、总结、连续战胜洪水总结、防汛总结；石头庄、大留寺、于林水位月报表、水准点埋设情况、水情记录；基本建设、防汛岁修计划、调整计划、施工计划、水利事业计划的批复、基本建设防汛岁修工程年报、基建、岁修说明计划表、各项工程统计表。

（三）会计档案

基本建设、水利事业费、建筑安装企业会计预算、决算。

（四）石头庄溢洪堰管理处档案

石头庄溢洪堰管理处 1978 年 11 月被撤销，档案由长垣黄河河务局接管，共计接收文书档案 92 卷、科技档案 84 卷。其主要内容有：治黄工作总结、机关制度、暂行规定，政治工作意见，工人、干部基本情况登记表、介绍信，劳动人事工作计划、总结、制度，劳资花名册、报表，职工花名册；财务工作总结；党员登记表，建立党支部报告；防汛计划、总结、基建坝基购地凭证及购地示意图；黄河简史及长垣堤防的简略情况，1956—1972 年堤防管理工作总结，压力灌浆技术总结；石头庄溢洪堰改建工程设计报告、预算、测量标质委托书，1953—1977 年石头庄溢洪堰爆破分洪方案、试爆计划、汛期爆破试验结果报告、分洪障碍工程竣工报告，1952—1976 年黄河防汛工作意见、总结，1976 年度汛存在的问题、溢洪堰工程概况，1957—1974 年水利事业、基建、防汛岁修、防洪工程的追加、修正、年报、年度计划表、批复。

濮阳市黄河河务局档案全宗介绍

全宗号:6.11

一、概述

濮阳市黄河河务局是濮阳市黄河治理和水行政管理与开发的专业机构,主要负责濮阳市黄河河段的治理与开发、黄河防汛抢险、防洪工程建设与管理、水资源开发与管理及北金堤滞洪区建设管理等。现驻河南省濮阳市金堤路45号,机关及家属区占地总面积为25亩。濮阳市黄河河务局前身为冀鲁豫黄河水利委员会第二修防处,始建于1946年5月,现归河南黄河河务局管理。

濮阳市黄河河务局现有在职职工2 062人,离退休人员827人。机关设办公室、工务处、水政水资源处、财务处、人事劳动教育处、监审室、党委办公室、工会办公室8个部门,现有职工175人,其中在职职工81人、离退休人员94人。

濮阳市黄河河务局所管辖黄河河道167.5 km,黄河防洪工程主要有:黄河大堤151.7 km,险工20处,坝垛和护岸229道;河道工程21处,坝垛和护岸477道。北金堤长40 km,险工5处,坝垛68道。北金堤滞洪区渠村分洪闸1座,张庄闸退水闸1座,引水闸11座。

二、沿革简介

(一)名称与时间

1968年2月修防处建立"革命委员会",治黄机构由以黄河系统领导为主,转变为以地区"革命委员会"领导为主。同年9月处机关机构精简,安阳黄河修防处、濮阳县修防段、金堤修防管理段合并,成立"安濮总段革命委员会"。

1969年8月,濮阳段从"安濮总段"分出,建立濮阳县修防段革命委员会。

1970年3月,撤销安濮总段革命委员会,建立安阳修防处革命委员会。同年滞洪区工作,由地方交黄河部门管理,修防处设滞洪办公室。长垣、金堤、范县修防段,设滞洪段,滑县滞洪段归修防处领导。

1974年7月,成立安阳地区长南治黄铁路指挥部。

1977年3月,撤销长南治黄铁路指挥部,成立长南铁路管理段。7月,增设范县水泥造船厂。

1978年5月,成立运输队,9月成立机械化施工队。

1978年12月,区划调整,经国务院批复,将范县东部9个公社划出,设立台前县。1979年初范县第二修防段改称台前县修防段,范县第一修防段改称范县修防段。

1979年5月,滞洪管理工作从修防处分出,设立安阳地区滞洪处,归河南黄河河务局领导,将滑县滞洪管理段、范县水泥造船厂划归安阳地区滞洪处领导。

1979 年 5 月,成立挖泥船队,7 月撤销安阳修防处革命委员会,恢复安阳黄河修防处。

1983 年 9 月 1 日,河南行政区划调整,设立濮阳市,将安阳黄河修防处改为濮阳市黄河修防处。

1984 年 6 月,河南黄河河务局航运大队运输二队划归濮阳市修防处建制,更名为濮阳市修防处航运队。

1985 年 3 月,撤销铲运机施工队,建立濮阳市修防处第一施工队、第二施工队。

1985 年 3 月,河南黄河河务局以豫黄政字〔1985〕23 号文通知,将濮阳市修防处、濮阳市滞洪处、渠村分洪闸管理处三个单位合并,称为“濮阳市黄河修防处”,渠村闸设渠村分洪闸管理段。

1985 年 6 月,撤销长垣滞洪办公室,其业务并入长垣县修防段。

1985 年 8 月,增设濮阳市黄河工程公司,下设办公室、施工科、财务科,隶属修防处领导。

(二)机关住址变更情况

1946 年 5 月,冀鲁豫黄河水利委员会设立一、二、三、四修防处,濮阳为第二修防处,办公地址始设马屯,后驻习城。

1947 年 5 月,办公地址迁至北坝头。

1984 年 11 月,办公地址由坝头迁至濮阳县南门外路西。

1992 年 12 月,办公地址由濮阳县城迁至濮阳市市区金堤路 45 号。

(三)机关内部机构设置

1968 年 2 月,安阳修防处建立“革命委员会”,下设政工组、办事组、行政组、工务组、财务组。

1968 年 9 月,成立“安濮总政革命委员会”,撤销行政组、工务组、财务组,设办事组、政工组、生产组。辖长垣段、范县一段、范县二段、溢洪管理段。

1977 年内部机构有办事处、政工组、生产组、引黄组、滞洪办公室。辖长垣修防段、濮阳修防段、范县第一修防段、范县第二修防段、金堤修防管理段、溢洪堰管理段、滑县滞洪管理段、长南铁路管理段、范县水泥造船厂。

1979 年 7 月,恢复安阳黄河修防处,改组为科,设秘书科、政工科、工务科、财务科、引黄科。

1983 年,濮阳市黄河修防处撤销秘书科、引黄科。设立办公室、政工科、工务科、财务科。下辖长垣修防段、濮阳县修防段、长南铁路管理段、挖泥船队、铲运机施工队、运输队。

1985 年,机关内部机构有工会、办公室、政工科、工务科、财务科。辖长垣修防段、濮阳县修防段、范县修防段、台前修防段、金堤修防管理段、渠村分洪闸管理段、濮阳县滞洪办公室、范县滞洪办公室、台前滞洪办公室、滑县滞洪管理段、长南铁路管理段、挖泥船队、航运队、施工一队、施工二队、运输队、范县造船厂、黄河建筑公司。

(四)主要负责人名录

略。

三、档案情况简介

(一)档案数量统计

濮阳市黄河河务局的档案管理工作始于 1947 年,1958 年以前档案由个人或部门保管。1958—1960 年文书档案由兼职档案员管理,技术档案、会计档案分别由其业务部门管理。1965 年配备了专职档案员,集中管理文书档案和技术档案,会计档案仍由部门管理。自 1984 年 7 月以来,文书档案、技术档案、会计档案全部实行了集中统一管理。截至目前濮阳市黄河河务局机关档案室库存档案总量 11 209 卷,其中文书档案 2 135 卷(1 580 件)、技术档案 6 045 卷、会计档案 3 029 卷。

档案的分类原则是根据黄委、河南黄河河务局颁发的有关档案管理规定划分的,分为永久、长期、短期三个期限。目前濮阳市黄河河务局现有库房面积 118 m^2,案卷排架总长度 290 m。密集架 48 节,声像柜、卡片柜各 1 组,计算机、空调、吸尘器、除湿机各 1 台。

(二)档案完整程度

由于濮阳市黄河河务局机关成立较早,形成的文件材料相应较多,加之早期无专人管理,造成了部分档案案卷丢失,给濮阳市黄河河务局的档案管理工作造成了极大损失。从 1981 年于治中与郭凤彩的档案交接情况看,技术档案缺 33 卷,文书档案缺 8 卷,底图缺 11 张。1989 年郭凤彩与商美钦档案交接中,发现技术档案缺少 3 卷,底图缺 2 张。另外,有从濮阳市黄河河务局调出人员借阅档案 3 卷,经核查,案卷均已丢失。

(三)档案进馆情况

濮阳市黄河河务局第一次档案进馆工作于 1990 年 6 月 1 日开始,于 1990 年 10 月 1 日结束,历时 4 个月的时间。把市局档案室 17 年来所需进馆的文书档案、技术档案全部拆卷,按照黄委颁发的《治黄文书档案分类及保管期限表》[黄办字(1986)51 号]、《黄河下游治理科学技术档案分类办法》[黄办字(1982)32 号]进行科学的整理与分类。并结合黄委颁发的《黄河档案馆关于进馆的档案工作的规定》[黄办字(1988)76 号]进行了统一的鉴定,重新组卷。整理期间,从库房调出档案 1 100 卷,拆卷达 800 余卷,重新组卷 286 卷。其中,文书档案 99 卷(永久卷 68 卷、长期卷 31 卷)、技术档案 187 卷(永久卷 139 卷、长期卷 48 卷。进馆的历史档案共 35 卷,其中文书档案 18 卷(永久卷 9 卷、长期卷 5 卷、短期卷 4 卷)、技术档案 17 卷(永久卷 9 卷、长期卷 6 卷、短期卷 2 卷)。

在进馆档案的整理过程中,对破损、褪色的档案进行了修裱与重新描写,共修裱档案材料 24 张,图纸 6 张,描写档案材料 8 张。濮阳市黄河河务局的进馆档案于 1990 年 10 月 26 日经黄委、河南黄河河务局验收,符合进馆标准。

本次档案进馆工作于 2010 年 5 月 6 日开始,于 2010 年 6 月 26 日结束,历时 50 d 时间。把濮阳市黄河河务局档案室 19 年来所需进馆的文书档案、技术档案、会计档案 516 卷档案进行了统一的鉴定,按照 2008 年《黄河档案馆关于接收档案的规定》、2009 年《关于接收档案进馆工作相关事项的通知》及 2010 年档案进馆培训讲义等有关规范进行科学的整理与分类,重新组卷。整理期间,从库房调出档案 281 卷,拆卷 232 卷,重新组卷 171 卷,文件 615 件。由于濮阳市黄河河务局安装使用了飞扬档案管理软件,所以在制作电子档案的同时,直接把扫描的文档与录入系统软件的目录进行了挂接,原文显示,一目了然,使利用工作更方便快捷。若扫描纸质文件 456 件,2 000 余页。

在进馆档案的整理过程中,对破损的档案进行了修裱,共修裱档案材料200余张,对使用不耐久字迹书写的文件及表格进行了复印,共复印5 000张,装订线上有字迹的,为了装订不压字,粘贴了装订边。濮阳市黄河河务局的进馆档案经黄委、河南黄河河务局验收,符合进馆标准。

(四)检索工具编制情况

为方便进馆档案的提供利用,编制了几种检索工具,有案卷目录、案卷文件目录及电子文件目录等。这些检索工具的编制为快速、有效地利用档案提供了方便,尤其是飞扬档案管理软件的使用,查阅档案特别快捷方便,实用价值较高。

(五)档案整理情况

此次进馆档案的整理工作是按照黄委2008年《黄河档案馆关于接收档案的规定》、2009年《关于接收档案进馆工作相关事项的通知》及2010年档案进馆培训讲义等有关规范进行操作的。首先是进行统一的鉴定,然后按照进馆的相关规定进行科学的整理。对破损和使用不耐久字迹书写的文件材料进行修裱和复印,通过上级领导的检查,确认进馆档案正确无误,然后逐页进行扫描,打印档案封面、案卷目录、交接文据,按照规定采用三孔一线的方法进行装订,经过上级领导的检查验收,确认合格,再进行进馆档案的验收与移交。

(六)档案主要内容

1.文书档案

濮阳市黄河河务局此次进馆的文书档案涉及1967—1985年间的治黄工作总结、机构设置、人员编制、干部任免、劳资年报、职工花名册、治黄成就汇编等案卷共计63卷。

2.技术档案

这次进馆的技术档案包括1967—1985年的工程管理与防汛工作总结、防汛岁修及基建计划的批复、基建岁修年报、滩区水利建设、涵闸虹吸拆除改建、河势查勘及水毁工程修复计划的批复等案卷共计84卷。

3.会计档案

这次进馆的会计档案主要是1967—1985年的会计决算报表,共计24卷。

4.声像、电子档案

1967—1985年无声像、电子档案。

5.实物档案

(1)奖项:获得省部级及其以上奖项名称(基建工作先进集体)。此次进馆无实物档案。

(2)印章:根据省委豫发〔1977〕13号文,“河南黄河河务局安阳修防处革命委员会”改为“河南省安阳地区革命委员会黄河修防处”,自1977年10月17日启用新印章,旧章作废;1979年8月1日起,启用“河南黄河河务局安阳修防处”印章,原“河南安阳地区革命委员会安阳修防处”公章作废;1983年12月15日起,启用“河南黄河河务局濮阳市黄河修防处”印章,原“河南黄河河务局安阳黄河修防处”印章同时作废。

(七)档案利用情况

在日常工作中,濮阳市黄河河务局的档案为治黄工作的开展,发挥了较好的作用,为防洪工程建设、防汛抢险、防洪工程确权划界、防洪工程设计以及社会上的部分单位提供了大量翔实的第一手资料,取得了较好的经济效益和社会效益。

(1)1985年,濮阳市黄河河务局原工务科科长肖文昌同志,通过查阅各险工历年新修、整修、抢险用料数字情况，结合现场查勘，多次观察险工和控导工程坝前黄河水流作用坝的情况，经过对比分析，研究坝型和挡距，总结坝长与坝挡距的关系，提出了比较合理的坝长和挡距，达到用料最少、投资最小，抗渗能力最强，坝后回流量最小，写出了《河道整治工程的坝型与挡距》一文在《人民黄河》发表，这对设计河道整治工程起到了较好的借鉴作用。如 1987 年设计杨楼、吴老家两处控导工程，就采用了该文提到的"拐头坝，小挡距"的理论，不仅缩短了工期，同时也为国家节约了大量投资。

(2)濮阳市黄河河务局运输队原址在濮阳市坝头北，征用的土地是附近村庄张屯的土地，1997 年 8 月，张屯村民以运输队占地面积比原来征用土地多为由闹事，要求补交钱款，当时村民把运输队大院门口封住，不让办公。运输队办公室主任李忠民到市局档案室找到了当年征用土地的合同。经过查找 1977—1979 年的大量案卷，终于在秘书类永久卷 15 号卷中查出运输队 1978 年的征用土地合同，由此解决了一场土地纠纷。

(3)1999 年，濮阳县青庄、柿子园两村因土地边界问题引起纠纷，两村出现械斗，濮阳县土地局的同志来档案室查找了 1962 年、1973 年、1975 年的河势图，复印后以此为凭据，解决了两村的纠纷问题，避免了事态进一步恶化。

(八)档案编研成果

1990 年由濮阳市黄河河务局防汛办公室编写的《凌情资料整编成果》及《濮阳市黄河防汛滞洪资料手册》；1994 年由写志办编写的《濮阳市黄河志》；1996 年由工务科编写的《引黄兴利概况汇编》；1996 年由劳人科编写的《专业技术人员情况一览表》；1999 年由办公室编写的《档案利用典型事例汇编》《全宗介绍》《机关大事记》《机构沿革》《会议简介》《历年治黄工作总结》；1999 年由防办编写的《濮阳市黄河防汛文件汇编》及《防汛方案汇编》等。

(九)档案室达标升级情况

1990 年，根据省河务局豫黄办字〔1989〕11 号文通知精神，濮阳市黄河河务局机关档案室开始达标升级活动。经过对照标准，认真自查，补充缺项，达到了二级标准要求，1990 年 12 月申请上级进行验收，1991 年 1 月 26 日，由省河务局组织进行了初验收，1992 年 2 月 21 日省河务局正式通知，濮阳市黄河河务局档案室通过黄委二级验收，被命名为黄委二级档案室。

1992 年进行了档案晋升黄委一级准备工作，申请后，于 1992 年 11 月 20 日以总评分 98 分的成绩通过了黄委一级验收。

1996 年，濮阳市黄河河务局依据国家档案局、国家科委、建设部联合颁发的国档发〔1991〕16 号，水利部水办〔1992〕17 号，以及《河南省科级事业单位档案管理省级先进标准》的规定，开始了档案室升省部级标准工作，经过认真对照自查、补充，使档案室条件达到了省部级标准。1996 年 12 月 26 日，濮阳市黄河河务局以濮市黄办〔1996〕16 号文，向濮阳市档案局提出申请，要求对濮阳市黄河河务局档案升级进行验收。1997 年 1 月 16 日，通过了由省、市档案局河南省省级标准验收。1997 年 1 月 13 日，通过了由黄委、市档案局和省河务局组成的档案升部级联合验收。1997 年 2 月 13 日，水利部以办档〔1997〕28 号文，对濮阳市黄河河务局档案室晋升部级标准进行批复，证书号为 SB91160041。

1999 年，濮阳市黄河河务局档案室准备晋升国家二级标准，为做好升级工作，成立了专门的组织，抽出一名办公室副主任专门负责此项工作，通过严格按照国家二级标准，对照、补充、完善，扩大了档案库房，安装了空调，配备了微机，各种管理设施更加完善，投资 10 余万元，为档案室装上了密集架，通过认真准备，于 1999 年 12 月 13 日以濮市黄办〔1999〕27 号向上级提出了验收申请。2000 年 6 月 8 日受水利部委托，由黄委档案馆、省档案局、市档案局和省河务局组成的档案验收考评小组，来濮阳市黄河河务局进行考评验收，机关档案室以 97 分通过了专家的评审验收。2000 年 7 月 3 日，水利部办公厅以办档〔2000〕153 号文，批准了濮阳市黄河河务局档案室达到国家二级标准。

四、资料内容简介

濮阳市黄河河务局档案室现存主要治黄资料 1 000 余册，主要有《河南年鉴》《黄河年鉴》《河南省志》《黄河河防词典》《黄河大事记》《黄河规划志》《黄河防洪志》《黄河防汛抢险技术》等。

渠村闸管理处档案全宗介绍

全宗号 6. 11. 1

一、概述

渠村分洪闸管理处现驻河南省濮阳市濮阳县渠村乡南 3 km 处，机关和宿舍占地总面积为 52 000 m^2，该处成立于 1978 年 8 月，隶属濮阳市黄河河务局管辖，是黄委系统最基层的副县级水行政管理单位，下辖办公室（财务科）、人事劳动教育科（党群科）、工程管理科、防汛办公室（水政科）、运行观测科五个科室和濮阳维修养护公司第五分公司、濮阳黄龙水利水电工程有限公司。

渠村分洪闸是向北金堤滞洪区分滞特大洪水的大型闸门，位于大堤桩号 47+776～48+525，该闸设计分洪流量为 10 000 m^3/s，渠村分洪闸管理处主要任务是搞好渠村分洪闸的日常管理，2 678 m 大堤养护，确保黄河花园口 22 000 m^3/s 大堤不决口，遇超标准洪水，能够适时、适量按照上级要求分滞洪水。

二、沿革简介

（一）名称与时间

1978 年 5 月，渠村分洪闸建成后，经河南黄河河务局呈文上报，水电部以黄委政字〔1978〕131 号文批复，成立渠村分洪闸管理处，直接隶属于河南黄河河务局。

1985 年 3 月 19 日，根据河南黄河河务局黄政字〔1985〕23 号文通知，将安阳黄河修防处、安阳滞洪处、渠村分洪闸管理处合并为一处，即濮阳市黄河修防处，渠村分洪闸管理处由此更名降格为渠村分洪闸管理段，隶属濮阳市黄河修防处。

（二）机关内部机构设置

1985 年 3 月，渠村分洪闸管理处更名降格为渠村分洪闸管理段，“科”改为“股”，同年 4 月，根据上级文件精神增设工程队、工会两个股，撤销政工科，内部机构名称为办公室、工务股、财务股、工程队、工会。

（三）主要负责人名录

略。

三、进馆档案主要内容

治黄工作意见，总结，机关建立、更名，启用印章；干部任职，劳动工资，干部、党员、职工年报表、花名册；表彰先进、文件材料的请示、报告、批复、通知；防汛岁修、基本建设计划、防洪工程设计、工程管理、防汛工作意见、总结、征地报告、批复、验收鉴定书、分洪操作方案等。

濮阳第一河务局档案全宗介绍

全宗号:6.11.2

一、概述

濮阳第一河务局全称濮阳黄河河务局第一黄河河务局,前身为濮阳修防段,隶属冀鲁豫黄河水利委员会第二修防处,始建于1946年5月,1990年11月升格为副县级单位,更名为"濮阳县黄河河务局",2004年11月更名为"濮阳黄河河务局第一黄河河务局",简称"濮阳第一河务局",现归濮阳黄河河务局管理,是濮阳县黄河治理和水行政管理与开发的专业机构,主要担负着濮阳县黄河河段的治理与开发、黄河防汛抢险、防洪工程建设与管理、水资源开发与管理及北金堤滞洪区建设与管理等任务。现驻河南省濮阳县解放路南段路西,机关及家属区占地总面积为57 968.6 m^2。

濮阳第一河务局现有职工712人,其中在职职工425人,离退休人员287人;干部89人、工人336人,高级职称2人、中级职称53人、初级职称91人。机关设办公室、水政水资科、工程管理科、人事劳动教育科、财务科、党群工作科、滞洪科,二级机构运行观测科。

濮阳第一河务局是国家水利工程管理二级单位,所辖黄河河道61 km,黄河防洪工程主要有:黄河大堤59.367 km(起止桩号:42+764~47+000、48+850~103+891),险工4处,坝垛和护岸59道;河道工程7处,坝垛和护岸192道;防洪坝工程9处,坝垛41道;4处涵闸,1处虹吸。

二、沿革简介

(一)名称与时间

1968年2月,安阳修防处建立革命委员会,同年9月,安阳修防处与濮阳、金堤修防段合并为安濮修防总段革命委员会。

1969年8月,濮阳修防段从安濮修防总段革命委员会分出,成立"濮阳黄河修防段革命委员会",下设办事组、生产组、财务组、政工组、工程队。

1976年,革命委员会随同撤销,濮阳修防段革命委员会更名为"濮阳修防段"。

1990年11月,升格为副县级单位,更名为"濮阳县黄河河务局"。

2004年11月,更名为"濮阳黄河河务局第一黄河河务局",简称"濮阳第一河务局"。

(二)机关住址变更情况

1946年5月,昆吾黄河修防段、濮阳黄河修防段同时成立,均隶属冀鲁豫黄河水利委员会第二修防处,办公地址始设马屯,后驻习城。

1947年5月,办公地址迁至北坝头。

1995 年 1 月,办公地址由坝头迁至濮阳县解放路南段路西。

(三)机关内部机构设置

1968 年 9 月,安阳修防处与濮阳、滑县、金堤修防段合并,成立"安濮总政革命委员会",撤销行政组、工务组、财务组,设办事组、政工组、生产组。

1969 年 8 月,濮阳修防段从"安濮修防总段革命委员会"分出建立"濮阳黄河修防段革命委员会",下设办事组、生产组、财务组、政工组、工程队。

1973 年,机构设置:政工组、办事组、财务组、工务组、工程队。

1975 年,根据引黄灌溉放淤固堤工作的需要,增设引黄组。机构设置:办事组、生产组、财务组、政工组、引黄组、工程队。

1978 年,成立"吸泥船队",主要负责辖区内的放淤固堤施工任务。机构设置:办事组、生产组、财务组、政工组、引黄组、工程队、吸泥船队。

1979 年 7 月,改组为股,设秘书股、政工股、工务股、财务股、引黄股、工程队、吸泥船队。

1981 年,设置工会,下设机构:秘书股、工务股、财务股、政工股、引黄股、工会、工程队、吸泥船队(1982 年更名为"锥探灌浆队")。同年 9 月,增设教育股。

1982 年撤销教育股,并入秘书股,撤销锥探灌浆队和工程队,成立渠村分段、习城分段、徐镇分段、王称堌分段。机构设置:秘书股、工务股、财务股、政工股、引黄股、工会、渠村分段、习城分段、徐镇分段、王称堌分段。

1983—1985 年机构设置无变化。

(四)主要负责人名录

略。

三、档案情况简介

(一)档案数量统计

濮阳第一河务局的档案管理工作始于 1947 年,1958 以前档案由个人或部门保管。1958—1960 年文书档案由兼职档案员管理,技术档案、会计档案分别由其业务部门管理。1965 年配备了专职档案员,集中管理文书档案和技术档案,会计档案仍由部门管理。自 1984 年以来,文书档案、技术档案、会计档案全部实行了集中统一管理,档案管理逐步向正规化、规范化发展。截至目前,濮阳第一河务局机关档案室库存档案总量 10 737 卷,其中文书档案 1 389 卷、1 446 件,技术档案 3 165 卷,会计档案 6 183 卷。

档案的分类原则是根据黄委、河南黄河河务局颁发的有关档案管理规定划分的,分为永久、长期、短期三个期限。目前濮阳第一河务局现有库房面积 60 m^2,案卷排架总长度 240 m。密集架 10 节,声像柜、卡片柜各 1 组,计算机、空调、吸尘器、除湿机各 1 台。

(二)档案完整程度

由于濮阳第一河务局机关成立较早,形成的文件材料相应较多,加之早期无专人管理,造成了部分重要文件未及时归档,有些已归档的文件无底稿,目前已无从查找。

(三)档案进馆情况

濮阳第一河务局第一次档案进馆于 1989 年 11 月 16 日结束,共整理案卷 190 卷,其中文书档案 39 卷(永久卷 34 卷、长期卷 5 卷)、技术档案 151 卷(永久卷 110 卷、长期卷 41 卷)。

本次档案进馆工作于 2010 年 9 月 20 日开始，于 2010 年 11 月 30 日结束，历时两个多月。把局档案室 1967—1985 年需进馆的文书档案、技术档案、会计档案 2 911 卷档案进行了统一的鉴定，按照 2008 年《黄河档案馆关于接收档案的规定》、2009 年《关于接收档案进馆工作相关事项的通知》及 2010 年档案进馆培训讲义等有关规范进行科学的整理与分类，重新组卷。整理期间，从库房调出档案 604 卷，拆卷 602 卷，重新组卷 175 卷，文件 599 件。由于濮阳第一河务局安装使用了飞扬档案管理软件，所以在制作电子档案的同时，直接把扫描的文档与录入系统软件的目录进行了挂接，原文显示，一目了然，使利用工作更方便快捷。共扫描纸质文件 361 件，1 640 余页。

在进馆档案的整理过程中，对破损的档案进行了修裱，共修裱档案材料 16 张。对使用不耐久字迹书写的文件及表格进行了复印，共复印 2 200 余张。装订线上有字迹的，为了装订不压字，粘贴了装订边。濮阳第一河务局的进馆档案经黄委、河南黄河河务局验收，符合进馆标准。

（四）检索工具编制情况

为方便进馆档案的提供利用，编制了几种检索工具，有案卷目录、案卷文件目录及电子文件目录等。这些检索工具的编制为快速、有效地利用档案提供了方便，尤其是飞扬档案管理软件的使用，查阅档案十分方便快捷，实用价值较高。

（五）档案整理情况

本次进馆档案的整理工作是按照黄委 2008 年《黄河档案馆关于接收档案的规定》、2009 年《关于接收档案进馆工作相关事项的通知》及 2010 年档案进馆培训讲义等有关规范进行操作的。首先是进行统一的鉴定，然后按照进馆的相关规定进行科学的整理。对破损和使用不耐久字迹书写的文件材料进行修裱和复印，通过上级领导的检查，确认进馆档案正确无误，然后逐页进行扫描，打印档案封面、案卷目录、交接文据，按照规定采用三孔一线的方法进行装订，经过上级领导的检查验收，确认合格，再进行进馆档案的验收与移交。

（六）档案主要内容

1. 文书档案

濮阳第一河务局此次进馆的文书档案涉及 1967—1985 年间的治黄工作总结，干部任免，劳资年报，党员、干部、职工花名册等案卷共计 26 卷。

2. 技术档案

这次进馆的技术档案包括 1967—1985 年的工程管理与防汛工作方案、总结、防汛岁修及基建计划的批复、基建岁修年报、滩区水利建设、涵闸虹吸拆除改建、河势查勘及水毁工程修复计划的批复等案卷共计 106 卷。

3. 会计档案

这次进馆的会计档案主要是 1967—1985 年的会计决算报表和挖压踏地赔偿单据及征地协议，共计 43 卷。

4. 声像、电子档案

1967—1985 年无声像、电子档案。

5. 实物档案

（1）奖项：1967—1985 年未获得省部级及其以上奖项，此次进馆无实物档案。

（2）印章：1980 年 5 月 22 日，根据修防段办事机构名称的更改，启用五枚新印章，分别为:"河南黄河河务局濮阳修防段政工股""河南黄河河务局濮阳修防段秘书股""河南黄河河务局濮阳修防段工务股""河南黄河河务局濮阳修防段财务股""河南黄河河务局濮阳修防段财务专用章"。原印章同时作废。

(七)档案利用情况

在日常工作中,濮阳第一河务局的档案为治黄工作的开展发挥了较好的作用,为防洪工程建设、防汛抢险、防洪工程确权划界、防洪工程设计以及社会上的部分单位,提供了大量翔实的第一手资料,取得了较好的经济效益和社会效益。

1995年5月,水政科王中原通过查阅1990年、1991年、1992年、1993年、1994年放水记录,为发放取水许可证的工作提供了必要的资料,使这次取水许可证的发放工作得到圆满完成,也为今后节约用水、计划用水提供了准确、可靠的依据。

1995年12月25日,水政科科长高啸尘通过借阅档案室险工控导类03号卷宗,详细了解并计算出濮阳第一河务局工程占地情况,并绘制出占地详细图一套,利用这些占地详查结果向土地局申请国有土地使用证,由此确定濮阳第一河务局工程占地合法有效,受法律保护,使濮阳第一河务局工程占地管理纳入法制化轨道。

1996年5月16日,水政科陈继高通过借阅档案室堤防类13号、14号卷宗,详细查出濮阳第一河务局堤防工程占地情况,由此确定濮阳第一河务局堤防工程占地合法有效,并向土地局申请使用证,使工程占地纳入法制化轨道。

2000年3月,上延控导工程正在施工中,郎中乡安头村民硬说工程占地没有征地,阻挠工程施工。为了彻底解决问题,水政科科长高啸尘查阅了有关控导工程确权划界和县土地部门的有关资料,从而与安头村圆满解决了遗留问题,维护了国家的合法权益,维护了濮阳第一河务局工程完整。

2002年8月至9月,财务科于淑英、史东梅通过借阅档案室有关工程欠款的会计凭证,起诉郑改善在王窑放淤固堤工程施工中利用借款的手段骗取工程款。2000年在王窑放淤固堤工程施工中,渠村乡公西村支部书记郑改善伙同村委会成员吕金科、淤庆云,以预借工程款等借口多次向第四工程处王窑机淤项目部及其负责人提出借款,并借走了工程款。但到工程结算时郑改善却以别人的名字进行了结算。因此,截至2000年末郑改善、吕金科二人仍欠第四工程处预借工程款1 241 120.96元。通过借阅档案资料,有了充分的证据,能够以理据争,胜诉了这场官司,为濮阳第一河务局挽回了经济损失1 241 120.96元。

2002年10月29日,机关服务部副主任马保俊通过借阅档案家属楼竣工图,为濮阳第一河务局四座家属楼办理了土地证。濮阳县房产局的同志来濮阳第一河务局要求办理所有家属楼土地使用证,当时建楼时占用了多少土地,心里没有数,通过到档案室查阅所有家属楼竣工图等资料,查清了家属楼占地情况,档案资料为濮阳第一河务局办理家属楼土地使用证提供了第一手证明材料。

2008年4月,濮阳第一河务局职工李海坤、李付义两位同志找人事劳动科反映,认为二人参加工作时间不应是1980年,应该是1978年,人事劳动科苏建勇同志通过借阅1979年文书档案永久第14卷中的临时工、民技工登记表,找到了二人的名字,上面填写的参加工作时间是1978年7月。依据《国务院关于国家机关工作人员年限计算的补充通知》,两位同志的情况符合上级临时工计算工龄的规定,经领导研究,同意将两位同志的参加工作时间由1980年更改为1978年7月计算,维护了职工的切身利益。

(八)档案编研成果

编研成果主要有组织沿革、机关大事记、重要会议简介、档案利用典型汇编、资料汇编等,为领导和各部门指导工作服务。

(九)档案室达标升级情况

1990年,根据省局豫黄办字〔1989〕11号文通知精神,濮阳第一河务局机关档案室开始达标升级活动。经过对照标准,认真自查,补充缺项,达到了二级标准要求,1990年12月申请上级进行验收,1991年1月26日,由省河务局组织进行了初验收,1992年2月21日通过黄委二级验收,被命名为黄委二级档案室。

1992年进行了档案晋升黄委一级准备工作,于1992年11月20日通过了黄委一级验收。

1996年,濮阳第一河务局依据国家档案局、国家科委、建设部联合颁发的国档发〔1991〕16号、水利部水办〔1992〕17号以及《河南省科级事业单位档案管理省级先进标准》的规定,开始了档案室升省部级标准工作,经过认真对照自查、补充,使档案室条件达到了省部级标准。1996年12月26日,濮阳第一河务局以濮市黄办〔1996〕16号文,向濮阳市档案局提出申请,要求对濮阳第一河务局档案升级进行验收。1997年1月16日,通过了由省、市档案局河南省省级标准验收。1997年1月13日,通过了由黄委、市档案局和省河务局组成的档案升部级联合验收。1997年2月13日,水利部以办档〔1997〕28号文,对濮阳第一河务局档案室晋升部级标准进行批复,证书号为SB91160071。

1999年,濮阳第一河务局档案室准备晋升国家二级标准,为做好升级工作,成立了专门的组织,抽出一名办公室副主任专门负责此项工作,通过严格按照国家二级标准,对照、补充、完善,扩大了档案库房,安装了空调,配备了微机,各种管理设施更加完善,投资10余万元,为档案室装上了密集架,通过认真准备,于1999年12月13日以濮市黄办〔1999〕27号向上级提出了验收申请。2000年6月8日受水利部委托,由黄委档案馆、省档案局、市档案局和省河务局组成的档案验收考评小组来濮阳第一河务局进行考评验收,机关档案室顺利通过了专家的评审验收。2000年7月3日,水利部办公厅以办档〔2000〕153号文,批准了濮阳第一河务局档案室达到国家二级标准。

四、资料内容简介

濮阳第一河务局档案室现存主要治黄资料158册,主要有《黄河防汛抢险技术》《濮阳年鉴》、资料汇编等,为领导和有关部门指导工作服务。

五、其他需要说明的问题

档案全宗主要是根据黄委黄办档(2001)7号文精神进行编写的。在编写过程中,调阅了大量的案卷目录、案卷文件目录及重要案卷。全宗介绍中涉及1966年以前的档案部分已进馆。

在档案全宗介绍编写过程中,得到了黄委、河南黄河河务局及濮阳市黄河河务局和濮阳第一河务局领导的大力支持。编写工作主要由侯盼景、刘俊英完成。

范县黄河河务局档案全宗介绍

全宗号:6.11.3

一、概述

濮阳黄河河务局范县黄河河务局(简称范县黄河河务局),现机关住址为河南省濮阳市范县新区板桥路152号。现机关占地总面积28亩(含新区职工住宅楼占地)。原称范县黄河修防段,始建于1946年初,段址先设在张庄乡杜吕庄,后设在陈楼,再后来迁到闵子墓村,1957年底迁到闵子墓村东堤坡。2002年9月,迁至范县新区板桥路东段现址。另在范县南一街建有职工生活基地一处,占地19亩,建筑面积3 850 m^2,编为13号院。1998年原范县滞洪办公室归并后,其在范县西三街北一街处办公处所改为工程施工处,现为局属企业濮阳黄河水利水电工程公司办公住所。下属濮阳黄河工程养护公司第二分公司办公地址地处堤防122+000桩号,占地面积40余亩,建筑面积2 000余 m^2。下属濮阳黄河第一机动抢险队办公地址位于堤防121 km桩号处,占地30余亩,建筑面积800余 m^2。

范县黄河河务局隶属河南黄河河务局濮阳黄河河务局,是范县境内黄河治理开发的主管机关。截至2010年底,范县黄河河务局共有在职职工382人,其中干部70人、工人312人;离退休人员137人;中级职称11人、初级职称33人。

作为范县境内黄河治理开发的职能部门,承担着《中华人民共和国水法》《中华人民共和国防洪法》《中华人民共和国河道管理条例》等法律法规的实施与监督。范县黄河河务局是水利部黄河水利委员会驻地方社会公益性事业单位,主要承担范县辖区黄河防汛抗洪、黄河工程建设与管理、辖区河道管理、水政执法与水资源管理等任务。

范县黄河河务局位于黄河下游左岸,上接濮阳、下连台前,与山东鄄城、郓城隔河相望。管辖黄河临黄一级堤防41.595 km,堤防工程桩号103+891~145+486。辖区内有彭楼、李桥、邢庙险工3处;有李桥、杨楼、吴老家3处河道整治工程;共有坝138道。自上而下建设有彭楼、邢庙、于庄闸3座引黄涵闸,设计引黄流量75 m^3/s。

二、沿革简介

(一)名称与时间

濮阳黄河河务局范县黄河河务局前身为范县黄河修防段,成立于1946年,当时隶属冀鲁豫行署二专署第二修防处。1947年7月划归八专署第五修防处领导。1949年2月归第三修防处管辖。1952年底归山东聊城修防处管辖。1954年设范县金堤段。1956年3月因濮县撤销,原濮县修防段改称范县第一修防段,段址设在西桑庄,原范县修防段改称范县第二修防段,段址仍在闵子墓[1956年3月23日山东黄河河务局(56)黄人字28号文]。1958

年5月24日,根据聊城修防处(58)秘人字51号文通知,范县第一、二修防段合并为范县修防段(段址在闵子墓),1963年因金堤河水事纠纷,范县划归为河南省管辖,1964年原范县修防段改称范县第一修防段,原寿张段称范县第二修防段,金堤段归山东莘县管辖。范县第一修防段、范县第二修防段统归安阳修防处领导。1966年成立了临时机构"革命委员会"。1974年,台前设工委和范县分开办公,二段归台前,一段归范县,仍称范县黄河修防段。濮阳市1983年成立后,随归濮阳市黄河修防处领导。1990年更名为范县黄河河务局,规格升为副县(处)级。2003年,根据水利部机构名称设置文件,机构名称确定为濮阳黄河河务局范县黄河河务局,简称为范县黄河河务局。

(二)机关住址的变更情况

1946年初范县建段,称范县黄河修防段,段址设在张庄乡杜吕庄,后设在陈楼,再后来迁到张庄乡闵子墓村(时间不详,由老干部回忆)。

1957年底,办公地址迁到闵子墓东堤坡处。

2002年9月,办公地址迁至范县新区板桥路东段。

(三)机关内部机构设置

1946年设秘书股、工程股。

1949年增设供给股。

1952年底撤销供给股、工程股,成立工务股、财务股、工程队。

1954年增设电话站和金堤段。

1956年3月,濮县并入范县,原濮县修防段改为范县第一修防段,原范县修防段改为范县第二修防段,原濮县金堤分段和范县金堤分段并存。同年6月,两个金堤分段合并为范县金堤段。当时,范县修防段(当时的范县第二修防段)设有党支部、秘书股、工务股、财务股、电话站和工程队(下设两个班组)。

1964年,寿张并入范县后,范县段改称一段,编制60人。

1966—1975年,机构瘫痪,成立了临时机构"革命委员会",下设办事组、生产组、财务组、工程队和电话站。

1974年设立滞洪股。

1974年台前和范县分开办公,一段为范县黄河修防段,原范县二段改称台前县黄河修防段。

1977年3月成立造船厂。

1979年底"革命委员会"撤销,恢复原建制,设有秘书股、工务股、财务股、电话站和工程队(下设班组),并增设政工股。同年6月,滞洪股从范县修防段分出,单独成立了范县滞洪办公室,造船厂作为滞洪办公室的一个股也从范县修防段分出。

1980年底,由于连续大招工,临时工转正,职工人数增加至200人左右。

1981年,范县修防段职工增至237人。

1984年,撤销工程队,设彭楼、邢庙、闵子墓三个分段,增设机淤队。

1985年,机淤队改为经营队,当时范县段设有秘书股(包括电话站)、工务股、财务股、政工股、工会、经营队和彭楼、邢庙、闵子墓三个分段。

1986年,彭楼、邢庙、闵子墓三个分段撤销,重新恢复工程队。

1987年,成立"范县公安局黄河派出所"。

1988年初，通信站（电话站）从秘书股分出，单独成立通信股，经营队改称施工队。同年8月，增设工程管理股。

1989年，通信股重新并入秘书股，另增设综合管理办公室。是年，人员编制239人。

1990年初，防汛从秘书股分出，单独成立防汛办公室，多种经营办公室也改称多种经营股。是时，范县段设有秘书股、工务股、财务股、政工股、工程管理股、多种经营股、防汛办公室、工会、黄河派出所、综合管理办公室、工程队和施工队共12个股室，人员增至247人。同年11月，范县修防段更名为范县黄河河务局，规格升为副县（处）级。各股室也改为科室。

1991年3月，造船厂撤销并入范县黄河河务局，同时，成立了54人建制的河南黄河河务局濮阳机动抢险队，由范县黄河河务局代濮阳黄河河务局管理。是年，增设水政科，职工人数达到340人。

1992年，成立范县黄河河务局经济开发公司，通信从办公室分出单独设立通信科。派出所和原工务科的工管股并入水政科。

1993年，成立工程施工公司和商贸公司。

1994年，在施工队的基础上组建机淤队。

1996年工程施工公司撤销，重新成立工程队。是年2月，河南黄河河务局濮阳专业机动抢险队与范县黄河河务局脱离，单独办公，归濮阳黄河河务局管理。

1998年7月，范县滞洪办公室撤销并入范县黄河河务局管理，人员编制增至365人。同年9月，范县黄河河务局进行体制改革，内部机构由原来的11个科室缩编为办公室、工务科、财务科、水政科、防汛滞洪办公室、工会、劳人科7个科室，成立工程管理处（下设办公室、财务科、各险工班、堤线班、涵闸班、开发公司二级机构）、工程施工处（下设办公室、财务科、基础桩一队、基础桩二队、喷粉桩队、土石方工程队、机淤队），原综合经营办公室撤销，成立机关服务部，并入工程管理处。原通信科撤销，成立通信管理站，由工程管理处管理。

1999年7月，原河南黄河河务局濮阳机动抢险队并入范县黄河河务局。

2000年年末，职工总人数为436人。

2001年机构未变动。

2002年机构未变动。

2003年1月，进行了管理体制改革，机构合并精简。局机关设办公室、工务科、财务科、人劳科、防汛滞洪办公室、水政科、工会7个部门，另设机关服务中心、信息中心、经发办、工程养护处、工程施工处、机动抢险队6个二级机构。

2006年6月，进行了水利工程管理体制改革。撤销机关服务中心、信息中心、经发办、工会、工程养护处、工程施工处。内部机构重新设置。机关下设办公室、工程管理科、水政水资源科、财务科、人事劳动教育科、党群科、防汛办公室、滞洪管理科，另设运行观测科和机动抢险队两个二级机构。成立濮阳黄河工程养护公司第二分公司，主要负责工程养护。成立彭楼闸管所，管辖三处闸门，隶属濮阳黄河河务局供水分局。

2008年7月，根据河南省公安厅批复，范县公安局成立了黄河派出所，所长、指导员为范县公安局任命指派。

2010年，成立濮阳立信监理公司范县分公司。

（四）主要负责人名录

略。

三、档案情况简介

(一)档案数量统计

范县黄河河务局(原范县黄河修防段)档案室始建于1960年,由于受历史条件所限,当时只收入了文书档案和综合性人事档案。虽有科技档案资料,但未入室保管,均由各业务部门分散保存。1970年收入了会计凭证和会计账簿,1981年才将科技档案入室保管,从而使范县黄河河务局档案室逐步成为一个综合性的档案室。本全宗档案在门类的划分上基本是按照上级业务部门有关规定进行的,但仍不够齐全,如文书档案的11类中缺少计划统计类和团委类;科技档案的14类中缺少水利枢纽工程类。

本机构自1946年沿革至今,收入了人民治黄以来尚能保存下来的所有资料,现已立卷归档的共8 503卷,其中文书档案2 284卷(永久档案720卷、长期档案620卷、短期档案944卷)、科技档案2 875卷(永久档案1 241卷、长期档案1 051卷、短期档案583卷)、会计档案3 344卷(其中凭证2 964卷、账簿309卷、报表71卷)。

目前,范县黄河河务局档案室共有库房2间48 m^2,阅览室1间24 m^2,办公室1间24 m^2,总计档案室面积96 m^2。

为提高档案管理水平,先后配备了吸尘器、除湿机、干湿温度计和空调机各1台,另配有档案密集柜12列,其中整体式凭证橱9套,五节橱16套,底图柜1套。总排架长度达90 m。

附表:档案数量统计表(略)。

(二)档案完整程度

自1946年建段后有档案资料以来,实际工作中没有特别事件发生而导致档案损毁、丢失的现象。历史档案因年长日久,且已进馆保存,已难以考证其归档率和完整率。就1997年范县黄河河务局档案室档案管理晋升部级时的检查考评情况看,1985年以来的档案归档率达99.65%,完整率达99.28%,仍有收集不齐和缺少底稿的现象,如文书类人事变更中有缺少委任文件和调迁文件的现象、原副段长刘成华、原副局长王乃臣均查不到任命文件。原因可能有二:一是上级未来文,只是做了口头宣布;二是虽有来文,因保管不善丢失。原副段长陈乾清既无主持工作的文件,又无调迁的文件,调迁时间、任职时间均凭同志们回忆记载。自2002年范县黄河河务局晋升为国家二级档案管理单位以来,档案均较完整地保存。

(三)档案进馆情况

1990年上级决定将范县黄河河务局1966年以前的档案移交黄委档案馆保存,根据上级这一指示精神,该年6月,范县黄河河务局抽调4名同志组成了档案整理小组,并参加了黄委档案馆和省河务局组织的培训学习。

此项工作于1990年6月28日开始,当时,黄委档案馆委派蔡铁山同志常驻范县黄河河务局指导档案进馆工作。在蔡铁山同志的指导下,整理小组首先对1966年以前的档案进行了鉴定,按照进馆要求,将比较重要的有保存价值的文件材料全部选出,然后分类排列,立卷归档。抄写了案卷文件目录,重新拟写了案卷目录。整理工作完成后,又抄写了案卷交接目录。最后,对无进馆保存价值的次要档案进行了整理登记。

由于范县黄河河务局对档案进馆工作非常重视,抓得紧,抓得细,参加整理的同志认真负责,一丝不苟,积极工作,加班加点,特别是黄委档案馆委派蔡铁山同志亲自来范县黄河河务局指导进馆档案整理工作,因此使进馆工作少走了弯路,加快了整理进度,提高了整理质量,保证了进馆工作的顺利进行。1990 年 10 月 22 日,整理工作全部完成。1990 年 10 月 24 日,黄委档案馆馆长贾国选和档案员张卫群同志来范县黄河河务局对进馆档案进行逐项检查验收,确认合格后,1990 年 10 月 25 日范县黄河河务局档案员刘凤芹、黄委档案馆张卫群代表双方在案卷交接目录上逐页签字。最后,范县黄河河务局局长吴修柱、档案员刘凤芹和黄委档案馆馆长贾国迁、档案员张卫群代表双方在接收凭证上签字、盖章,至此,交接工作全部结束。

此次档案进馆共整理移交档案 272 卷,其中文书档案 84 卷、科技档案 188 卷。

2010 年根据上级安排,范县黄河河务局对 1967—1985 年间的治黄档案资料逐卷进行了整理,并进行了电子扫描。共整理案卷 76 卷。

(四)检索工具编制情况

目前,档案室编制有案卷目录、案卷文件目录、卷内文件目录、案卷交接目录、文号卷号对照表等五种检索工具。上述 5 种工具在文件资料检索中发挥了重要作用。2002 年,为档案室配备了计算机,安装了清华紫光档案管理软件,此后,档案管理全部实行了计算机检索管理。

(五)档案整理情况

自 1946 年建段始,即有档案资料形成,但并未集中保管,均由各业务部门分散保存。1960 年,刘永吉段长带领职工对治黄文件资料进行了大规模的整理,并建立了档案室。当时,只收入了文书档案和综合性的人事档案,科技档案、会计档案仍由业务部门分散保存。

建室初期未设专职管理人员,一直由秘书股办事员和打字员兼管。1977 年前由张淑文兼管,1977—1979 年由范永聚兼管,1979—1983 年由打字员毕宗玲兼管,1983 年毕宗玲为专职档案员。1988 年 3 月毕宗玲调出,刘凤芹接任专职档案员工作。1990 年王秋菊、刘凤芹同志任专职档案员,1996 年 4 月刘凤芹同志退休,王秋菊任专职档案员至今。

1996 年前,档案整理均按黄委 1986 年颁发的《治黄文书档案分类及保管期限表》和 1982 年颁发的《黄河下游治理科学技术档案分类办法》进行。1996 年和 1997 年后则分别按照上述两文件的修订稿整理。

整理程序是:上级来文后,由办公室收文,档案室登记后送交领导签阅,然后交承办单位阅存。范县黄河河务局形成的文件也由档案室登记后发出,年终,档案员结合各业务部门再将送阅的文件及有关资料收集起来,由各业务部门分头整理,档案员进行业务指导。一般情况下,年终收集不齐,下年初继续收集。各业务部门将应归档的文件资料全部收集起来之后,兼职档案员(各部门都有)即开始按照分类办法的有关规定进行分类、组卷、抄写卷内目录、编写案卷标题。待上述工作全部完成确认无误后,再装订立卷,交档案员验收。档案员将案卷全部收集后,即开始进行编写卷号等项工作,最后抄写案卷目录和文号卷号对照表,入库保存。

(六)档案主要内容

1. 文书档案

综合类 W1:共计 432 卷。其中永久档案 129 卷,长期档案 95 卷。主要内容:1951—1953 年、1960 年、1961 年、1963—1965 年、1982—1990 年、1992 年、1994 年、1996 年、1999 年治黄工作总结,1981 年至 2010 年间的机关制度包括目标管理、车辆管理、财务管理等。会议记录包括局委会、局领导班子办公会等,变更机关住址,大事记、报告、通知。

W1—1998 年—23 卷中:《关于邹平县黄河河务局等 28 个单位档案管理晋升部级标准的通知》[办档(1998)24 号]中,同意定为部级档案目标管理单位,证书编号为 sb91160073。2001—2005 年共计 135 卷,其中永久档案 80 卷,长期档案 12 卷,短期档案 43 卷。

劳动人事类 W2:共计 428 卷,其中永久档案 122 卷,长期档案 135 卷。主要内容:1960—2005 年每年的劳资年报表及职工基本情况登记表,晋升工资档次,离退休费汇总表,机关的劳动人事工作总结报告,干部的任免等。2001—2005 年共计 70 卷,永久档案 10 卷,长期档案 17 卷,短期档案 43 卷。

财务物资类 W4:共计 257 卷,其中永久档案 49 卷,长期档案 66 卷,短期档案 142 卷。主要内容:1984—2005 年财务物资、器材,工作总结,年报表;1993 年清产核资图报表。2001—2005 年共计 77 卷,其中永久档案 5 卷,长期档案 8 卷,短期档案 64 卷。

审计类 W5:共计 16 卷,其中长期档案 8 卷,短期档案 8 卷。主要内容:《关于印发加强和改进固定资产投资审计工作意见》,工程项目竣工决算审计。2001—2005 年共计 2 卷,其中长期档案 1 卷,短期档案 1 卷。

党务类 W6:共计 93 卷,其中永久档案 27 卷,长期档案 24 卷,短期档案 42 卷,主要内容:1996—2005 年党员统计年报,1990—2005 年党员会议记录,精神文明工作报告、总结、通知等。2001—2005 年共计 33 卷,永久档案 9 卷,长期档案 4 卷,短期档案 20 卷。

工会类 W8:共计 114 卷,其中永久档案 24 卷,长期档案 27 卷,短期档案 63 卷。主要内容:1984 年、1985 年、1991 年工会工作总结及工会女工的规定、办法和先进职工之家;职代会,职工代表换届等报告、通知。2001—2005 年共计 23 卷,其中永久档案 2 卷,长期档案 3 卷,短期档案 18 卷。

多种经营类 W9:共计 32 卷,其中永久档案 10 卷,长期档案 3 卷,短期档案 19 卷。主要内容:1997—2005 年的多种经营统计年报(主要是多种经营发展规划)。

会计类 W10:共计 40 卷,其中永久档案 33 卷,短期档案 7 卷。主要内容:1974—2000 年范县黄河河务局基本建设工程竣工决算报表,主要是范县黄河河务局 1991—1995 年以工代赈竣工决算报告。2001—2005 年共计 8 卷,均为永久档案。

水政水资源类 W11:共计 95 卷;其中永久档案 6 卷,长期档案 13 卷,短期档案 53 卷。主要内容:1991 年、1993 年范县黄河河务局水政监察执法工作总结;1997 年范县黄河河务局水政资源总结,1998 年《范县河务局关于成立范县局水政监察大队实施方案》呈请。2001—2005 年共计 56 卷,其中永久档案 2 卷,长期档案 1 卷,短期档案 53 卷。

2. 科技档案

综合类 G1:共计 171 卷,其中永久档案 38 卷,长期档案 44 卷。主要内容:1981 年的范县黄河河务局堤防河道现状说明,1974—1983 年十年工程竣工总结及竣工验收统计表;1985—2000 年的堤防工程管理工作总结,1994 年的工程管理意见及五年规划;1988 年的土地征用协议、承包合同;2000—2002 年工程管理综合经营发展三年规划,1992 年的范县黄河河务局 1992 年基建工程以工代赈竣工报告、通知。2001—2005 年共计 72 卷,其中永久档案 8 卷,长期档案 5 卷。

堤防类 G2:共计 585 卷,其中永久档案 125 卷,长期档案 394 卷。主要内容:1950—2000 年(李桥、邢庙、彭楼)险工根石加固,121+000~122+270 放淤固堤,大堤加培,(地方县委申请购地方面)工作会议纪要、请示、批复、竣工、验收总结及征用土地协议书。2001—

2005 年共计 229 卷,其中,永久档案 55 卷,长期档案 177 卷。

河道类 G3:共计 215 卷,其中永久档案 98 卷,长期档案 117 卷。主要内容:1960 年彭楼 1~36 道坝、李桥 27~34 坝、邢庙 1~12 坝、杨楼 3~20 坝等工程修建、改建、扩建请示、批复、竣工验收和总结图表;1987—1997 年的范县黄河河务局工程占用土地协议,观测河势图;1988—1989 年、1992 年、1994—2005 年的范县黄河河务局险工、控导根石探测成果,原始记载表。

涵闸、虹吸、扬水站工程类 G4:共计 53 卷,其中永久档案 30 卷,长期档案 23 卷。主要内容:彭楼、邢庙、于庄闸、李桥、陆集虹吸 1989 年废除修建、改建的请示、批复、设计、竣工、总结。

引黄开发利用类 G5:共计 16 卷,其中永久档案 6 卷,长期档案 10 卷。主要内容:1985—2000 年彭楼闸、邢庙闸、于庄闸放水记录。

防汛类 G6:共计 80 卷,其中永久档案 42 卷,长期档案 38 卷。主要内容:1982 年、1985 年、1986 年、1989 年,1996—2005 年防汛抢险预案,防洪工作总结,李桥坝、杨楼坝抢险记录表,陆集、陈庄、张庄、辛庄、滩区社经调查成果表、纵横断面施测图、横断面施测成果表。

水文水情类 G8:共计 33 卷,其中永久档案 17 卷,长期档案 16 卷。主要内容:1981—2005 年彭楼闸、邢庙闸、于庄闸水位观测记录汇编。

科学研究类 G9:共计 27 卷,其中永久档案 9 卷,长期档案 10 卷,短期档案 8 卷;主要内容:G9—1999—7 号卷中有范县黄河河务局发明的防汛抢险 KPZ-1 型捆枕机的研制图、上报成果、获奖证书。

计划统计类 G11:共计 75 卷,其中永久档案 54 卷,长期档案 21 卷。主要内容:1981—2005 年的防洪、基建翻修工程计划年报的批复。

房建类 G13:共计 54 卷,其中永久档案 26 卷,长期档案 28 卷。主要内容:G13—1989 年—5 卷中,范县局建设两栋家属楼的请示批复,征用土地协议书和建设用地许可证。

其他类 G14:共计 3 卷,其中永久档案 1 卷,长期档案 2 卷。主要内容:范县修防段其他项目新增路口纵横断面图。

3. 会计档案

报表类 K1:共计 50 卷;凭证类 K3:共计 1 969 卷;账簿类 K2:共计 154 卷,其中永久档案 54 卷,短期档案 100 卷;1974—2000 年度决算报表、凭证、账簿完整齐全。

4. 声像、电子档案

照片:共 1 089 张,主要内容:1990—2000 年治黄工作会议,总结表模 270 张,防汛会议 20 张,堤防工程施工 210 张,防汛检查 60 张,杨楼、吴老家控导抢险 24 张,李桥上延 32~33 坝修建抢险 45 张,抢险技术比武 10 张,“庆七一”15 张,中、高级工鉴定 20 张,1990—2000 年险工、控导工程拉网普查 30 张,邢庙闸、彭楼闸施工 34 张,水法宣传 30 张,职工养猪、养鸡、养兔 16 张,领导班子调出、调入合影 28 张,民主理财 10 张,冬季体育比赛 6 张,1996 年 8 月洪水专题照片 37 张,1997 年 5 月特大暴风雨袭击堤防、房屋受灾照片 18 张,车辆拍卖 14 张,1984—2000 年获奖锦旗照片 34 张,黄委王渭泾主任视察范县黄河河务局工作、市局郭风林局长陪同检查照片 59 张。

录像:共计 19 盘,主要内容:1996—2001 年治黄工作动员会 7 盘,李桥开工施工 4 盘,吴老家、杨楼修坝 3 盘,植树 1 盘,大堤加培加高施工 2 盘,王渭泾主任视察范县黄河河务局 1

盘,李国英主任讲话1盘。

5. 实物档案

本全宗档案现存的实物档案主要是近年来上级业务部门颁发的奖牌、匾额和荣誉证书。

(七)档案利用情况

范县黄河河务局档案室对档案资料不仅认真收集整理,妥善保管,而且积极提供利用,使档案资料充分发挥了借鉴、印证等作用,仅"九五"期间范县黄河河务局档案室即提供利用410人次、480卷次,解决了不少悬而未决的疑难问题,取得了明显的社会效益和经济效益。现将本全宗档案的典型利用效果介绍如下:

1991年,陆集乡吴老家村就吴老家护坝地与河务部门发生争执,吴老家村长期占用护坝地种植农作物,严重影响了吴老家控导工程的正常管理。为解决这一难题,维护河务部门的合法权益,水政人员在档案管理人员的大力协助下,查出了1985年永久第124号卷,范县人民政府《关于划定吴老家、杨楼两处河道工程占用地问题的批复》以及征地协议书等文件,依法收回护坝地25.5亩。

1993年3月底,濮阳市黄河河务局劳人科通知,要求范县黄河河务局系统地整理干部档案,以迎接检查。但干部档案管理人员对档案材料的鉴别、分类不甚了解,致使整理工作无法进行。为此,管理人员到档案室查找到了《关于转发〈黄河水利委员会干部档案条例〉的通知》[濮市黄劳人字(1987)27号],使档案材料的鉴别、分类及整理归档均有了依据,于是问题迎刃而解。

(八)档案编研成果

范县黄河河务局对档案编研工作历来比较重视,1984年即着手编写《范县黄河志》并写成初稿,为编写地方志提供了宝贵资料。1989年编写了范县修防段和濮县修防段的《组织沿革》和《全宗介绍》。1999年编写了题为《岁岁安澜几艰辛》的"范县治黄史略"。2001年初,又为地方史志办公室编写了《1988—2000年的治黄史志资料》。上述各项资料累计达10万余字,较客观地反映了范县人民的治黄历史,对治理黄河、激励后人不无裨益。

1984年,原秘书股长武立亭主笔编写了《范县黄河志初稿》,其余各项资料均由刘永涛主笔编写,王卫民、王修礼、刘风芹、王秋菊、丁连孔等给予了大力支持和帮助。

(九)档案室达标升级情况

1992年11月25日,经河南黄河河务局考核评审,范县黄河河务局档案室总评得分95.3分,被定为"黄委系统标准一级档案管理单位"。

此次定级升级,首先由县局按照3款12项47条达标升级标准进行认真准备,然后自查,经市局初验,报省局考核评审,验收合格后发证。

1998年3月11日,经水利部办公厅审查,批准范县黄河河务局档案室为"部级档案目标管理单位"。

该次档案管理升级,首先由县局档案室按照升级标准进行认真准备,并逐项逐条进行自检,然后向市局呈报要求验收的请示,附以"档案管理升级情况报告(自检)"和"科技事业单位档案管理升级登记表",市局再将请示和附件逐级转报到黄委。水利部委托黄委组成考评组对申请验收单位进行实地验收,并将验收情况报水利部,经水利部办公厅审查合格后发证。

四、资料内容简介

范县黄河河务局档案室现存的治黄资料主要有：

(1)黄河史志资料34册(1985—2000年)。

(2)《人民黄河》31册(1992—2000年)。

(3)《黄河黄土黄种人》8册(1993—1995年)。

(4)《档案利用典型事例汇编》1册(河南黄河河务局编)。

(5)《黄河档案利用效果实例》1册(黄委档案信息处编)。

(6)《范县黄河志》初稿1册(范县修防段1984年编)。

(7)范县、濮县修防段“组织沿革”各1册(范县修防段1989年编)。

(8)范县、濮县修防段“全宗介绍”1册(范县修防段1989年编)。

(9)《岁岁安澜几艰辛》(范县治黄史略)1册(范县黄河河务局1999年编)。

(10)《1988—2000年范县治黄史志资料》1册(范县河务局2001年编)。

(11)黄河大事记初稿1册(1990年3月7日)。

(12)机关大事记1册(范县黄河河务局1989年编)。

五、其他需要说明的问题

此次编写全宗介绍是比较顺利的，但也遇到一些问题，主要有：

(1)本机构档案自1985年起才进行正规整理，以前的资料整理均不够正规，而且分类标准也不完全一样，因此给统计和介绍带来一定困难。如原来的文书档案未设党务类和多种经营类，而是把党务类归入了工会类，把多种经营类归入了综合类，直到1985年以后资料分类才比较细致。

(2)案卷标题拟写不够准确，同类内容，标题不同，给统计查找带来不便，如财务报表应分出“财务物资”“水利事业费”和“基建施工”等，如果不加主语，只一味地拟写为“报表”，就很难分出是哪一类的报表。

(3)资料不够齐全，各类资料均有脱节现象。如：①综合性的治黄工作总结、防汛工作总结等，并不是年年都有；②各项工程的请示、批复也不是项项都有。特别是1980年以前的资料缺的更多，如1958年的22 300 m^3/s 大水，却什么资料也没有，只有一个专用代电本。因此，对战胜1958年大水的情况就难以详细介绍。

(4)档案鉴定销毁工作不够及时。1990年档案进馆之后，仍有部分无保存价值的档案资料在档案室存放，使本来面积较小的档案库房更加拥挤不堪。对这部分档案本应及时进行鉴定销毁，但至今尚未着手进行。

台前黄河河务局档案全宗介绍

全宗号:6.11.4

一、概述

台前黄河河务局位于河南省黄河最下游左岸,现驻河南省濮阳市台前县城人民路西段,机关和宿舍总占地面积20.604亩。该局成立于1946年5月,现隶属濮阳黄河河务局管辖,至2010年12月,在职职工369人,其中干部75人,工人294人;高级职称2人,中级职称43人,初级职称61人;高级技师13人,工人技师86人,高级工111人,中级工33人,初级工35人。其主要职责为:

(1)性质:全民事业劳保单位。

(2)主要职能:为所辖已建水利工程和设施的正常运行提供管理保障。

(3)职权范围:对辖区内水利工程建设进行编报计划、设计、施工等;对辖区内已建水利工程建设进行安全鉴定、运行管理(包括日常维护、机械设备运行管理、运行安全监测等);宣传贯彻执行水行政法规及有关文件精神,依法治水。

(4)主要工作与任务:确保花园口站22 000 m^3/s洪水大堤不决口,遇超标洪水有准备、有对策,尽最大努力减少灾害损失。科学开发利用水资源,放淤固堤、供水灌溉等,为沿黄人民造福。

(5)所辖工程情况:临黄堤长48 999 m(145+486~194+485),河道长68 500 m。堤防险工5处,其中脱河3处,坝垛50道。控导工程5处,坝垛196道。护岸工程5 800 m。穿堤涵闸3座,其中刘楼闸堤防桩号147+040,引水流量10 m^3/s;王集闸堤防桩号154+650,引水流量30 m^3/s;影唐闸堤防桩号166+340,引水流量10 m^3/s。

二、沿革与简介

(一)名称与时间

台前黄河河务局的前身为寿北黄河修防段,始建于1946年5月,隶属冀鲁豫黄河水利委员会第三修防处(今菏泽)。

1964年2月,寿张黄河修防段改称范县第二修防段,隶属河南黄河河务局安阳修防处。

1975年8月,范县第二修防段改名为河南省革命委员会黄河河务局台前修防段。

1979年1月,改称台前县黄河修防段。

(二)机关住址的变更情况

1946—2000年,机关住址共变更6次,其中张秋段变更1次。

1946年5月,段部驻刘桥村;同年建立张秋段,驻吴坝村。

1949 年 9 月,原张秋段住址由吴坝村迁至张秋镇郭市街。

1950 年段部驻地由刘桥村迁移孙口乡大堤背河房台(现孙口乡代庄村东)。

1958 年 2 月,县段住地迁至张秋镇郭市街。

1961 年 8 月,寿张段部由张秋镇迁回孙口(现孙口乡代庄村东)。

1999 年 9 月 21 日,县局机关驻址由孙口迁移到台前县城人民路西段至今。

(三)机关内部机构设置

人员数量变化情况:1966 年,全段共计 81 人;1980 年,全段共计 338 人;2000 年,全局 425 人。

机构设置情况:

1968 年 9 月,内部机构设置有:生产组、办事组、政工组、工程队。

1970 年,生产组被撤销,设财务股、工务股、秘书股、政工股、滞洪股、工程队。

1976 年,增设机淤队(包括造吸泥船)。

1979 年 7 月,撤销滞洪股,成立滞洪办公室,并迁往台前县城,与修防段分开办公。

1981 年,成立工会委员会,全称为"台前县黄河修防段工会委员会"。

1982 年,增设教育股,全面开展扫除文盲工作。

1984 年,成立满庄、王集、影唐、邵庄四个分段和多经办,撤销工程队和教育股。

(四)主要负责人名录

略。

三、档案情况简介

(一)档案数量统计

台前黄河河务局档案产生于 1946 年,共分文书、技术、财会三个类别,1998 年建立声像档案。至 2010 年,台前黄河河务局档案室使用面积为 88.56 m^2,其中库房面积 44.28 m^2。库存总量(包括进馆档案)6 415 卷,其中文书档案 1 190 卷(永久卷 261 卷、长期卷 395 卷、短期卷 534 卷),技术档案 1 822 卷(永久卷 582 卷、长期卷 808 卷、短期卷 432 卷),会计档案 3 403 卷(报表 44 卷、账簿 280 卷、凭证 3 079 卷)。案卷排架总长度 145 m。主要设备有:分体式冷暖空调、除湿机、吸尘器、微机、打印机、复印机、密集架、资料卡片柜、声像档案柜和"七防"等附属设施。

2008 年根据《黄委归档文件整理办法(试行)》和《黄委系统机关文件归档材料范围和保管期限规定(试行)》的通知,即 2007 年及以后的机关文件材料,要按新规定进行收集、整理、划分保管期限和归档,文书档案以件为单位进行保管,保管期限划分为永久、短期,其中短期分为 30 年、10 年,2010 年台前黄河河务局的文件材料收集齐全,共整理归档文件材料 920 件,其中永久 335 件、30 年 259 件、10 年 326 件,并按时完成了文件材料的归档工作。

(二)档案完整程度

1963 年,因管理不善,档案室不慎失火,部分档案被毁。

(三)档案进馆情况

1990 年 10 月 24 日,对 1947—1966 年档案进行系统整理后,移交黄河档案馆保存。共移交文书档案 63 卷(永久卷 49 卷、长期卷 14 卷、案卷目录 2 本、案卷文件目录 1 本)、科技档案 215 卷(永久卷 162 卷、长期卷 53 卷、案卷目录 2 本、案卷文件目录 1 本),其中 1947—

1949 年档案 4 卷。

进馆档案文字材料比较齐全，数字准确，全面地反映了台前黄河河务局主要职能和业务工作活动，为黄河治理和开发提供了宝贵的历史资料。档案进馆前，组织熟悉建段历史、有丰富治黄经验和档案管理经验的同志，集中时间、精力，对 1947—1966 年档案进行了系统整理、修复、鉴定和筛选工作，共修复档案 42 张，其中修裱档案材料 27 张、图纸 6 张，描写档案材料 9 页，会计档案从 1950—1962 年（缺少 1953 年决算）是在山东黄河河务局聊城修防处复制的，共 274 页，然后整理进馆。

本次档案进馆工作于 2010 年 9 月开始，把台前黄河河务局档案室 19 年来所需进馆的文书档案、技术档案、会计档案 2 376 卷档案进行了统一的鉴定，按照 2008 年《黄河档案馆关于接收档案的规定》、2009 年《关于接收档案进馆工作相关事项的通知》及 2010 年档案进馆培训讲义等有关规范进行科学的整理与分类，重新组卷。整理期间，从库房调出档案 352 卷，拆 125 卷，重新组卷 86 卷，文件 212 件。由于台前黄河河务局安装使用了飞扬档案管理软件，所以在制作电子档案的同时，直接把扫描的文档与录入系统软件的目录进行了挂接，原文显示，一目了然，使利用工作更方便快捷。共扫描文件 60 件 503 页。

在进馆档案的整理过程中，对破损的档案进行了修裱，共修裱档案材料 100 余张，对没有底稿、使用不耐久字迹书写的文件及表格进行了复印，共复印 2 423 张，装订线上有字迹的，粘贴了装订边。

（四）检索工具编制情况

为方便进馆档案的提供利用，编制了几种检索工具，有案卷目录、案卷文件目录及电子文件目录等。这些检索工具的编制为快速、有效地利用档案提供了方便，尤其是飞扬档案管理软件的使用，查阅档案特别快捷方便，实用价值较高。

（五）档案整理情况

此次进馆档案的整理工作是按照黄委 2008 年《黄河档案馆关于接收档案的规定》、2009 年《关于接收档案进馆工作相关事项的通知》及 2010 年档案进馆培训讲义等有关规范进行操作的。首先是进行统一的鉴定，然后按照进馆的相关规定进行科学的整理。对破损和使用不耐久字迹书写的文件材料进行修裱和复印，通过上级领导的检查，确认进馆档案正确无误，然后逐页进行扫描，打印档案封面、案卷目录、交接文据，按照规定采用三孔一线的方法进行装订，经过上级领导的检查验收，确认合格，再进行进馆档案的验收与移交。

（六）档案主要内容

1. 文书档案

台前黄河河务局此次进馆的文书档案涉及 1967—1985 年间的工会、治黄工作总结、机构更名、启用印章、干部任免、劳资年报等案卷共计 11 卷。

2. 技术档案

这次进馆的技术档案包括 1967—1985 年的防汛工作总结，防汛岁修及基建计划、年报，抢险、凌情记录，涵闸放水及水位月报，险工续建、淤背，兴建涵闸虹吸、提灌站的报告及批复等案卷共计 57 卷。

3. 会计档案

这次进馆的会计档案主要是 1967—1985 年的会计决算报表，共计 18 卷。

4. 声像、电子档案

1967—1985 年无声像、电子档案。

5. 实物档案

1967—1985 年无实物档案。

(七)档案利用情况

在利用方面,关于黄河综合治理方面的规划、计划,黄河修防,工程管理,统计报表,经验总结等为年度工作计划奠定了基础;工程管理总结,堤防加固、调查、植树造林、挖地赔偿和河道整治规划、工程设计、护滩控导、河道观测、河势图、河势工情、抢险等文字材料,以及引黄灌溉、防汛防凌措施、总结、各种工程统计报表,年度工作意见、总结,财务凭证、报表等档案材料,在黄河治理开发工作中发挥了重要作用。不仅提高了工程抗洪能力和工作效率,而且为国家节约了大量开支。

1995 年,台前县检察院经办一起贪污案件。本案涉及台前黄河河务局 1988 年滩台款的发放情况。县检察院与县河务局取得联系,查阅了原始凭证。此案原由为:清水河乡卫生院李某,1988 年在县河务局结算万余元滩台款后,一部分据为己有,另一部分私自挪用。在地方政府对水利工作进行检查时被查出。因没有证据,他本人拒不承认,顽固地与检察部门周旋。在这种情况下,县检察院到县河务局进行了取证,在档案室查到原始凭证,经核实,此人贪污罪名确立。

1998 年 7 月上旬,台前黄河河务局基建施工前期准备工作全面展开,计划对 155+200~158+450 堤段进行帮后戗。该段堤防中有两处距群庄不足 200 m。尽管与地方政府取得了联系,但工作进展并不顺利。在工程铺工防线时,由于土地所有权问题,受到当地部分群众的百般阻挠,致使铺工无法进行。为确保基建施工进度,县河务局迅速采取措施,从局档案室提取了堤防背河土地确权划界及购地手续等有关证明材料,并按档案、资料数据进行了现场测量,证明了县河务局对土地的所有权,避免了重复购地所造成的重大经济损失,保证了基建施工的顺利进行。

(八)档案编研成果

为充分开发利用档案信息资源,近几年来,结合治黄工作实际,组织有关技术人员,对利用率高、有历史价值的档案进行了集中编研,并装订成册,形成了一种特殊的档案信息资源。其主要内容:于 1997 年档案室编研有《全宗介绍》《组织机构沿革》《机关大事记》《会议简介》《档案利用典型事例汇编》《历年工作总结汇编》,在以上成果的基础上,逐年进行了增加延续。1994 年编制了《台前县河务局防汛基础数据库》《台前县河务局防汛技术基础资料》《台前县黄河主要防洪工程抢护预案》,由防汛办公室等编写。2000 年,在原防汛数据库的基础上进行了修订、补充、完善,编研了新的《防汛数据库》,使内容更加完整、充实,主要有台前黄河河务局防汛办公室主任饶跃林、档案管理员蔡凤云和行政秘书谢朝刚等同志参加。

(九)档案室达标升级情况

1989 年开始达标升级活动,当年晋升为台前县档案管理二级标准;1990 年晋升为黄委档案管理三级标准;1992 年晋升为黄委档案管理二级标准;1998 年晋升为科技事业单位部级管理标准;2002 年晋升为国家二级档案管理单位。

四、资料内容简介

台前黄河河务局档案室现存主要治黄资料 100 余册,主要有《黄河年鉴》《台前县志》《黄河河防词典》《濮阳年鉴》《今日黄河百市县》《干部任免录》等。

濮阳第二黄河河务局档案全宗介绍

全宗号:6.11.5

一、概述

濮阳第二黄河河务局位于濮阳县城解放路桥南9号,机关及家属区占地总面积30亩。濮阳第二黄河河务局成立于1951年,隶属濮阳市黄河河务局管理。现有职工223人,在职职157人,退休72人,其中干部32人,初级职称25人,中级职称20人,机关设有办公室、工务科、水政水资源科、财务科、运行观测科5个科室,下辖维修养护第四分公司、金堤水电公司2个单位。

其主要职责:负责濮阳县境内金堤的日常管理、金堤防汛抢险、水行政建设、防汛工程建设以及引黄兴利等,所辖堤线56.464 km,其中零公里以上16.5 km,零公里以下39.964 km,5处险工,68道防洪坝,6处穿堤管线。

二、沿革简介

(一)名称与时间

自人民治黄开始到1951年,濮阳县境内的金堤管理工作由濮阳县黄河修防段代管(现濮阳第一河务局),1951年经平原省河务局批准成立了濮阳专署金堤修防段,管辖滑县、濮阳、范县、贯城、朝城境内的金堤,1954年濮阳专署撤销,濮阳专署金堤修防段更名为濮阳修防段,党组关系归濮阳县所管,业务关系归安阳修防处所管。1958年撤销濮阳金堤修防段,金堤修防段的管理工作由濮阳县黄河修防段代管。

1961年7月,金堤修防段机构再度成立,单位名称更改为濮滑金堤修防段,主要管辖濮阳和滑县境内的金堤。

1965年7月,滑县成立了金堤修防段后,单位又恢复原名濮阳金堤修防段,管辖濮阳县境内的金堤,堤线全长56.464 km。

1968年9月,濮阳县金堤修防段再度撤销,机关合并到安濮总段革命委员会。

1970年5月,濮阳县金堤修防段重新恢复,并承担了地方政府负责滞洪任务以及濮阳境内的金堤管理任务,至1985年机构规格为正科级单位,其管理职能、管理范围不变。

(二)机关住址变更情况

1951年成立濮阳专署金堤修防段,机关住址设在范县葛楼。

1954年濮阳专署撤销后及时成立了濮阳金堤修防段,机关住址迁移到濮阳县城党校街(现在的机床厂的位置)。

1958年濮阳县金堤修防段撤销后,由濮阳黄河修防段代管,机关迁移到濮阳县坝头集。

1961 年濮滑金堤修防段成立后,机关设立在濮阳县城西街(原濮阳县委旧址)。

1968 年 9 月,濮阳县金堤修防段合并到安濮总段后,机关又迁到濮阳县坝头集。

1970 年 5 月濮阳金堤修防段再度成立后,机关住址又迁移到濮阳县城西街原濮滑金堤修段的住址。

1981 年濮阳金堤修防段从濮阳县城西街原濮滑金堤修段的住址迁移到濮阳县解放路桥南 9 号。

(三)机关内部机构设置情况

1951 年濮阳专署金堤修防段成立后,下设工务股、财务股、秘书股三个职能部门。

1958 年濮阳金堤修防段成立到 1961 年濮滑金堤修防段仍保持工务股、财务股、秘书股三个职能部门。

1966 年底职工总人数为 22 人,其中干部 10 人、工人 12 人。

1970 年将工务股、财务股合并为生产股,秘书股改为办事股,由于承担了地方政府的滞洪任务,设立了滞洪股。

1980 年由于民工转正,再招部分知青,单位职工人数大幅增长,机关内部设立了工务股、财务股、秘书股、政工股四个职能部门和一个工程队,年底职工人数已达 97 人,其中干部 20 人、工人 77 人。

1984 年在原机构设置上又增设了一个群团组织——工会。

(四)主要负责人名录

略。

三、档案情况简介

(一)档案数量统计

濮阳第二黄河河务局的档案产生于 1954 年濮阳专署金堤修防段成立时,当时由于对档案管理工作重视程度较差,没有设专职档案管理人员,档案管理工作由秘书股一名办事员兼管,从 1966 年到 1970 年,大量的文件、资料丢失、损坏,档案工作无人过问,档案工作处于瘫痪阶段,这一段形成的档案由当时的安濮总段管理,随着治黄工作的需要,1970 年恢复了濮阳金堤修防段,当时的档案工作由秘书股负责管理,1981 年濮阳第二黄河河务局配备了专职档案管理人员,文书档案、技术档案、会计档案全部实行了集中统一管理。

截至目前濮阳第二黄河河务局的档案库存总量 3 236 卷,文书档案 703 卷、686 件,技术档案 864 卷,会计档案 1 669 卷。

档案的分类原则是根据黄委、河南黄河河务局颁发的有关档案管理规定划分的,分为永久、长期、短期三类。濮阳第二黄河河务局现有库房面积 72 m^2,案卷排架总长度 127 m,铁皮柜 29 组,声像柜、计算机、打印机、空调、除湿机各 1 台,温湿度观测表 1 个。

(二)档案完整程度

濮阳第二黄河河务局 1980 年以前的档案,由于没有设专职档案管理人员,档案工作没有得到规范性的管理,再加单位几经撤销、合并,造成文件资料归档率较低,有些文件出现有正文无底稿或有底稿无正文等现象,其完整率也是比较低的,自 1980 年以后,由于领导的重视和专职档案管理人员的努力,濮阳第二黄河河务局的档案得到规范化管理,每年的归档率和完整率均在 97%,另外,有从濮阳第二黄河河务局调出人员借阅档案 3 卷,经核查,案卷均已丢失。

（三）档案进馆情况

濮阳第二黄河河务局第一次进馆工作于1991年5月10日开始，于1991年9月12日结束，历时4个月。由于机构几经撤销、合并等历史原因，档案材料遗失较多，为确保第一次进馆资料齐全，濮阳第二黄河河务局派出人员先后到濮阳黄河河务局、濮阳第一黄河河务局进行资料的收集，充分了解金堤档案材料的不足，同时从濮阳第二黄河河务局档案库房调出150卷，从而确保进馆资料齐全完整。

对进馆的档案，濮阳第二黄河河务局严格按照黄委颁发的《治黄文书档案分类及保管期限表》[黄办字(1986)51号文]、《黄河下游治理科学技术档案分类办法》[黄办字(1982)32号文]，并结合黄委颁发的《黄河档案馆关于进馆的档案工作的规定》[黄办字(1988)76号文]进行，经过黄河档案馆的同志亲临指导，统一鉴定、组卷，将具有保存价值的均予整理进馆，共进馆68卷，其中文书档案永久21卷、长期11卷；技术档案永久31卷、长期5卷。

在进馆档案的整理过程中，工作人员对破损、褪色的档案进了修裱与抄写，共抄写文件78份，计35项，修裱加固9份文件。濮阳第二黄河河务局的档案进馆于1991年9月12日经黄委档案馆验收符合进馆标准，并办理了移交手续。

本次进馆档案工作于2010年10月15日开始，于2010年11月30日结束，历时45 d。将档案室16年来所需进馆的文书档案、技术档案、会计档案158卷进行了统一的鉴定，按照2008年《黄河档案馆关于接收档案的规定》、2009年《关于接收档案进馆工作相关事项的通知》及2010年档案进馆培训讲义等有关规定进行科学的整理与分类，重新组卷。整理期间，从库房调出档案85卷，拆卷70卷，重新组卷66卷，其中文书档案25卷、技术档案25卷、会计档案16卷，由于濮阳第二黄河河务局安装使用了飞扬档案管理软件，所以在制作电子档案的同时，直接把扫描的文档与录入系统软件的目录进行了挂接，原文显示，一目了然，使利用工作更方便快捷。共扫描纸质文件85件700余页。

在进馆档案的整理过程中，对破损的档案进行了修裱，共修裱档案材料300余张，对使用不耐久字迹书写的文件及表格进行了复印，共复印1 500张，装订线上有字迹的，为了装订不压字，粘贴了装订边。濮阳第二黄河河务局的进馆档案经黄委、河南黄河河务局、濮阳黄河河务局验收，符合进馆标准。

（四）检索工具编制情况

为方便进馆档案的提供利用，编制了几种检索工具，有案卷目录、案卷文件目录及电子文件目录等。这些检索工具的编制为快速、有效地利用档案提供了方便，尤其是飞扬档案管理软件的使用，查阅档案特别快捷方便，实用价值较高。

（五）档案整理情况

这次进馆档案的整理工作是按照黄委2008年《黄河档案进馆关于接收档案的规定》、2009年《关于接收档案进馆工作相关事项的通知》及2010年档案培训讲义等有关规定进行的。首先是进行统一的鉴定，然后按照进馆的相关规定进行科学的整理。对破损和使用不耐久字迹书写的文件材料进行修裱和复印，通过黄委档案馆的同志和濮阳黄河河务局商美钦同志的指导和检查，确认进馆档案正确无误，然后逐页进行扫描，打印档案封面、案卷目录、交接目录，按照规定采用三孔一线的方法进行装订，经过上级领导的检查验收，确认合格，再进行进馆的验收与移交。

（六）档案主要内容

1. 文书档案

这次进馆的文书档案涉及1972—1985年间的治黄工作总结、干部任免、劳资年报、职工花名册、党员花名册、金堤志、职代会等。

2. 技术档案

进馆技术档案包括1973—1985年间工程管理、防汛工作意见、总结、防汛岁修、基建计划及年报、恢复堤线报告、批复、成果统计、工程养护状况、竣工图等。

3. 会计档案

这次进馆的会计档案主要是1970—1985年的会计决算报表。

4. 声像、电子档案

1967—1985年无声像、电子档案。

5. 实物档案

印章：根据安黄秘字〔1981〕6号，"河南河务局濮阳金堤修防段"改为"濮阳金堤修防段"，自1981年9月25日启用印章，旧章作废。

6. 档案利用情况

在日常的档案管理工作中，濮阳第二黄河河务局坚持"归档的目的是利用"的原则，大力开展档案信息利用工作，切实为治黄和经济发展服务，切实解决了工程管理、土地纠纷等方面的问题。

1997年濮阳第二黄河河务局与濮阳县清河头村因濮阳第二黄河河务局苗圃土地边界问题发生纠纷，双方各执一词，争论不休，当濮阳第二黄河河务局从档案室调出当时购地合同，并按合同中长、宽丈量后，他们才对此事认可，并在确权协议书上签字盖章。

在《濮阳县志》编纂时，地方史志办公室的人员在濮阳第二黄河河务局档案室查阅了大量的资料，顺利完成编纂任务。

为庆祝建党八十周年，县农委要求金堤修防段写一篇反映新中国成立51年来金堤取得的成就，濮阳金堤修防段根据金堤志、金堤堤防卡片技术综合类第2卷和历年的年报表写出了数篇文章，参加了濮阳51年的成就展览，得到了县委、县政府及观展人员的好评。

7. 档案编研成果

在档案编研工作中，其编研成果主要有《机关大事记》《组织沿革》《全宗介绍》《重要会议简介》《历年工作总结》《档案利用典型事例》等。

8. 档案室达标升级情况

1989年1月，经濮阳县档案局验收，濮阳第二黄河河务局档案管理获省标二级档案室。

1991年，经濮阳市档案局验收，获省标一级档案室。

1990年，根据省局豫黄办字〔1989〕11号文通知精神，濮阳第二黄河河务局机关档案室开始达标升级活动。经过对照标准，认真自查补充缺项，于1991年晋升为黄委标准二级。

1992年，进行了档案晋升黄委一级的准备工作，申请后，于1992年11月25日以总分97.3分的成绩通过黄委一级验收。

2000年，濮阳第二黄河河务局根据国家档案局、国家科委、建设部联合颁发的国档〔1991〕16号文、水利部水办〔1992〕17号文以及《水利部科技事业单位管理升级考核记分标准》规定，开始了档案室升省部级标准工作，经过认真对照自查、补充，使档案室条件达到了省部级标准。2000 年 1 月 7 日，濮阳第二黄河河务局以濮金〔2000〕1 号文向濮阳黄河河务局提出申请，要求对濮阳第二黄河河务局档案升级进行验收。2000 年 6 月 10 日，通过了黄委、省市河务局、濮阳市档案局组成的档案升部级联合验收。2000 年 7 月 3 日，水利部以办档〔2000〕153 号文对濮阳第二黄河河务局档案室晋升部级标准进行了批复，证书号 SB91160094。

2003 年，濮阳第二黄河河务局档案室准备晋升国家二级标准，为做好升级工作，濮阳第二黄河河务局成立了档案升级领导小组，由办公室主任专门负责该项工作，通过严格按照国家二级标准，自查、补充完善，建立健全了档案管理网络，制定了系列的档案管理制度，设置了高标准的档案库房，配备了现代化的办公设备与管理设施，通过认真准备和自查，于 2003 年 11 月 7 日以濮金〔2003〕32 号文向上级提出了验收申请。2003 年 12 月 1 日，水利部办公厅、黄委档案馆、省档案局、河南黄河河务局组成的档案验收考评小组，来濮阳第二黄河河务局进行考评验收，濮阳第二黄河河务局档案室以 97 分通过了专家的评审验收。2004 年 3 月 8 日，水利部办公厅以办档〔2004〕29 号文，批准了濮阳第二黄河河务局档案室达到国家二级标准，证书号 SE91160063。

四、资料内容简介

濮阳第二黄河河务局档案室现存主要治黄资料 50 余册，主要有《河道管理与行政执法》《黄河下游河道管理制度汇编》《黄河防汛抢险技术》《河南黄河险工水位资料》《濮阳县志》等。

台前滞洪办公室档案全宗介绍

全宗号:6.11.6

一、概述

台前滞洪办公室(简称台前滞洪办)位于河南省黄河最下游左岸,其前身是台前修防段滞洪股,当时国家根据滞洪区工作的需要,同意安阳地区建立北金堤滞洪处(豫革文〔1979〕52号),该局成立于1979年5月,隶属安阳地区黄河滞洪处管辖,至1998年7月7日,鉴于国家基本停止对北金堤滞洪区防洪基建投资的情况,经濮阳市黄河河务局党组研究并报请省河务局批准,将台前县滞洪办公室划归台前黄河河务局管理,人、财、物由县局统一调剂使用,台前黄河河务局防汛办公室与原滞洪办公室合并,更名为防汛滞洪办公室,并由一名副局长主管,履行防汛、滞洪职责。在职职工53人,其中干部11人,固定工30人,合同制工人11人,女职工10人,离退休人员8人,其中离休人员2人、退休人员6人。

台前县是北金堤滞洪区的最下游,北有金堤,南有临黄堤,是1953年划分的滞洪区。当花园口出现30 000 m^3/s以上特大洪水时,将充分利用该区多蓄洪水,以减轻堤防压力。

二、沿革与简介

(一)名称与时间

台前滞洪办公室的前身为台前修防段滞洪股,始建于1979年5月,隶属安阳地区黄河滞洪处。

1985年9月,安阳地区黄河滞洪处撤销,隶属安阳黄河修防处。

(二)机关住址的变更情况

1979年5月,机关住址在原台前修防段孙口乡代庄村东。

1979年9月,台前滞洪办公室驻台前县城顺河路,至1998年划归到台前黄河河务局。

(三)机关内部机构设置

1979年5月机构建立人员编制14人。

机构设置情况:

1979年9月,内部机构设置有工务股、财务股、行政办公室。

1984年春,根据滞洪通信的需要设立无线电台,全县8乡1镇设6处分台,1处总机台在机关。

1986年,增设多种经营办公室。

1989年6月,根据上级关于加强防汛工作的指示精神,将原来汛期临时组建的防汛办公室列为常设机构。

1997年机构设置有办公室、工务股、财务股、政工股、防汛办公室、经营股、无线电台7个股室，人员编制53人。

（四）主要负责人名录

略。

三、档案情况简介

（一）档案数量统计

台前滞洪办公室档案产生于1979年，共分文书、技术、财会三个类别，至1998年6月，库存总量806卷，其中文书档案233卷（永久39卷、长期83卷、短期111卷），技术档案156卷（永久66卷、长期39卷、短期51卷），会计档案417卷（报表36卷，账簿143卷、凭证238卷）。案卷排架总长度13.2 m。

（二）档案完整程度

1992年G6-56号卷缺少，桥梁1988年缺少一卷（史宪敏借）。

（三）档案进馆情况

本次档案进馆工作于2010年12月开始，把台前滞洪办公室档案20年所需进馆的文书档案、技术档案、会计档案808卷档案进行了统一的鉴定，按照2008年《黄河档案馆关于接收档案的规定》、2009年《关于接收档案进馆工作相关事项的通知》及2010年档案进馆培训讲义等有关规范进行科学的整理与分类，重新组卷。整理期间，从库房调出档案808卷，拆卷212卷，重新组卷155卷。

在进馆档案的整理过程中，首先对会计凭证进行了鉴定，把凭证里面永久、长期保存的协议书等拆除出来，共拆除凭证26卷。对有破损的档案进行了修裱，对没有底稿、使用不耐久字迹书写的文件及表格进行了复印，共复印2 600余张，装订线上有字迹的，粘贴了装订边。

（四）检索工具编制情况

为方便进馆档案的提供利用，台前滞洪办公室编制了几种检索工具，有案卷目录、案卷文件目录等。这些检索工具的编制为快速、有效地利用档案提供了方便。

（五）档案整理情况

此次进馆档案的整理工作是按照黄委2008年《黄河档案馆关于接收档案的规定》、2009年《关于接收档案进馆工作相关事项的通知》及2010年档案进馆培训讲义等有关规范进行操作的。首先是进行统一的鉴定，然后按照进馆的相关规定进行科学的整理。对破损和使用不耐久字迹书写的文件材料进行修裱和复印，通过上级领导的检查，确认进馆档案正确无误，打印档案封面、案卷目录、交接文据，按照规定采用三孔一线的方法进行装订，经过上级领导的检查验收，确认合格，再进行进馆档案的验收与移交。

（六）档案主要内容

1. 文书档案

台前滞洪办公室此次进馆的文书档案涉及1979—1997年间的工会、治黄工作总结、机构更名、启用印章、干部任免、房产契约、劳资年报、清产核资、管理制度等案卷共计39卷。

2. 技术档案

这次进馆的技术档案包括 1979—1998 年的防汛工作总结、防汛岁修及基建计划、年月报、桥梁建设及滞洪迁安方案、总结、合同、协议书及批复等案卷共计 86 卷。

3. 会计档案

这次进馆的会计档案主要是 1979—1998 年的会计决算报表,共计 30 卷。

4. 声像、电子档案

无声像、电子档案。

5. 实物档案

无实物档案。

范县滞洪办公室档案全宗介绍

全宗号:6.11.7

1952年,国家政务院根据黄河分洪需要,批准成立北金堤滞洪区后,范县人民政府成立滞洪科,科长刘永吉。1958年黄河发生大洪水后,1962年前后范县成立滞洪局,局长蒋福臻,副局长兰金坦,办公地点在水利局,业务工作主要开展滞洪避水设施的建设,各乡设滞洪助理员,其中高志宽任杨集乡滞洪助理员,焦孝宽任张庄乡滞洪助理员,郭存明任颜村铺乡滞洪助理员,李方军的父亲任濮城镇滞洪助理员,李玉奇的父亲任龙王庄乡滞洪助理员,刘超任白衣乡滞洪助理员。1966年后几年滞洪局撤销,业务工作由修防段代管,修防段设滞洪股,股长王建远。

1979年,安阳黄河河务部门设立滞洪处,韩洪俭任主任。范县成立滞洪办公室,办公地点在原来的造船厂,范县修防段副段长宋继英任主任,副主任戴建、郭存明,下设财务股、工务股、办公室、工会,造船厂隶属滞洪办公室。1982年宋继英调修防处,戴建任主任,副主任郭凤林、郭存明。1983年郭凤林副主任主持工作,戴建返回到滞洪处,1984年郭凤林任主任。主要业务工作为开展滞洪区避水村台建设,修建滞洪撤退道路,向各村发放救护水泥船只。

1987年,滞洪办公室机关搬迁到范县县城,主任郭凤林,副主任王献孔,郭存明任支部书记。1990年郭凤林调范县黄河河务局任局长,管清太任滞洪办主任,副主任王献孔。1992年管清太调市局,王广峰任滞洪办主任,副主任王献孔。主要业务为修姬楼滞洪桥、孟楼河桥。1994年刘灿更任副主任。1997年王广峰调走,郭玺章任主任,王献孔调机动抢险队,副主任刘灿更。1998年滞洪办公室撤销,人员全部转入范县黄河河务局。

范县滞洪办公室文字档案自1979年开始由办公室负责代管整理(原来档案归地方管理),1979—1986年由刘灿恩具体负责,只是报管了部分档案,1986—1998年由王修法具体负责,专门成立了档案室,购置了橱柜、除湿机、清洁机,档案保管内容涉及人事、文秘、财务、技术四大类,分为短期、长期、永久保管期限。分别记载了滞洪办公室业务工作、人事工作、财务工作的开展和活动情况。

2010年根据上级安排,对原范县滞洪办公室档案进行了全部进馆的整理,共整理案卷149卷。

濮阳县滞洪办公室档案全宗介绍

全宗号:6. 11. 8

一、概述

濮阳县滞洪办公室是由濮阳县人民政府治黄科演变而来的,正式成立于1979年,根据1979年9月1日濮阳县革命委员会濮革字〔1979〕64号文、省革命委员会豫革字〔1979〕52号文批示,省革命委员会同意建立"濮阳滞洪办公室",命名为"河南黄河河务局濮阳滞洪办公室",同时,河南黄河河务局颁发"河南黄河河务局濮阳滞洪办公室"和"濮阳滞洪办公室财务专章"印章各一枚,于1979年8月25日启用。因机构属于黄河系统建制,人员编制和经费均由黄委内部解决。成为黄河部门和地方双重领导,工作以地方为主的事业单位。

滞洪办公室主要职能:

(1)做好濮阳县滞洪区内滞洪工程(撤退桥梁、迁安道路、避水埝台)的建设、维修管理工作。

(2)做好一年一度的滞洪迁安准备工作:①物资准备、发动宣传;②落实各种防汛迁安救护物料及各级组织和避水工程情况。

(3)当花园口站出现2.2万~2.5万 m^3/s 特大洪水时,渠村大闸分洪,濮阳县将执行滞洪迁安方案;一旦花园口站出现2.2万~2.5万 m^3/s 特大洪水,通过滞洪,确保滞洪区人民群众生命财产的安全,使国家少受损失。

濮阳县滞洪办公室办公地址位于濮阳县城南关,解放路南段路西,金堤北脚下,濮阳市黄河修防处大院内。滞洪办内设机构有人秘组、工务组、电台组、财务组。

二、沿革简介

濮阳县滞洪办公室是人民治黄以来,于1953年春建立的濮阳县人民政府治黄科,编制5人,科长王合彦,区设治黄助理员1人。

1954—1956年,治黄科增编制到13人,科长王合彦,副科长杨丙武,海通、五星、户部寨、杜固、王称固5个区设治黄助理员5人。

1957年至1958年冬,濮阳县治黄科缩编到10人,科长孙忠仁,副科长杨丙武。

1958年冬,治黄科撤销,人员外调。

1964年春,恢复治黄组织,设"濮阳县人民委员会滞洪办公室",编制28人,主任王先周,副主任傅清,洪区的海通、渠村、庆祖、子岸、五星、胡状、鲁河、文留、梁庄、王称固、户部寨11个公社,共设助理员11人。

1965—1967年机构无变动。

1968年,濮阳滞洪办公室与水利局合并,后又与金堤段合并。

1969—1978年机构无变动。

1979年5月16日,濮阳滞洪办公室单独工作。

1979年9月1日,根据濮阳县革命委员会濮革〔1979〕64号文件精神,正式成立濮阳滞洪办公室。

1979—1981年,滞洪办公室编制17人,副主任陈国瑞(主持工作)、王相林,滞洪区设4名滞洪助理员。

1982年,陈国瑞调出,副主任王相林(主持工作)、孙富锡。编制14人,滞洪助理员3人。

1982年8月27日,建立了机关党支部,支部由3人组成,王相林任支部书记,孙富锡任组织委员,库保实任宣传委员。

1983年,滞洪办公室副主任王相林(主持工作)、孙富锡,编制16人。4月2日批复基层工会领导小组成立,工会小组组长库保实,委员万秀梅、陈国保。

1984年3月,孙富锡调离,同年电台归人秘股管辖。

1984年4月,滞洪办公室机构编制41人,主任宗银凯,副主任王光曙,工会主席王相林,团支部书记王会英。

1985年,王相林、宗银凯调离。戴建、孙富锡、王光曙、肖星海为濮阳滞洪办公室副主任,戴建主持工作,党支部书记孙富锡,工会小组王相林、库保实、娄源东、韩学强、万秀梅。机构编制48人。

1986年,滞洪办公室副主任戴建、肖星海、孙富锡,编制49人。同年王光曙调离。党支部书记孙富锡,组织委员肖星海。根据濮郊发〔1986〕42号文,戴建任郊区滞洪办公室党组书记,孙富锡、肖星海任党组成员。工会主席肖星海,委员娄源东、季仲修、万秀梅、范同林。

1987年,办公室副主任戴建、肖星海、孙富锡,机构编制49人。党支部书记孙富锡。同年召开职工代表大会,主席团成员肖星海、娄源东、靳玉平、范同林、张小铭。工会主席肖星海,成员娄源东、季仲修、万秀梅、范同林。

1988年,主任戴建,副主任肖星海、孙富锡。同年电台从人秘组分出,成立电台组,组长张保太。

1989—1992年机构无变动。

1993年,肖星海调离,滞洪办公室主任戴建,副主任孙富锡。

1994年,办公室主任戴建,人秘股长库保实、娄广春,工务股长娄源东、靳玉平、申文凯,工会主席孙富锡,党支部书记孙富锡,组织委员库保实,宣传委员靳玉平。全办共46人,退休人员11人。

1995年3月,王同保由市局预制厂调来任副主任,靳玉平调预制厂任副厂长,党支部宣传委员由王同保担任,其他与1994年相同。

1996年,娄源东、仇宗魁二人退休。其他未变。在职职工44人,离退休人员13人。

三、档案情况简介

(一)档案数量统计

濮阳县滞洪办公室档案管理工作始于1979年9月,配备了专职档案员,集中管理文书档案和技术档案。自 1984 年 7 月以来,文书档案、技术档案、会计档案全部实行了集中统一管理。到 1998 年滞洪办公室撤销,向濮阳第一黄河河务局进行了档案移交,于 1998 年 7 月 12 日交接完毕,共移交技术档案 155 卷,其中永久卷 59 卷、长期卷 28 卷、短期卷 68 卷;文书档案 278 卷,其中永久卷 83 卷、长期卷 72 卷、短期卷 123 卷;会计档案 378 卷,其中永久账簿 107 卷、凭证 244 卷、报表 27 卷。缺 8 卷。

(二)档案完整程度

从 1998 年库保实与陈泽永的档案交接情况看,技术档案缺 4 卷,文书档案缺 2 卷,会计档案缺 2 卷,已无从查找。

(三)档案进馆情况

本次档案进馆工作于 2010 年 12 月 6 日开始,于 2011 年 3 月 1 日结束,历时 2 个多月。把濮阳县滞洪办公室 1979—1997 年所需进馆的文书档案、技术档案、会计档案共 811 卷档案重新进行了鉴定,按照 2008 年《黄河档案馆关于接收档案的规定》、2009 年《关于接收档案进馆工作相关事项的通知》及 2010 年档案进馆培训讲义等有关规范进行科学的整理与分类,重新组卷。整理期间,从库房调出档案 811 卷,拆卷 277 卷,重新组卷 266 卷。在进馆档案的整理过程中,对破损的档案进行了修裱,共修裱档案材料 167 张,对使用不耐久字迹书写的文件及表格进行了复印,共复印 1 725 张,装订线上有字迹的,为了装订不压字,粘贴了装订边。濮阳县滞洪办的进馆档案经黄委档案馆验收、河南黄河河务局验收,符合进馆标准。

(四)检索工具编制情况

为方便进馆档案的提供利用,编制了几种检索工具,有案卷目录、案卷文件目录等。这些检索工具的编制为快速、有效地利用档案提供了方便。

(五)档案整理情况

此次进馆档案的整理工作是按照黄委 2008 年《黄河档案馆关于接收档案的规定》、2009 年《关于接收档案进馆工作相关事项的通知》及 2010 年档案进馆培训讲义等有关规范进行操作的。首先是进行统一的鉴定,然后按照进馆的相关规定进行科学的整理。对破损和使用不耐久字迹书写的文件材料进行修裱和复印,通过上级领导的检查,确认进馆档案正确无误,打印档案封面、案卷目录、交接文据,按照规定采用三孔一线的方法进行装订,经过上级领导的检查验收,确认合格,再进行进馆档案的验收与移交。

(六)档案主要内容

1. 文书档案

此次进馆的文书档案涉及 1979—1997 年间的治黄工作总结、机关制度、机构设置、党员统计年报、干部任免、劳资年报、职工花名册、启用印章、工人及干部介绍信等案卷共计 85 卷。

2. 技术档案

这次进馆的技术档案包括 1979—1997 年的滞洪、防汛工作总结、滞洪简报、迁移安置合同、迁安救护意见、防汛岁修及基建计划的批复、基建岁修年报、滞洪迁安公路、桥梁设计、施工承包协议、施工大事记、总结、竣工图等案卷共计 166 卷。

3. 会计档案

这次进馆的会计档案主要是 1979—1997 年的会计决算报表,共计 15 卷。

4. 声像、电子档案

本次进馆无声像、电子档案。

5. 实物档案

(1)奖项:1979—1997 年未获得省部级及其以上奖项,此次进馆无实物档案。

(2)印章:根据省革委予革文〔1979〕52 号文批示:省革命委员会建立“濮阳滞洪办公室”。省黄河河务局颁发“河南黄河河务局濮阳滞洪办公室”“濮阳滞洪办公室财务专章”印章各一枚,于 1979 年 8 月 25 日启用。

(七)档案编研成果

档案编研成果主要有《全宗介绍》、《机关大事记》、机构沿革和重要会议简介等。

(八)档案室达标升级情况

1990 年,濮阳县滞洪办公室在认真学习《机关档案工作定级、升级试行办法》的基础上,针对等级标准考评内容,经过对照标准,认真自查,补充缺项,达到了省标一级档案室的标准要求,1991 年 1 月 26 日,通过了濮阳市档案局考评小组的验收,颁发了省颁标准县一级档案管理合格证,证书号:濮档证〔1990〕3 号。

山东黄河河务局档案全宗介绍

全宗号:7

一、概述

自2010年8月中旬以来,按照黄委《黄河档案馆关于接收档案的规定》要求,山东黄河河务局档案进馆工作全面展开。鉴于1967—1985年档案数量大,需鉴定永久、长期保存的案卷3 976卷,历史跨度时间长,鉴定任务重,标准要求高。为了搞好此次档案进馆工作,山东黄河河务局及时成立了以分管主任为组长的进馆档案鉴定领导小组,购买了整档用品。由档案科李科长带领,抽调菏泽黄河河务局李艳菊、牡丹黄河河务局王翠红、东平湖管理局张越、滨洲黄河河务局李慧、德州黄河河务局李玉、山东黄河勘测设计研究院李莹慧等人员集中开展工作,明确目标任务,严格把握档案的鉴定、重新登记、装订、编号、录入等程序,经鉴定进馆档案285卷,并编写了各种目录和卷皮,于2010年底按时、按要求完成了档案进馆鉴定整理工作任务,并于2011年3月21日,向黄河档案馆顺利移交了1967—1985年文书档案、科技档案、会计档案,共计285卷,圆满完成了立档单位到期应进馆档案的工作任务。

这次档案移交进馆,准备工作充分,整理认真细致,移交档案内容丰富,基本反映了该局这一时期工作的全貌,为黄河档案馆丰富馆藏做出了应有的贡献。

1967—1985年,山东黄河河务局是属于国家黄河治理、管理的事业单位。担负着山东地段的黄河治理、管理、防汛保安全等工作,实行以黄河水利委员会为主和山东省委、省政府的双重领导。其主要职能是,在各级党委、政府的领导下,搞好水资源、河道、水利工程管理和做好防洪、防凌工作,修建各项防洪工程,在确保黄河安全的前提下,研究黄河经济发展战略,对黄河滩区、湖区、蓄滞洪区和黄河三角洲的开发治理规划,并组织实施,利用资源优势,开展综合经营,发展黄河产业经济,充分利用黄河水沙资源,发展引黄灌溉。

山东黄河河务局所辖黄河自河南省兰考县入山东省境内,流经菏泽、济宁、聊城、泰安、德州、济南、淄博、滨洲、东营9市(地),25个县(市、区),河道长628 km,流域面积1.83万km^2。现有各类堤防长度1 472.3 km,其中设防大堤1 189.2 km,不设防大堤283.1 km;临黄堤803.19 km,河口的防洪堤27.8 km、北大堤44.59 km,大清河堤37.69 km,蓄滞洪区堤防272.93 km。山东黄河河务局共有险工121处,3 983段坝岸,工程长250.02 km。其中,黄河干堤险工104处,3 872段坝岸,工程长224.62 km;大清河险工4处,28段坝岸,工程长2.77 km;北金堤险工13处,83段坝岸,工程长22.63 km。共有控导(护滩)工程125处,2 026段坝岸,工程长178.56 km;大清河控导工程4处,6段坝岸,工程长1.56 km。山东黄河河务局共有独立的科级以上单位64个,其中包括8个市河务局(管理局),30个县(区)局,14个局直单位及独立的科级闸所等。机关现有人数181人,其中各类专业技术人员103

人:高级工程师4人、中级工程师16人、其他技术人员83人。

二、组织机构沿革

1967年2月16日,“黄河水利委员会山东黄河河务局革命委员会”组成,行使原黄河水利委员会山东黄河河务局的一切权力。1968年2月,“黄河水利委员会山东河务局临时生产指挥部”建立,负责办理河务局的修防业务工作。同年9月,经山东省革命委员会批准,成立山东河务局革命委员会,更名为黄河水利委员会山东河务局革命委员会,受山东省革命委员会生产指挥部和黄委革命委员会双重领导。局属机关下设政治部、生产指挥部、办公室。部室下设组。1972年8月,遵照国务院“山东和河南两河务局,下放山东和河南两省,实行以地方为主双重领导”,黄委山东河务局革命委员会更名为山东省革命委员会黄河河务局,受山东省革命委员会生产指挥部和黄委双重领导,以地方领导为主。机关机构设置:办事组、工务组、财供组、政工组。1975年12月,根据中共山东省委组织部关于机构调整的意见,河务局机关原设办事组、工务组、财供组、政工组,分别改为办公室、政治处、工务处、财务器材处。1978年1月,为了利于统一防汛指挥,发展治黄事业,水利电力部征得山东、河南两省同意,经国务院批准,山东、河南两省河务局及所属修防处、段改属黄河水利委员会建制实行以黄委为主的双重领导。业务领导、干部调配等由黄委负责;党的关系、政治运动仍由地方党委负责。山东省革命委员会黄河河务局更名为黄河水利委员会山东河务局。根据工作需要,局机关设立科技处。同年8月,将局原设的财务器材处设为财务处和器材供应处。1979年局机关增设机关党委。1980年根据上级指示,建立“中共水利部黄委会山东河务局党组纪律检查组”。经黄委批准,原政治处改为人事处,器材供应处改为物资处,科技处改为科教处。1983年,根据机构改革精神,局机关设置有办公室、政治处、工务处、工程管理处、科技办公室、财务物资处。黄河水利工会山东区工会和机关党委、纪律检查组的建制不变。局机关人员编制200人。1985年,局机关增设总工室。

三、全宗档案内容

(1)文书档案:山东黄河河务局治黄工作总结,局务、防汛、办公会议记录,机构设置,干部职称和职务任免请示、批复,事故处理、违纪职工处分、干部历史问题复查意见批复,党员干部统计报表、干部职工及老干部统计报表、专业技术干部统计报表、劳动工资统计报表、各类物资统计年报等材料。1972年同意闲散土地拨交、房屋移交的请示、批复及清单。1983年团组织情况、干部情况统计年报及团员登记表。

(2)科技档案:历年防汛、防凌工作总结,工程管理工作总结,汛期前后河势查勘报告及河势图,工程检查报告,险工坝岸加高改建,引黄灌溉情况报告,锥探压力灌浆工作总结;河道统一性测验整理成果报告及成果图。1967年田山引黄排灌工程请示批复,转报郓城苏阁闸扩大初步设计;1968年报送东明县换新天引黄闸验收报告;1969年十八户引黄闸竣工报告及竣工图;1972年济南北店子引黄闸及扬水站土建工程验收鉴定书和北店子引黄闸工程土建部分工程、鄄城旧城引黄闸充水试验计划、河展宽新堤大吴水闸技施设计、齐河展宽新堤大吴水闸技施设计、东银铁路总体设计、机构住址验收报告批复、竣工总结及竣工图。1978年黄河八年治理规划;1982年编报“六五”黄河治理规划、基建计划报告;1985年黄河下游防洪基建工程十年(1974—1983)规划竣工初验报告总结。

(3)会计档案:历年财务会计决算报表。

四、全宗档案情况

这次进馆档案共计 285 卷。其中:文书档案 171 卷、科技档案 95 卷、会计档案 19 卷。这部分档案已于 2011 年 3 月 21 日与黄河档案馆办理了移交手续,并存入黄河档案馆。

通过这次档案进馆工作,我们进一步认识到档案自身价值的重要性,更为重要的是这部分档案进馆后保管条件得到改善,不仅延长了档案的保存寿命,也能更好地为治黄工作服务。

菏泽黄河河务局档案全宗介绍

全宗号:7.1

自2009年8月中旬以来,按照黄委《黄河档案馆关于接收档案的规定》要求,菏泽黄河河务局档案进馆工作全面展开。鉴于1967—1985年档案数量大,需鉴定永久、长期保存的案卷1 231卷,历史跨度时间长,鉴定任务重,标准要求高。为了搞好此次档案进馆工作,菏泽黄河河务局及时成立了以分管局长为组长,人劳、工务、防汛办公室专业人员为成员的进馆档案鉴定领导小组,购买了整档用品。抽调工作人员集中开展工作,明确目标任务,严格把握档案的鉴定、重新登记、装订、编号、录入等程序,经鉴定进馆档案145卷,并编写了各种目录和卷皮,于2009年底按时、按要求完成了档案进馆鉴定整理工作任务,并于2010年3月5日,菏泽黄河河务局向黄河档案馆顺利移交了1967—1985年文书档案、科技档案,共计145卷,圆满完成了立档单位到期应进馆档案的工作任务。

这次档案移交进馆,准备工作充分,整理认真细致,移交档案内容丰富,基本反映了该局这一时期工作的全貌,为黄河档案馆丰富馆藏做出了应有的贡献。

1967—1985年,菏泽修防处属于国家黄河治理、管理的事业单位。担负着菏泽地段的黄河治理、管理、防汛保安全等工作,治黄业务归山东黄河河务局直接领导,党务工作归中共菏泽地委领导。其主要职能是:在各级党委、政府的领导下,组织和发动群众做好防凌、防洪工作,修建各项防洪工程,搞好水资源、河道、水利工程管理,在确保黄河安全的前提下,充分利用黄河水沙资源,发展引黄灌溉和综合经营。菏泽修防处所辖上迄东明闫潭,下止郓城县伟庄,河道总长185 km,堤防工程256.092 km,险工12处,控导工程17处,涵闸9处,虹吸3处。全处共有职工1 469人。其中:处级干部13人,科级干部43人,中级技术职称9人,初级技术职称11人,技术员22人。

一、组织机构沿革

1967年,原有组织机构瘫痪;1970年3月,经菏泽市革命委员会批准建立菏泽黄河修防处革命委员会,任命苑存修为菏泽黄河修防处革命委员会副主任。1971年7月任命刘连铭为菏泽黄河修防处革命委员会副主任;1975年11月,任命刘连铭为菏泽修防处主任。曾先后增设生产管理科、引黄科、基本建设科、科教科、汽车队、综合经营办公室等职能部门,在组织不断调整时先后撤销。1983年,修防处机关定编的职能部门有:办公室、政工科、工务科、工程管理科、财务器材科,另设"中共山东黄河河务局菏泽修防处纪律检查组""山东黄河区工会菏泽修防处工作委员会"。1983年9月,任命孟青云为菏泽修防处主任。

二、全宗档案内容

(1)文书档案:菏泽黄河河务局治黄工作总结、会议记录、机构设置、干部任免、事故处理、违纪职工处分、干部历史问题复查意见、党员名册、干部职工统计报表、专业技术干部统计报表、劳动工资统计报表等材料。

(2)科技档案:历年防汛、防凌、抗旱工作总结,工程管理工作总结,引黄灌溉情况报告,锥探压力灌浆工作总结,1974—1976年春季黄河复堤工程总结。

临黄大堤历史决口情况及堵复概况表,基本建设计划,基本建设、防汛岁修统计年报,“四五”黄河防洪工程规划,1978—1985年科技发展规划,黄河滩区建设规划,工程管理综合经营发展规划,1974—1983年黄河治理规划执行情况总结,1980—1985年险工、控导(护滩)工程统计表。

历年汛期前后河势工情勘察报告,汛前汛后河势图,凌情记录、冰封河道图,1982年8月2日花园口站洪峰流量15 300 m^3/s洪水过境技术总结,1982年水面线、大堤、河道坐标图。

1967年苏阁引黄涵闸竣工图,1971年闫潭引黄放淤闸竣工报验总结,1972年郝寨引黄闸工程竣工验收报告,1972年旧城引黄闸工程竣工总结及竣工图,1977年陈垓引黄闸改建工程施工技术总结及竣工图,1979年苏泗庄引黄闸竣工总结及竣工图,1979年刘庄引黄闸竣工图,1982年东明闫谭引黄放淤闸竣工鉴定书、施工技术总结、竣工图,1983年郓城县苏阁引黄闸基建竣工决算报告、竣工图。

(3)会计档案:历年财务会计决算报表。

三、全宗档案情况

这次进馆档案共计145卷。其中:文书档案59卷、科技档案67卷、会计档案19卷。这部分档案已于2010年3月5日与黄河档案馆办理了移交手续,并存入黄河档案馆。

通过这次档案进馆工作,我们进一步认识到档案自身价值的重要性,更为重要的是这部分档案进馆后保管条件得到改善,不仅延长了档案的保存寿命,也能更好地为治黄工作服务。

东明黄河河务局档案全宗介绍

全宗号:7.1.1

自2009年8月中旬以来,按照黄委《黄河档案馆关于接收档案的规定》要求,东明黄河河务局档案进馆工作全面展开。鉴于1967—1985年档案数量大,需鉴定永久、长期保存的案卷多,历史跨度时间长,鉴定任务重,标准要求高,东明黄河河务局局及时成立了以分管局长为组长,办公室、人劳、工管、财务、防汛办公室等专业人员为成员的进馆档案鉴定领导小组。抽调工作人员集中开展工作,明确目标任务,严格把握档案的鉴定、重新登记、装订、编号、录入等程序,经鉴定进馆档案130卷,并编写了各种目录和卷皮,于2011年2月底按时、按要求完成了档案进馆鉴定整理工作任务。

这次档案移交进馆,准备工作充分,整理认真细致,移交档案内容丰富,基本反映了东明黄河河务局这一时期工作的全貌,为黄河档案馆丰富馆藏做出了应有的贡献。

1967—1985年,东明修防段属于国家黄河治理、管理的事业单位。担负着东明县地段的黄河治理、管理、防汛保安全等工作,治黄业务归菏泽修防处直接领导,党务工作归中共东明县委领导。主要职能是:在各级党委、政府的领导下,组织和发动群众做好防凌、防洪工作,修建各项防洪工程,搞好水资源、河道、水利工程管理,在确保黄河安全前提下,充分利用黄河水沙资源,发展引黄灌溉和综合经营。东明修防段所辖上迄东明闫潭,下止东明高村,河道总长76 km,堤防工程63.431 km,险工6处,控导工程8处,涵闸2处,虹吸1处。全段共有职工367人。其中:专职管理人员46人,大专和职工大专毕业人员3人,中专毕业人员6人,技校毕业人员2人,初级技术职称2人,技术员32人。

一、组织机构沿革

1968年革命委员会成立,王敬五任主任,行使原修防段的一切权利。1970年石延才任主任。1971年,设政工组,王士俭任组长,秘书股改为办事组,财务股改为后勤组,工务股改为生产组。1975年,刘光普任段长,政工组改为政工股,办事组改为秘书股,后勤组改为财务股,生产组改为工务股,工程队不变。1977年1月设立引黄股。1980年1月,建立闫潭、樊庄、霍寨、冷寨分段。1981年12月24日,将秘书股改为办公室,政工股改为人事股,引黄股改为基本建设股,工务股、财务股不变,恢复东明修防段段工会委员会。1982年2月13日,山东省编制委员会、公安厅批复同意设立东明县公安局黄河修防段派出所。1983年12月,根据机构改革精神和治黄任务的需要,修防段机关设秘书股、政工股、工务股、工程管理股、财务器材股,撤销人事股和基建股。原工会、派出所,原闫潭、樊庄、霍寨、冷寨分段不变。

二、全宗档案内容

(1)文书档案:东明黄河河务局治黄工作总结、机构设置、干部任免、事故处理、党员名册、干部职工统计报表、专业技术干部统计报表、劳动工资统计报表等材料。

(2)科技档案:历年防汛、防凌、抗旱工作总结,工程管理工作总结,1973年压力机淤总结,1974年、1976年春季黄河复堤工程总结。基本建设、防汛岁修统计年报。历年汛期前后河势工情勘察报告,汛前、汛后河势图,凌情记录、冰封河道图,历年水情记录。

(3)会计档案:历年财务会计决算报表,沿黄各公社村队购地凭证。

三、全宗档案情况

这次进馆档案共计130卷。其中:文书档案54卷、科技档案50卷、会计档案26卷。这部分档案已于2011年3月20日与黄河档案馆办理了移交手续,并存入黄河档案馆。

通过这次档案进馆工作,我们进一步认识到档案自身价值的重要性,更为重要的是这部分档案进馆后保管条件得到改善,不仅延长了档案的保存寿命,也能更好地为治黄工作服务。

牡丹黄河河务局档案全宗介绍

全宗号:7.1.2

自2010年10月中旬以来,按照黄委《黄河档案馆关于接收档案的规定》要求,牡丹黄河河务局档案进馆工作全面展开。鉴于1967—1985年档案数量大,需鉴定案卷1 419卷,历史跨度时间长,鉴定任务重,标准要求高。为了搞好此次档案进馆工作,牡丹黄河河务局及时成立了以分管办公室领导为组长,人劳、工务、财务专业人员为成员的进馆档案鉴定领导小组,购买了整档用品。抽调工作人员集中开展工作,明确目标任务,严格把握档案的鉴定、重新登记、装订、编号、录入等程序,经鉴定进馆档案153卷,并编写了各种目录和卷皮,于2010年11月初按要求完成了档案进馆鉴定整理工作任务,并于2011年3月20日,向黄河档案馆顺利移交了1967—1985年文书档案、科技档案、会计档案,共计153卷,圆满完成了立档单位到期应进馆档案的工作任务。

这次档案移交进馆,准备工作充分,整理认真细致,移交档案内容丰富,基本反映了该局这一时期工作的全貌,为黄河档案馆丰富馆藏做出了应有的贡献。

1967—1985年,菏泽修防段属于国家黄河治理、管理的事业单位。担负着菏泽地段的黄河治理、管理、防汛保安全等工作,治黄业务归山东河务局菏泽修防处直接领导,党务工作归中共菏泽市委领导。其主要职能是:在各级党委、政府的领导下,组织和发动群众做好防凌、防洪工作,修建各项防洪工程,搞好水资源、河道、水利工程管理,在确保黄河安全的前提下,充分利用黄河水沙资源,发展引黄灌溉和综合经营。菏泽修防段所辖上接东明县黄河河务局,下连鄄城县黄河河务局,所辖黄河堤防长14.893 km,起止桩号217+968~232+861。险工2处:刘庄险工和贾庄险工;坝岸92(道)段,工程长度8.41 km。控导工程1处:张闫楼控导,坝32道,工程长度2.52 km。引黄涵闸1座:刘庄引黄闸,位于黄堤桩号221+080,设计流量为80 m^3/s。1985年全段共有职工154人。其中:专业技术人员19人。

一、组织机构沿革

1967年,原有组织机构瘫痪,1968年汛期,菏泽黄河段与农、林、水局合并为水电管理站,驻菏泽东关原拖拉机站院内,菏泽修防段改为黄河办公室。1969年10月与其分开,建立了菏泽黄河修防段革命委员会。1985年3月26日,中共菏泽黄河修防段党组成立。1971年增设政宣组(股)。1977年增设引黄股,后改基建股。1984年基建股撤销,增设工务股、工管股。1979年新建刘庄闸后,由菏泽修防段管理,并设闸管所。1982年增设派出所。到1984年菏泽修防段定编职能部门有秘书股、工务股、工管股、财务器材股、政工股、工会、工程队、闸管所、派出所。

二、全宗档案内容

(1)文书档案:牡丹黄河河务局治黄、工会工作、职工教育、民主管理、安全生产等工作总结、离退休人员批复、退休职工子女顶替批复、会议记录、机构设置、干部任免、党员名册、干部职工统计报表、专业技术干部统计报表、劳动工资统计报表、离退休干部名册、基层工会组织统计表等材料。

(2)科技档案:历年防汛、防凌工作总结,1970年、1972年、1973年、1975年、1977年堤防管理工作总结报告,1971—1973年、1980年、1981年大堤锥探压力灌浆,1967年修建扬水站工程工作总结、引黄灌区沉沙池施工总结,1973—1978年春修施工工作总结,1973年刘庄闸进行工程大检查总结报告、刘庄引黄闸关于用环氧砂浆粘贴橡皮止水和涂环氧漆防锈施工技术总结,1973年汛前加固处理-止渗、补强、施工总结,1970年汛期抢险总结,1971年引黄、淤灌、稻改工作总结。

基本建设计划,基本建设、防汛岁修统计年报,防汛物资统计表,历年险工、控导(护滩)工程统计表。

历年汛期前后河势工情勘察报告,汛前、汛中、汛后河势图,1975年战胜两次较大洪峰的工作总结、战胜三次较大洪峰的工作总结,1976年黄河防汛抗洪斗争总结,战胜1982年黄河第二次洪峰的工作总结,1984年防御黄河各类洪水的作战方案。

历年刘庄站水位流量逐日记录、水位月报表,摸水原始记录及摸水图,菏泽段公里桩、大堤纵断高程表,辅道房台、险工控导工程纵断面测量原始记录,险工、控导工程整险、防汛、工程原始记录,大堤横断测量记录,刘庄、贾庄险工、兰口护滩工程原始记录等。

(3)会计档案:历年财务会计决算报表,1974—1985年基建赔偿报核单及原始记录。

三、全宗档案情况

这次进馆档案共计153卷。其中:文书档案22卷、科技档案77卷、会计档案54卷。这部分档案于2011年3月20日与黄河档案馆办理移交手续,并存入黄河档案馆。

通过这次档案进馆工作,我们进一步认识到档案自身价值的重要性,更为重要的是这部分档案进馆后保管条件得到改善,不仅延长了档案的保存寿命,也能更好地为治黄工作服务。

鄄城黄河河务局档案全宗介绍

全宗号:7.1.3

自2010年10月中旬以来,按照黄委《黄河档案馆关于接收档案的规定》要求,鄄城黄河河务局档案进馆工作全面展开。鉴于1967—1985年档案数量大,需鉴定永久、长期保存的案卷281卷,历史跨度时间长,鉴定任务重,标准要求高。为了搞好此次档案进馆工作,鄄城黄河河务局成立了以分管局长为组长,人劳科、工务科、财务科专业人员为成员的进馆档案鉴定小组,购买了整档用品。抽调工作人员集中开展工作,明确目标任务,严格把握档案的鉴定、重新登记、装订、编号、录入等程序,经鉴定进馆档案147卷,并编写了各种目录和卷皮,于2010年底按时、按要求完成了档案进馆鉴定整理工作任务,并于2011年3月20日,向黄河档案馆顺利移交了1967—1985年文书档案44卷、科技档案76卷、会计档案27卷,共计147卷,圆满完成了立档单位到期应进馆档案的工作任务。

这次档案移交进馆,准备工作充分,整理认真细致,移交档案内容丰富,基本反映了该局这一时期工作的全貌,为黄河档案馆丰富馆藏,做出了应有的贡献。

1967—1985年,鄄城县修防段隶属菏泽修防处,是菏泽修防处在鄄城县黄河治理派驻机构,受菏泽修防处和鄄城县委、县政府的双重领导,是鄄城县委、县政府治理和开发黄河的主要职能部门,是黄河治理和防汛的主要参谋和助手,是黄河防汛的主力军,属于国家黄河治理的事业单位。主要职责和任务是:正确贯彻执行党和国家有关治黄的政策、法令、法规、制度等,具体负责编制鄄城县黄河治理规划、工程计划、组织工程施工与管理,依法查处水事违法案件,负责防洪工程建设及防汛常备物资的供应,黄河专用通信建设及维护,负责编制黄河防汛、防凌方案及防汛队伍的组织工作,兴建和改建引黄工程设施,利用黄河水沙资源,服务于沿黄工农业生产,利用水土资源和设备优势,发展黄河产业经济,并完成上级交办的其他事项。鄄城县修防段管辖黄河大堤52.138 km,金堤35.88 km,险工工程3处,控导工程6处,防滚河工程1处,虹吸1处,共有各类坝岸174道,涵闸2座,灌溉面积110万亩。全段职工358人。

一、组织机构沿革

1968年5月,成立鄄城县修防段革命委员会,张光明任革命委员会主任。下设政工股、办公室和生产办公室。1970年7月,宋林任革命委员会主任。1971年6月,刘广煊任革命委员会主任。1974年,革命委员会下设有政工股、办事股、工务股、财务股。1975年7月,荣恩和任段长。1977年1月,设立引黄股。1977年10月,革命委员会组织取消,恢复鄄城县黄河修防段。1978年8月18日,启用鄄城县黄河修防段印章。1979年7月,刘俊堂任段长。1980年3月19日,鄄城黄河修防段新印章启用。1980年3月29日,经山东省河务局批准,下设临濮、董口、旧城、左营四个分段。1982 年 2 月 13 日,山东省编委、公安厅批复设立鄄城县公安局黄河修防段派出所。1983 年,史玉田任段长。1983 年 12 月 17 日,下设机构为:秘书股、政工股、工务股、工程管理股、财务股,撤销人事股、基建股,下设临濮、董口、旧城、左营四个分段不变,工会委员会、派出所不变。

二、全宗档案内容

(1)文书档案:鄄城黄河河务局治黄工作总结、机构设置、干部任免、离退休人员请示批复、工资测算摸底表、调资升级总结、招工总结、党员名册、干部职工统计报表、专业技术干部统计报表、劳动工资统计报表等材料。

(2)科技档案:历年水文、水情、涵闸放水记录、报表、基本建设、防汛岁修统计年报,黄河防汛、防凌、抗旱工作总结,工程管理工作总结,引黄工作总结,锥探压力灌浆工作总结,护堤工作总结,清产核资总结,政治、治安总结,淤背淤改工作总结,吸泥船机淤固堤总结报告,1970 年"四五"黄河防洪工程规划,1972 年旧城引黄涵闸工程竣工总结报告,1973 年春季铁路路基施工总结、水利工程大检查总结,1974—1976 年春季黄河复堤工程总结,1976 年苏泗庄涵闸改建施工会议总结报告,1979 年压管坝试验竣工总结,1982 年抗洪总结,1983 年编纂《黄河志》工作总结, 1985 年黄河十年(1974—1983 年)规划工程竣工验收总结报告。1972 年险工摸水记录及摸水图。堤防、险工、控导、东银铁路购地契约、原始记录。

(3)会计档案:历年财务会计决算报表和黄河工程建设征购土地赔偿报核单、凭证。

三、全宗档案情况

这次进馆档案共计 147 卷。其中:文书档案 44 卷、科技档案 76 卷、会计档案 27 卷。这部分档案已于 2010 年 3 月 20 日与黄河档案馆办理了移交手续,并存入黄河档案馆。

通过这次档案进馆工作,我们进一步认识到档案自身价值的重要性,更为重要的是这部分档案进馆后保管条件得到改善,不仅延长了档案的保存寿命,也能更好地为治黄工作服务。

郓城黄河河务局档案全宗介绍

全宗号:7.1.4

自2010年9月以来,按照黄委《黄河档案馆关于接收档案的规定》要求,郓城黄河河务局档案进馆工作全面展开。鉴于1967—1985年档案数量大,需鉴定永久、长期保存的案卷798卷,历史跨度时间长,鉴定任务重,标准要求高。为了搞好此次档案进馆工作,郓城黄河河务局及时成立了以分管局长为组长,办公室、人劳、工管、防汛办公室专业人员为成员的进馆档案鉴定领导小组,购买了整档用品。抽调工作人员集中开展工作,明确目标任务,严格把握档案的鉴定、重新登记、装订、编号、录入等程序,经鉴定进馆档案107卷,并编写了各种目录和卷皮,于2010年底按时、按要求完成了档案进馆鉴定整理工作任务,并于2011年3月20日向黄河档案馆顺利移交了1967—1985年文书档案、科技档案、会计档案,共计107卷,圆满完成了立档单位到期应进馆档案的工作任务。

这次档案移交进馆,准备工作充分,整理认真细致,移交档案内容丰富,基本反映了该局这一时期工作的面貌,为黄河档案馆丰富馆藏做出了应有的贡献。

1967—1985年,郓城黄河修防段是黄河治理、管理的事业单位,担负着郓城县地段的黄河治理、管理、防汛保安全等工作,治黄业务归菏泽修防处直接领导,党务工作归中共郓城县委领导。其主要职能是:在各级党委、政府的领导下,组织和发动群众做好防凌、防洪工作,修建各项防洪工程,搞好水资源、河道、水利工程管理,在确保黄河安全的前提下,充分利用黄河水沙资源,发展引黄灌溉和综合经营。郓城黄河修防段所辖河段上迄张集门庄,下止黄集仲潭,河道总长34 km,黄河堤防工程28.075 km,金堤堤防工程35 km,险工3处,涵闸1处,虹吸3处。全段共有职工246人,其中科级干部4人,股级干部16人,初级技术职称1人,技术员6人。

一、组织机构沿革

1967年,原有组织机构瘫痪。1971年增设政工股,1979年增设引黄股,职工94人,到1980年职工增加到280人。1983年设立多种经营办公室、苏阁闸管所、公安派出所、工管股、郓城黄河修防段工会委员会,1985年成立苏阁、杨集、伟庄三个河务段。1983年,任命张清才为郓城修防段段长。

二、全宗档案内容

(1)文书档案:郓城黄河河务局治黄工作总结、干部任免、党员名册、干部职工统计表、专业技术干部统计表、劳资工资统计报表等材料。

(2)科技档案:历年防汛、防凌、抗旱工作总结,工程管理工作总结,锥探压力灌浆工作总结。

临黄大堤历史决口情况及堵复概况表,基本建设计划,基本建设、防汛岁修统计年报,"四五"黄河防洪工程规划,1978—1985 年科技发展规划,黄河滩区建设规划,工程管理综合经营发展规划。

历年汛期前后河势工作勘察报告,汛前、汛后河势图,凌情记录,1982 年 8 月 2 日黄圆口站洪峰流量 15 300 m^3/s 洪水过境技术总结。

(3)会计档案:历年财务会计决算报表,基建购地赔偿报核单、合同书。

三、全宗档案情况

这次进馆档案共计 107 卷。其中:文书档案 35 卷、科技档案 50 卷、会计档案 22 卷。这部分档案已于 2011 年 3 月 20 日与黄河档案馆办理移交手续,并存入黄河档案馆。

通过这次档案进馆工作,我们进一步认识到档案的自身价值的重要性,更为重要的是这部分档案进馆后保管条件得到改善,不仅延长了档案的保存寿命,也能更好地为治黄工作服务。

聊城黄河河务局档案全宗介绍

全宗号:7.2

一、1967—1985年的单位组织沿革

1967—1985年,单位名称为“聊城黄河修防处”,归属山东黄河河务局,是水利部黄河水利委员会驻聊城派出机构,行使国家授权其在聊城市黄河流域内水行政管理职能,属国家事业管理单位。

(一)机构设置变化情况

1967—1970年,聊城黄河修防处设有秘书科、工务科、财务科、生产管理科。

1972年,增设政工组。

1978年,增设引黄科。

1980年,增设工会,原政工科改为人事科,秘书科改为办公室,生产管理科改为基建科。

1981年,增设科技科、纪检组。

1983年,撤销基建科。

(二)单位人事变动情况

1967—1970年,聊城黄河修防处副主任邱有宽、徐复东。

1971—1972年,聊城黄河修防处副主任邱有宽、苑存修。

1973—1974年,聊城黄河修防处副主任邱有宽、苑存修、刁志廉。

1975年,聊城黄河修防处副主任邱有宽、刁志廉。

1976—1978年,聊城黄河修防处副主任邱有宽、刁志廉、唐茂达。

1979年,聊城黄河修防处主任邱有宽,副主任刁志廉。

1980年,聊城黄河修防处主任邱有宽,副主任刁志廉、王德威。

1981年,聊城黄河修防处副主任王德威(主持全面工作)、刁志廉。

1982年,聊城黄河修防处副主任王德威、刁志廉、司继颜。

1983—1985年,聊城黄河修防处主任司继颜,副主任王德威、乔新智。

二、本次进馆档案的数量

本次进馆档案的数量共计103卷,其中文书档案103卷。

三、本次进馆档案的主要内容

文书档案主要包括:聊城黄河河务局年度治黄工作意见、总结;启用、停止使用印章;档案管理;年度劳动工资、干部统计报表;职工登记表;专业技术人员登记表;国家机关干部、各

类专业干部统计报表；职工升级方案审批表、花名册；机构设置；干部任免；离（退）休、离职休养批复、报告；公布和聘任专业技术职务；职工处分报告、批复、奖惩统计表；党员登记、统计报表、花名册；防汛意见、总结；汛前、汛末河势查勘报告；基建、岁修统计年报；堤防管理总结；防汛防守方案、总结；黄河春修施工总结；位山引黄闸改建工程工作总结、竣工验收鉴定书；决算报表。

莘县黄河河务局档案全宗介绍

全宗号:7.2.1

一、1967—1985年的单位组织沿革

1967—1985年,单位名称为“莘县黄河修防段”,隶属聊城黄河修防处,是水利部黄河水利委员会驻莘县派出机构,行使国家授权其在聊城市莘县黄河流域内水行政管理职能,管护莘县北金堤(起止桩号:39+936~73+604),全长33 668 m,属国家事业管理单位。

(一)机构设置变化情况

1967—1979年,莘县黄河修防段设有秘书股、工务股、财务股。

1970年,增设政工组。原秘书股改为行政组,工务股改为生产组,财务股改为后勤组。

1973年,原行政组改为办事组,生产组改为工务组,后勤组改为财务组。

1977年,原政工组改为政工股,办事组改为秘书股,工务组改为工务股,财务组改为财务股。

1985年,成立了黄河派出所。

(二)单位人事变动情况

1967—1969年,莘县黄河修防段段长陈圣学。

1970—1971年,莘县黄河修防段段长陈圣学,副段长王立山。

1972—1973年,莘县黄河修防段段长刘锡铎,副段长王立山。

1974—1975年,莘县黄河修防段段长刘锡铎,副段长刘鲁华。

1976—1980年,莘县黄河修防段段长成显敏,副段长刘鲁华。

1981—1982年,莘县黄河修防段段长成显敏,副段长乔新智。

1983—1985年,莘县黄河修防段段长成显敏,副段长弓家惠。

二、本次进馆档案的数量

此次进馆档案共计65卷。其中:文书档案17卷、科技档案27卷及会计档案21卷。

三、本次进馆档案的主要内容

进馆档案主要包括文书、科技、会计三类,其内容主要有:莘县黄河河务局年度治黄工作总结;劳动工资,党组织、干部、工人统计报表;党员、干部、职工登记表;机构设置;干部任免;防汛意见、方案、总结;汛前北金堤滞洪区河势查勘报告;金堤隐患检查报告及处理意见;防洪工程计划、涵闸防守方案;压力灌浆、堤防管理、春修施工总结;复堤、东池闸改建工程竣工总结;基建、岁修统计年报;事业及基建会计决算报表。

阳谷黄河河务局档案全宗介绍

全宗号:7.2.2

一、1967—1985 年的单位组织沿革

1967—1985 年,单位名称为"阳谷黄河修防段",归属山东黄河河务局聊城黄河修防处,是水利部黄河水利委员会驻阳谷派出机构,行使国家授权其在阳谷县黄河流域内水行政管理职能,属国家事业管理单位。

(一)机构设置变化情况

1967 年阳谷修防段设有秘书股、人事股、工务股、财务股、陶城铺工程队。

1980 年,撤销陶城铺工程队,成立陶城铺分段、机械队、工会。

1982 年,机关增设派出所、防汛办公室。

(二)单位人事变动情况

1967—1973 年,阳谷黄河修防段段长刘青河。

1973—1978 年,阳谷黄河修防段副段长王立山。

1978—1982 年,阳谷黄河修防段段长王立山。

1975—1977 年,阳谷黄河修防段段长孙华玲。

1973—1977 年,阳谷黄河修防段副段长于嘉钧。

1978—1982 年,阳谷黄河修防段段长于嘉钧。

1980—1983 年,阳谷黄河修防段副段长王传诗。

1983—1985 年,阳谷黄河修防段段长王传诗,副段长赵广武、陈养风。

二、本次进馆档案的数量

此次进馆档案共计 64 卷。其中,文书档案 64 卷。

三、本次进馆档案的主要内容

文书档案主要包括:阳谷黄河河务局年度治黄工作意见、总结;年度劳动工资、干部统计报表;职工登记表;专业技术人员登记表;国家机关干部、各类专业干部统计报表;干部任免;防汛意见、总结;汛前、汛末河势查勘报告;基建、岁修统计年报;会计决算报表;水利事业报表;堤防管理工作报表;堤防管理总结;锥探灌浆工作总结;防汛防守方案、度汛方案、总结;第二次洪峰总结;人事工作总结;工会经费收支年终决算说明;防洪工程计划;防洪"四五"规划。

东阿黄河河务局档案全宗介绍

全宗号:7.2.3

一、1967—1985年的单位组织沿革

1967—1985年,单位名称为"东阿黄河修防段",归属山东黄河河务局聊城修防处,是水利部黄河水利委员会驻东阿下派机构,行使国家授权其在东阿黄河流域内水行政管理职能,属国家事业管理单位。

(一)机构设置变化情况

1967年,建立东阿黄河修防段革命委员会,设有秘书股、工务股、财务股、政工股、工程队,下设毕庄分段。

1968年,东阿县革命委员会批准东阿黄河段另建革命委员会。

1969年,建立东阿黄河革命委员会领导小组。

1977年,建立关山、单庄、黄屯、大桥、牛店、大李六个分段。

1978年,建立引黄股,恢复东阿黄河修防段名称。

1981年,恢复黄河水利工会东阿修防段委员会,原政工股改为人事股,引黄股改为基建股,工程队撤销,修防工人归所在分段领导。

1982年,增设黄河公安派出所。

1984年,原工务股改为工管股,基建股改为工务股,人事股改为政工股。

1985年,增设郭口引黄闸管理所。

(二)单位人事变动情况

1967年,东阿黄河修防段革命委员会主任李广怀,副主任刘冬泉。

1968年,东阿黄河修防段革命委员会主任刘庆平,副主任周庆业、戴召文。

1969年,东阿黄河段革命委员会领导小组组长肖仲渊,副组长张光河、李广怀。

1971—1974年,东阿黄河修防段段长季官起,副段长肖仲渊、张光河、李广怀。

1974—1979年,东阿黄河修防段段长蔡冠军,副段长雷玉振、肖仲渊、张光河、唐立轩、张召平。

1979—1982年,东阿黄河修防段段长雷玉振,副段长白咸福、唐立轩、张召平、马俊陆。

1982—1983年,东阿黄河修防段段长白咸福,副段长张宪亭、马俊陆。

1983—1985年,东阿黄河修防段段长赵福庆,副段长张宪亭、徐广福、张叵、王殿杰。

二、本次进馆档案的数量

此次进馆档案共计77卷。其中,文书档案77卷。

三、本次进馆档案的主要内容

文书档案主要包括：东阿黄河河务局年度治黄工作意见、总结；年度劳动工资、干部统计报表；职工登记表；专业技术人员登记表；国家机关干部、各类专业干部统计报表；职工花名册；机构设置；干部任免；离（退）休；公布和聘任专业技术职务；党员登记、统计报表、花名册；防汛意见、总结；汛前、汛末河势查勘报告；基建、岁修统计年报；堤防管理总结；防汛防守方案、总结；黄河春修施工总结；郭口引黄闸工程工作总结、竣工验收鉴定书；决算报表。

位山引黄闸管理所档案全宗介绍

全宗号:7.2.4

一、1967—1985 年的单位组织沿革

1967—1985 年,单位名称为“位山引黄闸管理所”,1967 年为股级单位,归属聊城黄河修防处工务科。1971 年为科段级单位,归属聊城黄河修防处。属国家事业单位。主要工作任务:涵闸管理和引黄灌溉,并担负着引黄入卫送水任务。

(一)机构设置变化情况

1967—1970 年,位山引黄闸管理所为股级单位,集体办公。

1971 年设有行政组、生产组。

1975 年,行政组、生产组变更为政工股、工财股。

(二)单位人事变动情况

1967—1970 年,位山引黄闸管理所所长谢永年(科员级)。

1971—1972 年,位山引黄闸管理所所长杜耀东。

1973—1976 年,位山引黄闸管理所所长杜耀东,副所长刘广恩。

1977—1980 年,位山引黄闸管理所长杜耀东,副所长张耀庭。

1981—1983 年,位山引黄闸管理所副所长张耀庭(主持工作)、杨慎修、王立山。

1984—1985 年,位山引黄闸管理所副所长陈养风(主持工作)、张宝岑。

二、本次进馆档案的数量

此次进馆档案共计 50 卷。其中,文书档案 37 卷、会计档案 13 卷。

三、本次进馆档案的主要内容

文书档案主要包括:位山引黄闸管理所年度治黄工作总结;年度劳动工资、干部统计报表;职工登记表;专业技术人员登记表;国家机关干部、各类专业干部统计报表;党员登记、统计报表;防汛方案、意见、计划;基建、岁修统计年报;决算报表。

会计档案主要包括会计凭证、会计账簿、会计报表及其他会计核算资料等四个部分。

济南黄河河务局档案全宗介绍

全宗号:7.3

2009 年 8 月,按照黄委黄办档〔2007〕7 号文关于印发《黄河档案馆关于接收档案的规定》的通知精神,对 1967—1985 年的档案进行了鉴定进馆。首先市局成立了由局长任组长,副局长任副组长,各处室负责人为成员的鉴定领导小组,抽调 5 名业务熟练的专业骨干人员进行鉴定分类、整理、打印目录等工作。在鉴定整理期间,市局领导非常重视,多次了解此项工作的进展情况,工作人员在整理期间兢兢业业,认真细致。首先是鉴定分类、打印目录并报经黄委档案馆领导审核确认;其次是对上级领导提出的问题进行了认真整改;最后按照标准进行细致整理、打印页码、排列卷号、折叠图纸、填写档号,以及打印卷内目录、案卷目录、封皮等各项工作。

1967—1985 年,济南修防处属于国家黄河治理、管理的事业单位,担负着济南市地段的黄河治理、管理、防务等工作,治黄业务归山东黄河河务局直接领导,党务工作归中共济南市委领导。其主要职能是:在各级党委、政府的领导下,组织和发动群众做好防凌、防洪工作,修建各项防洪工程,搞好水资源、河道、水利工程管理,在确保黄河安全的前提下,充分利用黄河水沙资源,发展引黄灌溉和综合经营。济南修防处所辖河段上迄平阴县后姜沟,下止济阳县老桑家渡,河道总长 183.35 km,堤防工程 191.031 km,险工 23 处,控导工程 46 处,涵闸 15 处,虹吸 7 处。全处共有职工 1 012 人。其中,处级干部 3 人,科级干部 7 人,中级技术职称 6 人,初级技术职称 10 人,技术员 40 人。

一、组织机构沿革

1967 年,原有组织机构瘫痪,到 1970 年 3 月,经济南市革命委员会批准建立济南黄河修防处革命委员会,任命刘福清为革命委员会副主任。1970 年 6 月,山东黄河河务局刘乃武任济南修防处主任。1978 年 12 月根据行政区划调整,章丘、长清两段重归济南修防处,同时恢复历城修防段,内部机构设秘书、政工、工务、引黄、科教、财务六科。1979 年 5 月,省河务局任命杨省俭同志为济南修防处主任。1980 年 4 月,济南市建立郊区人民政府,郊区修防段成立,归济南修防处领导。1980 年 11 月,接省局通知,秘书科改为办公室,政工科改为人事科,引黄科改为基本建设科。1981 年 1 月,山东黄河河务局将济南机修储运队移交济南修防处领导,更名为济南机械修配厂;同年 6 月,成立黄河山东区工会济南修防处工作委员会。1982 年 2 月成立中共济南黄河修防处纪检组;同年 4 月,经山东省委、公安厅批准,建立济南郊区、历城、章丘修防段公安派出所。1983 年 9 月,山东黄河河务局任命姚秀文同志为济南修防处主任;同年 12 月,根据山东黄河河务局通知,济南修防处机构设置为办公室、政工科、工务科、工程管理科、财务器材科五个职能部门,纪检组和工会机构不变,撤销人事科、基本建设科。1985 年由于平阴县划归济南市,平阴黄河管理段划归济南修防处领导;同年 12 月,山东黄河河务局任命司继颜同志为修防处主任。

二、全宗档案内容

此次档案进馆内容有机构改革;职务任免;表彰先进;党员、人事、工资年报表;治黄工作意见、总结报告;河势查勘报告及图纸;工程管理总结、防汛工作意见、总结报告;防汛防守方案;河道封冻调查表;引黄涵闸、沉陷伸缩缝观测报表;险工水位报表;气象冰凌记载表;水利工程基建、防汛岁修统计年报表;黄河灾情及滩区受灾情况调查表;工程基建、防汛岁修计划批复;财务决算年报表等具有永久保存价值的档案。

三、全宗档案情况

这次进馆档案共计 283 卷。其中:文书档案 107 卷、科技档案 164 卷、会计档案 12 卷。这部分档案现已与黄河档案馆办理了移交手续,并存入黄河档案馆。

通过这次档案进馆工作,我们进一步认识到档案自身价值的重要性,更为重要的是这部分档案进馆后保管条件得到改善,不仅延长了档案的保存寿命,也能更好地为治黄工作服务。

说　明

1967—1985 年全宗介绍的编写,内容主要是由档案人员通过查阅档案材料,经过筛选和加工,结合档案工作实际情况,本着详今略古的原则编制而成,全宗介绍中的数字都是从年度报表中查阅出来的,机构设置、干部任职也是通过查阅档案的批文确定的,另外,还参阅了《济南黄河志》一书中的内容。

平阴黄河河务局档案全宗介绍

全宗号：7.3.1

2010年7月，按照黄委黄办档〔2007〕7号文关于印发《黄河档案馆关于接收档案的规定》的通知精神，对1974—1985年的档案进行了鉴定进馆。首先平阴黄河河务局成立了由局长任组长、副局长任副组长、各处室负责人为成员的鉴定领导小组，抽调1名业务熟练的专业骨干人员进行鉴定分类、整理、打印目录等工作。在鉴定整理期间，县局领导非常重视，多次了解此项工作的进展情况，工作人员在整理期间兢兢业业，认真细致。首先是鉴定分类、打印目录并报经黄委档案馆领导审核确认；其次是对上级领导提出的问题进行了认真整改，最后按照标准进行细致整理、打印页码、排列卷号、折叠图纸、填写档号，以及打印卷内目录、案卷目录、封皮等各项工作。

1974—1985年，平阴管理段属于国家黄河治理、管理的事业单位，担负着平阴县地段的黄河治理、管理、防务等工作，治黄业务归济南黄河河务局直接领导，党务工作归中共平阴县委领导。其主要职能是：在各级党委、政府的领导下，组织和发动群众做好防凌、防洪工作，修建各项防洪工程，搞好水资源、河道、水利工程管理，在确保黄河安全的前提下，充分利用黄河水沙资源，发展引黄灌溉和综合经营。平阴管理段所辖河段上迄平阴县后姜沟，下止长平交界，河道总长42 km，10处控导工程，共计坝岸105段，工程长度9 623.5 m，护砌长度9 528.8 m。全局共有职工29人，其中干部10人、工人19人。

一、组织机构沿革

1972年8月9日，经山东省革命委员会生产指挥部批准，建立平阴县黄河组，孟庆斌、刘荣光任平阴黄河组副组长，共脱产干部4人，聘用人员8人，1978年改为平阴黄河修防段，隶属山东黄河泰安修防处管理。1979年划归山东黄河位山工程局领导，1980年改为平阴黄河管理段，先后由刘子林任段长，王景连任副段长，到1983年底机构改革前全段职工18人，1985年3月陈朝义任副段长，马泽德、陈建民任秘书，至1985年底，职工达到29人，其中干部10人；1985年5月，由原位山工程局领导划归济南修防处领导。

二、全宗档案内容

此次档案进馆内容有机构改革；职务任免；治黄工作总结；防汛工作总结；防汛防守方案；水利工程基建、防汛岁修统计年报表；工程基建、防汛岁修计划批复；财务决算年报表等具有永久保存价值的档案。

三、全宗档案情况

这次进馆档案共计39卷。其中,文书档案15卷、科技档案20卷、会计档案4卷。这部分档案现已与黄河档案馆办理了移交手续,并存入黄河档案馆。

通过这次档案进馆工作,我们进一步认识到档案自身价值的重要性,更为重要的是这部分档案进馆后保管条件得到改善,不仅延长了档案的保存寿命,也能更好地为治黄工作服务。

说　明

1974—1985年全宗介绍的编写,内容主要是由档案人员通过查阅档案材料,经过筛选和加工,结合档案工作实际情况,本着详今略古的原则编制而成,全宗介绍中的数字都是从年度报表中查阅出来的,机构设置、干部任职也是通过查阅档案的批文确定的,另外,还参阅了《济南黄河志》一书中的内容。

长清黄河河务局档案全宗介绍

全宗号:7.3.2

2010年5月,按照黄委黄办档〔2007〕7号文关于印发《黄河档案馆关于接收档案的规定》的通知精神,对1972—1985年的档案进馆工作进行了鉴定进馆。定期召开会议,进行协调,听取该项工作进展情况的汇报,在鉴定整理期间,县局领导非常重视,工作人员在做此项工作期间兢兢业业,认真细致。首先是鉴定分类、打印目录并报经黄委档案馆领导审核确认;其次是对上级领导提出的问题进行了认真整改;最后按照标准进行细致整理、打印页码、排列卷号、折叠图纸、填写档号,以及打印卷内目录、案卷目录、封皮等各项工作。

1972—1985年,长清黄河管理段属于国家黄河治理、管理的事业单位。担负着长清辖区的黄河治理、管理、防凌防汛等工作,治黄业务归济南黄河修防处直接领导,党团工作归中共长清县委领导。其主要职能是:在各级党委、政府的领导下,组织和发动群众做好防凌、防洪工作,修建各项防洪工程,搞好水资源、河道、水利工程管理,在确保黄河安全的前提下,充分利用黄河水沙资源,发展引黄灌溉和综合经营。长清段位于黄河下游右岸,无堤防,以山为堤,上迄长平滩区交界处,下接玉符河口,河道全长52 km,属弯曲型河段,纵比降约为万分之一。河道宽一般为0.5~1.5 km。在长清河段汇入的支流自上而下主要有南大沙河、北大沙河和玉符河,流域面积0.71万km^2。长清辖区内有控导(护滩)工程16处,坝(岸)337段,工程长度3.08万m,护砌长度2.91万m。全段共有职工44人,其中科级干部2人,股级干部3人,初级技术职称1人。

一、组织机构沿革

(1)根据黄河治理的需要,经山东省委、生产指挥部(71)革生字第287号文批复,1971年10月临时成立长清黄河组,于1972年8月正式定名为"山东黄河河务局长清管理段",为正局级单位,隶属泰安黄河修防处和长清县委领导。其干部、人事、治黄业务归黄河系统管理,党团政治活动归中共长清县委领导,建段时,人员编制8人。

1978年12月,由于行政区划调整,长清黄河管理段划归济南修防处领导,其党团活动归中共长清县委领导。

(2)机关成立至今,住址未变。

(3)机关内部机构设置。

1971年10月至1973年1月,机关只设立一个办公室,其业务范围是政工人事、劳资、控导工程维修、防汛。

1973年设立了:①工务股。其业务是黄河防汛、控导工程维修。②秘书股。主要任务是劳动人事、政工、后勤、通信。③财务股。主要业务是财务、器材管理。

1983年3月工务股和财务股合并称业务股。将防汛、控导工程、财务器材实行了统一管理。保留了秘书股。

至此,治黄日常工作由业务股和秘书股办理。

二、全宗档案内容

此次档案进馆内容有机构改革;职务任免;表彰先进;党员、人事、工资年报表;治黄工作意见、总结报告;河势查勘报告及图纸;工程管理总结、防汛工作意见、总结报告;防汛防守方案;河道封冻调查表;引黄涵闸、沉陷伸缩缝观测报表;险工水位报表;气象冰凌记载表;水利工程基建、防汛岁修统计年报表;黄河灾情及滩区受灾情况调查表;工程基建、防汛岁修计划批复;财务决算年报表等具有永久保存价值的档案。

三、全宗档案情况

这次进馆档案共计83卷。其中,文书档案39卷,科技档案36卷,会计档案8卷。这部分档案现已与黄河档案馆办理了移交手续,并存入黄河档案馆。

通过这次档案进馆工作,我们进一步认识到档案自身价值的重要性,更为重要的是这部分档案进馆后保管条件得到改善,不仅延长了档案的保存寿命,也能更好地为治黄工作服务。

说　明

1972—1985年全宗介绍的编写,内容主要是由档案人员通过查阅档案材料,经过筛选和加工,结合档案工作实际情况,本着详今略古的原则编制而成,全宗介绍中的数字都是从年度报表中查阅出来的,机构设置、干部任职也是通过查阅档案的批文确定的,另外,还参阅了《长清黄河志》一书中的内容。

天桥黄河河务局档案全宗介绍

全宗号:7.3.4

一、概述

1967—1985 年,历城修防段属于国家黄河治理、管理的事业单位,担负着历城县地段的黄河治理、管理、防务等工作,治黄业务归济南修防处领导,党务工作归中共历城县委领导。1979 年职工人数 527 人,其中干部 62 人、专业技术人员 22 人。主要承担堤线上起西郊宋家桥,下至章丘胡家岸,南北两岸堤线总长 71.87 km 的修防管护任务。

其主要职能是:在各级党委、政府的领导下,组织和发动群众做好防凌、防洪工作,修建各项防洪工程,搞好水资源、河道、水利工程管理,在确保黄河安全的前提下,充分利用黄河水沙资源,发展引黄灌溉和综合经营。

二、组织机构沿革

1967 年,原有组织机构基本瘫痪,到 1978 年 12 月,随着济南市行政区划的调整,山东黄河河务局决定恢复历城修防段,任命刘大练为段长,该段机关内设秘书股、政工股、财供股、引黄股、修配站、汽车队。下设西郊、吴家堡、北园、华山、遥墙 5 个分段。

1980 年 2 月 27 日,根据济南市行政区划的调整,经黄河水利委员会和山东黄河河务局批准,将原历城修防段分设为济南郊区修防段和历城修防段,隶属济南修防处领导和管理,刘大练兼段长,陈振为副段长。该段下设西郊、吴家堡、北园、华山 4 个分段,机关设秘书股、政工股、财供股、工务股、引黄股、修配组和汽车队。

1981 年 1 月 1 日,按照济南修防处(1980)101 号文通知要求,济南郊区修防段所属政工股改为人事股,财供股改为财务股,引黄股改为基建股,其他股不变,股的负责人和职能不变,职工人数 459 人。

1982 年 2 月,任命陈振同志为段长,付晓亭、郭作福同志为副段长,济南郊区段成立土方机械化施工队。

1982 年 4 月 21 日,根据山东省公安厅鲁公发(1981)68 号文的通知精神,山东省编委、山东省公安厅以鲁公发(1981)47 号文正式批复设立济南市公安局郊区分局黄河修防段派出所,编制 6 人。

1983 年 12 月 12 日,根据上级文件精神要求和工作需要,报经济南修防处同意,决定成立济南郊区修防段汽车队。

三、全宗档案内容

此次档案进馆内容有机构设置与建立党组织；职务任免；表彰先进；党员、人事、工资年报表、政治历史问题处理与死亡职工恢复名誉决定；启用印章、清产核资、治黄及工会工作意见、总结报告；河势查勘报告及图纸；工程管理总结、防汛工作意见、总结报告；防汛防守方案；引黄涵闸、水利工程基建、防汛岁修统计年报表；工程基建、防汛岁修计划批复；征购土地与房屋拆迁协议书；险工垮塌；河势溜向、河道封冻、大堤纵横断面、滩地河道平面图；财务决算年报表等具有永久保存价值的档案。

四、全宗档案情况

这次进馆档案共计 141 卷。其中，文书档案 46 卷，科技档案 91 卷，会计档案 4 卷。这部分档案现已与黄河档案馆办理了移交手续，并存入黄河档案馆管理。

说 明

1967—1985 年全宗介绍的编写，内容主要是由档案人员通过查阅档案材料，经过筛选和加工，结合档案工作实际情况，本着详今略古的原则编制而成，全宗介绍中的数字都是从年度报表中查阅出来的，机构设置、干部任职也是通过查阅档案的批文确定的。

章丘黄河河务局档案全宗介绍

全宗号:7.3.6

2010年5月,按照黄委黄办档〔2007〕7号文关于印发《黄河档案馆关于接收档案的规定》的通知精神,对1967—1985年的档案进行了鉴定进馆。成立了由主要领导和分管领导为组长、各科室负责人为成员的鉴定进馆领导小组,并明确了办公室分管主任和1名档案专职人员对按规定需要进馆档案进行鉴定分类、整理、打印目录等工作。在鉴定整理期间,各级领导非常重视,市局办公室的领导和市局机关档案室的专业同志多次以座谈会、电话询问、现场指导等形式了解此项工作的进展情况,作为有进馆任务的章丘黄河河务局局领导更是高度重视,从人、财、物、软件、硬件等各方面给予大力支持和帮助。作为负责本次进馆任务的档案专职工作人员,在整理期间兢兢业业,认真细致;首先是鉴定分类、打印目录并报经黄委档案馆领导审核确认;其次是对上级领导提出的问题进行了认真整改;最后按照标准进行细致整理、打印页码、排列卷号、折叠图纸、填写档号,以及打印卷内目录、案卷目录、封皮等各项工作。

1967—1985年,章丘修防段属于国家黄河治理、管理的事业单位。担负着章丘县(现为章丘区)地段的黄河治理、管理、防务等工作,治黄业务归济南修防处直接领导,党务工作归中共章丘县委领导。其主要职能是:在各级党委、政府的领导下,组织和发动群众做好防洪、防凌工作,修建各项防洪工程,搞好水资源、河道、水利工程管理,在确保黄河安全的前提下,充分利用黄河水沙资源,发展引黄灌溉和综合经营。章丘修防段所辖河段上迄历城县大沙滩村,下止邹平县田家村,河道总长28 km,堤防工程27.079 km,险工3处,控导(护滩)工程5处,涵闸2处,滚河防护工程1处。全段共有职工139人,其中科级干部3人,中级技术职称1人,初级技术职称1人,技术员5人。

一、组织机构沿革

1967年春,成立泰安修防处革命委员会,仍行使修防处职权。1972年恢复两分段建制,胡家岸分段改为高管寨分段,刘家园分段改为黄河分段,直属泰安修防处领导。1975年1月,为便于工作,泰安修防处与章丘修防段分开办公,泰安修防处下辖章丘修防段和长清、平阴管理段(长清、平阴管理段成立于1971年)。1977年2月,增设引黄股,专司引黄工程和机淤工作。1978年,废除革命委员会,恢复修防段原名称。年末因行政区划变更,泰安修防处与济南修防处合并为济南修防处,章丘修防段则又属济南修防处领导。1979年2月,增设政工股,专司人事、政治教育工作,1982年春改为人事股,1983年机构改革仍改为政工股。1982年春,引黄股改为基建股,负责治黄基本建设工作;1982年6月,组建公安派出所(股级),由县公安局配备所长1名,本段配备公安人员4名组成,业务工作由县公安县局领导,负责沿黄保卫和社会治安工作。1983年末,体制改革,基建股与工务股合并为工务股。

二、全宗档案内容

此次档案进馆内容有机构改革;职务任免;表彰先进;党员、人事、工资年报表;治黄工作意见、总结报告;河势查勘报告及图纸;工程管理总结、防汛工作意见、总结报告;防汛防守方案;引黄灌溉总结;堤防压力灌浆总结;基建、岁修工程统计年报;机淤固堤工作报告;机淤征用土地协议书;险工、控导、护滩工程卡片;胡家岸引黄闸初设、竣工图;财务决算年报表等具有永久保存价值的档案。

三、全宗档案情况

这次进馆档案共计128卷。其中,文书档案38卷,科技档案75卷,会计档案15卷。这部分档案现已与黄河档案馆办理了移交手续,并存入黄河档案馆。

通过这次档案进馆工作,我们进一步认识到档案自身价值的重要性,更为重要的是这部分档案进馆后保管条件得到改善,不仅延长了档案的保存寿命,也能更好地为治黄工作服务。

说　明

1967—1985年全宗介绍的编写,内容主要是由档案人员通过查阅档案材料,经过筛选和加工,结合档案工作实际情况,本着详今略古的原则编制而成,全宗介绍中的数字都是从年度报表中查阅出来的,机构设置、干部任职也是通过查阅档案的批文确定的,另外,还参阅了《章丘县黄河资料汇编》一书中的内容。

济阳黄河河务局档案全宗介绍

全宗号:7.3.8

2010年5月,按照黄委黄办档〔2007〕7号文关于印发《黄河档案馆关于接收档案的规定》的通知精神,对1967—1985年的档案进行了鉴定进馆。成立了由副局长任组长、办公室主任任副组长、各科室负责人档案员为成员的鉴定领导小组，抽调4名业务熟练的专业骨干人员进行鉴定分类、整理、打印目录等工作。在鉴定整理期间,县局领导非常重视,多次了解此项工作的进展情况,工作人员在整理期间兢兢业业,认真细致。首先是鉴定分类、打印目录并报经市局领导审核确认;其次是对上级领导提出的问题进行了认真整改;最后按照标准进行细致整理、打印页码、排列卷号、折叠图纸、填写档号,以及打印卷内目录、案卷目录、封皮等各项工作。

1967—1985年,济阳修防段属于国家黄河治理、管理的事业单位。担负着济阳县地段的黄河治理、管理、防务等工作,治黄业务归德州修防处直接领导,党务工作归中共济阳县委领导。其主要职能是:在各级党委、政府的领导下,组织和发动群众做好防凌、防洪工作,修建各项防洪工程,搞好水资源、河道、水利工程管理,在确保黄河安全的前提下,充分利用黄河水沙资源,发展引黄灌溉。济阳黄河河务局地处黄河下游左岸,大堤起止桩号145+132~205+833,堤防长度60.701 km,河道长度56.5 km,险工5处,控导工程7处,涵闸3处。全局共有职工205人,其中干部51人,科级干部28人,中级技术职称20人,初级技术职称51人,技术员4人。

一、组织机构沿革

1968年8月,唐茂达任济阳修防段革命委员会主任,1972年,任济阳修防段段长。1976年12月,刘玉玲任济阳修防段段长。内部机构设秘书、政工、工务、引黄、防办、财务6个股。1982年增设派出所,1983年撤销引黄股,增设工管股。

二、全宗档案内容

此次档案进馆内容有机构改革;职务任免;党员、人事、工资年报表;治黄工作意见、总结报告;河势查勘报告;工程管理总结、防汛工作意见、总结报告;防汛防守方案;河道封冻调查表;引黄涵闸、沉陷伸缩缝观测报表;险工水位报表;气象冰凌记载表;水利工程基建、防汛岁修统计年报表;黄河灾情及滩区受灾情况调查表;工程基建、财务决算年报表等具有永久保存的档案。

三、全宗档案情况

这次进馆档案共计157卷。其中,文书档案50卷,科技档案88卷,会计档案19卷。这部分档案现已与黄河档案馆办理了移交手续,并存入黄河档案馆。

通过这次档案进馆工作,我们进一步认识到档案自身价值的重要性,更为重要的是这部分档案进馆后保管条件得到改善,不仅延长了档案的保存寿命,也能更好地为治黄工作服务。

说　明

1967—1985年全宗介绍的编写,内容主要是由档案人员通过查阅档案材料,经过筛选和加工,结合档案工作实际情况,本着详今略古的原则编制而成,全宗介绍中的数字都是从年度报表中查阅出来的,机构设置、干部任职也是通过查阅档案的批文确定的,另外,还参阅了《济阳黄河志》一书中的内容。

德州黄河河务局档案全宗介绍

全宗号:7.4

一、概述

德州黄河河务局始建于1949年11月25日,驻齐河县齐鲁大街219号,占地22 446.03 m^2,其中机关办公建筑面积4 792 m^2,宿舍建筑面积14 288.8 m^2。德州黄河河务局为山东黄河河务局派驻德州市的黄河水行政主管单位,流域专业性机构,属事业单位,实行以山东黄河河务局为主和德州市委、市政府的双重领导。管辖齐河黄河河务局(1999年3月与德州黄河河务局合并,2002年11月恢复机构)、德州黄河供水分局、德州黄河建业工程有限责任公司、德州翔宇黄河水利工程维修养护有限责任公司四个单位。现有职工768人,其中在职干部178人、工人293人;各类专业技术干部168人,高级职称10人,中级职称73人,初级职称69人;现有技术工人293人,其中高级技师10人、技师83人。

德州黄河河务局管辖黄河河段属弯曲型河段,河道长63.4 km,堤距0.5~1.5 km,河槽宽0.5~0.7 km,最窄处444 m,排洪能力为10 000 m^3/s,纵比降约1/10 000。因河床逐年淤积,目前已高出背河地面8~10 m,成为典型的"地上悬河"。管辖的防洪工程包括:①堤防工程。临黄堤62.384 km,起止桩号:62+516~124+900。北展堤22.8 km,起点位于临黄大堤桩号102+002,德州黄河河务局与济南黄河河务局在北展堤交界桩号22+800。②险工工程14处,坝岸621段,工程长度26.168 km。③控导工程4处,坝岸36段,工程长度2.135 km。④涵闸7座,其中临黄堤4座:潘庄引黄闸临黄堤,桩号63+120,设计引水流量100 m^3/s;韩刘引黄闸临黄堤,桩号77+639,设计引水流量15 m^3/s;豆腐窝分洪闸临黄堤,桩号104+644,设计分洪流量2 000 m^3/s;豆腐窝引黄闸临黄堤,桩号105+261,设计引水流量100 m^3/s。北展堤3座:王府排水闸所在北展堤,桩号8+192,设计排灌流量10 m^3/s;小八里排水闸所在北展堤,桩号13+297,设计排灌流量20 m^3/s;赫庄排灌闸所在北展堤,桩号22+676,设计排灌流量100 m^3/s。

二、机构沿革简介

德州黄河河务局由洛北分局→清济修防处→德州修防处→德州地区黄河河务局→德州市黄河河务局→德州黄河河务局沿革而来。

1967年德州修防处辖齐河、济阳修防段,驻齐河县王家填机关设秘书科、工务科、财务科、政工科。

1972年6月,德州修防处辖齐河、济阳修防段,增设李家岸闸管所;1972年6月,局属单位增设潘庄闸管所;1974年7月,增设邢家渡闸管所。

1973年秋,德州修防处住址由齐河县王家镇迁至齐河县城,辖齐河、济阳修防段和潘庄、李家岸、邢家渡引黄闸管所。

1975年8月,豆腐窝分洪闸管理所归德州修防处领导。

1977年增设引黄科;1980年增设科教科,秘书科改为办公室,政工科改为人事科,引黄科改为基建科。

1983年机构改革,设办公室、政工科、工务科、工管科、财务科、纪律检查组,并建立工会。撤销人事科、基建科、科教科,下辖齐河、济阳修防段,潘庄、李家岸、邢家渡3个闸管所。

1985年底,全局在职职工1 038人,其中干部217人,工人821人;机关职工79人。

三、人事变动情况

1965—1983年,刘连岱任德州修防处副主任;1971年至1976年7月,赵连生任副主任;1977年6月至1980年4月,孙承安任副主任;1979年3月至1983年4月,郭景惠任副主任。

1979年2月,赵继信任德州修防处副主任,主持工作。1979年2月至1980年8月,王德威任副主任。1981年2月,王宪明任副主任。1983年9月,石心诚任副主任。1981年4月至1985年12月,赵继信任主任。

1985年12月,黄自强任德州修防处主任。

四、本次进馆档案的数量

这次进馆档案共计131卷。其中,文书档案51卷,科技档案61卷,会计档案19卷。这部分档案现已与黄河档案馆办理了移交手续,并存入黄河档案馆。

通过这次档案进馆工作,我们进一步认识到档案自身价值的重要性,更为重要的是这部分档案进馆后保管条件得到改善,不仅延长了档案的保存寿命,也能更好地为治黄工作服务。

五、本次进馆档案的主要内容

此次档案进馆内容有机构改革;职务任免;表彰先进;党员、人事、工资年报表;治黄工作意见、总结报告;河势查勘报告及图纸;工程管理总结、防汛工作意见、总结报告;防汛防守方案;河道封冻调查表;引黄涵闸、沉陷伸缩缝观测报表;险工水位报表;水利工程基建、防汛岁修统计年报表;黄河灾情及滩区受灾情况调查表;工程基建、防汛岁修计划批复;财务决算年报表等具有永久保存价值的档案。

齐河黄河河务局档案全宗介绍

全宗号:7.4.1

一、机构沿革、人事变动简介

齐河黄河河务局于1946年3月成立,驻齐河县齐心大街19号,占地面积7 947 m^2,其中机关办公建筑面积3 491.23 m^2,宿舍建筑面积4 455.77 m^2。实行德州市黄河河务局和齐河县政府的双重领导。现有在职职工168人,其中干部70人,具有副高职称2人,中级职称39人,初级职称22人;工人98人,具有高级技师2人,技师37人,高级工35人,中级工11人,初级工8人。

齐河黄河河务局,由长清(河西)修防段、齐禹修防段、齐河修防段3个修防段办事处演变合并而来。

1946年3月建立河西修防段,归冀鲁豫区黄河水利委员会第四修防处(聊城修防处前身)领导。段部开始驻官庄民房。当时黄河无水,对岸长清县(现为长清区)的南京国民政府军队和武装土匪、特务不断袭击骚扰,段部经常转移住址,先后驻过姚庄、葛庄、银杏树、大马头等村。

1950年秋,河西县撤销并于长清县,河西修防段易名长清修防段,归清济修防处领导。辖娄集、程官庄(后改为马头)、阴河三个分段。段部驻大马头村。1951年冬迁往大堤背坡新修的段部。

1956年3月23日,长清县河西4个区[今赵官、马集、胡官、富足、潘店、务头、仁里、大张等8个乡(镇)]划归齐河县。长清修防段易名为齐河县第一修防段,归聊城修防处领导,住址、组织、人员未变。

1946年3月,成立齐禹修防段,段长王鹏。辖堤线上起纸营,下至红庙(今贾市、小周乡大堤段),段部流动于季寨、陶庄、絮庄一带。1948年9月24日,齐河城解放,段部移驻袁庄。1949年春,迁往齐河城东门里,归冀鲁豫区黄河水利委员会第四修防处领导。1949年10月26日,根据山东、平原两省河务局指示,将齐禹、河西两修防段归山东黄河河务局,由洛北分局(清济修防处)领导。

1948年9月成立齐河办事处,主任王耀华。1950年6月26日改称齐河修防段。段部驻刘庙,职工百余人。管辖从红庙至齐河、济阳交界的堤段。

1950年,齐禹县撤销,齐禹修防段并入齐河修防段,段长翟少青。归山东黄河河务局清济修防处领导。1956年3月23日,易名为齐河第二修防段,段长杜逢壬,仍驻齐河城东门里,归聊城修防处领导。

1958年12月26日,省局确定齐河第一、第二修防段合并为齐河修防段,段部仍驻齐河城东门里,归聊城修防处领导。1961 年 8 月,归德州修防处领导。修防段下设秘书股、公务股、财务股及工程队。1964 年,增设政工股,辖官庄、阴河、豆腐窝、王庄、王窑、大王庙 6 个分段。1975 年,段部迁往南坦临黄大地淤背区房台。随着治黄事业的发展,段部陆续增设了工管股、机械队、维修组、公安派出所。

1985 年,为加强堤防管理,临黄堤增设潘庄分段;1983 年,北展堤增设小八里、大吴分段。

二、本次进馆档案的数量

这次进馆档案共计 136 卷。其中,文书档案 24 卷,科技档案 94 卷,会计档案 18 卷。

通过这次档案进馆工作,我们进一步认识到档案自身价值的重要性,更为重要的是这部分档案进馆后保管条件得到改善,不仅延长了档案的保存寿命,也能更好地为治黄工作服务。

三、本次进馆档案的主要内容

此次档案进馆内容有机构改革;职务任免;表彰先进;党员、人事、工资年报表;治黄工作意见、总结报告;机淤固堤工作意见总结;河势查勘报告及图纸;工程管理总结、防汛工作意见、总结报告;防汛防守方案;压力灌浆总结及完成情况表;引黄工程管理和淤灌工作总结;各险工抹水记录、水位报表;引黄涵闸、沉陷伸缩缝观测报表;虹吸放水统计报表;水利工程基建、防汛岁修统计年报表;春修复堤工程竣工表;大堤加培迁房、土地赔偿表;治黄科技研究项目试验报告;财务会计决算年报表等具有永久保存价值的档案。

滨州黄河河务局档案全宗介绍

全宗号:7.5

一、概述

滨州黄河河务局现驻地在山东省滨州市黄河七路331号,占地总面积55.3亩,机关成立于1946年5月,属于水利事业行政机构,受山东黄河河务局和滨州市委、市政府的双重领导,辖邹平、惠民、博兴、滨开、滨城五个县(区)河务局及供水分局、养护公司等10个单位,职工772人,其中:离退休职工366人,在职职工中,干部301人、工人471人,各类专业技术人员246人(具有高级技术职称的57人,中级技术职称的79人,初级技术职称的110人)。主要职能是:负责辖区内黄河河务的行政主管业务;滨州市黄河防汛日常工作;滨州市黄河水量统一调度和监督管理;滨州黄河河道、堤防、险工、控导、涵闸等水利工程的管理、保护等。

滨州大堤起止桩号:左岸205+833~291+033,右岸91+653~113+600、160+520~189+121,南展0+000~3+750,堤防长度143.945 km,其中临黄堤133.935 km,南展大堤3.75 km,北镇裁弯堤6.26 km,险工14处,控导工程15处,引黄涵闸14处,设计引水流量516 m^3/s。

二、机构沿革简介

滨州黄河河务局,由渤海区修治黄河工程总指挥部→山东黄河河务局清河分局和垦利分局→分别更名为齐蒲修防处、惠垦修防处→合并为惠民修防处→淄博修防处→惠民修防处→惠民地区河务局→滨州地区河务局→滨州市黄河河务局→滨州黄河河务局沿革而来。

1966年秋,组织机构陷于瘫痪,年末职工总人数52人,驻滨县北镇义和街。

1968年3月,成立“三结合”的惠民黄河修防处革命委员会,由惠民地区革命委员会批准归其隶属。各科室撤销,初期改组为政工科、生产办公室,后又改为政工组、工务组、后勤组、办事组。

1976年10月,重新恢复原有组织机构及归属,机关办公地点迁驻北镇黄河四路523号。机关设秘书科、工务科、财务科、政工科。

1977年6月,机关增设引黄科。

1980年11月,恢复工会组织,增设科教科、秘书科改为办公室,政工科改为人事科,引黄科改为基建科,年末职工总人数78人。

1982年2月,增设纪律监察组,其余科室不变。

1983年9月,做了改革调整:设办公室、工务科、工程管理科、财务器材科、政工科、纪检组、工会,撤销人事科、科教科。

1985年1月,撤销工程管理科。

三、人事变动情况

1968年3月至1973年2月,刘洪彬任副主任。

1973年3月至1985年12月,刘洪彬任主任。

1971年8月至1991年6月,王占奎任副主任。

1976年12月至1983年8月,杨洪献任副主任。

1979年12月至1983年8月,姚秀文任副主任。

1980年8月至1983年8月,王振江任副主任。

1983年9月至1985年12月,王振江任工会主席。

1983年9月至1985年11月,黄自强任副主任。

1984年9月至1985年12月,许万智任副主任。

1985年12月至1995年3月,刘恩荣任主任。

四、本次进馆档案情况简介

这次进馆档案共计195卷,其中文书档案67卷、科技档案109卷、会计档案19卷。这部分档案已与黄河档案馆办理了移交手续,并存入了黄河档案馆。其内容主要有:治黄工作总结;防凌、防汛工作总结;工程管理总结;机构变更;组织建立;印章的启用;表彰先进;人事任免、人员录用;技术职称资格、聘用;河势查勘报告及附图;十年规划、引黄涵闸、黄河南展宽工程竣工报告、竣工图及验收鉴定书;劳动工资年报;干部、专业技术干部年报;党员、党组织年报;会计决算年报、水利工程基本建设、防汛岁修年报;综合经营年报。

邹平黄河河务局档案全宗介绍

全宗号:7.5.1

一、概述

邹平黄河河务局现驻地为山东省邹平县黄山一路33号,占地总面积9.3亩,属于水利事业行政机构,隶属滨州市黄河河务局和邹平县委、县政府双重领导,辖台子、码头两个管理段,现有职工88人,其中:在职干部23人、工人22人,在职职工中,各类专业技术人员21人(具有高级技术职称的5人,中级技术职称的7人,初级技术职称的9人);离退休职工43人。主要职能是:负责辖区内黄河河务的行政主管业务;邹平县黄河防汛日常工作;邹平县黄河水量统一调度和监督管理;邹平黄河河道、堤防、险工、控导、涵闸等水利工程的管理、保护等。

邹平大堤起止公里桩号右岸91+653~113+600,堤防长度21.947 km;河道整治工程4处(1处险工、3处护滩),坝岸81段,工程总长度6.16 km;引黄闸2座,设计引水能力50 m^3/s。

二、机构沿革简介

1967年1月至1968年2月,机关名称为山东黄河河务局邹平修防段。

1968年3月,经邹平县革命委员会批准,邹平修防段革命委员会成立,行使原修防段一切权力。

1978年8月,邹平修防段“革命委员会”名称、印章、牌匾改为原修防段名称。恢复码头、台子两个分段,机构设置秘书股、政工股、工务股、财务股。

1981年4月,增设公安派出所。

1983年12月,根据惠民修防处党组对机构改革的要求,邹平修防段机关设置秘书股、政工股、工务股、财务股、公安派出所,工会按系统要求设置。下设码头、台子分段,撤销工管股。

三、局机关领导人更迭

1967年7月至1977年9月,张新堂任邹平修防段段长。

1971年6月至1977年9月,刘荣绥任邹平修防段领导(副科级)。

1971年1月至1977年9月,姜杰贤任邹平修防段副指导员。

1977年9月至1979年10月,刘荣绥任邹平修防段段长。

1977年9月至1982年2月,韩士修任邹平修防段副段长。

1979年11月至1980年11月,张仁和任邹平修防段副段长。
1980年11月至1983年11月,张仁和任邹平修防段段长。
1982年2月至1983年11月,邢本荣任邹平修防段副段长。
1983年11月至1986年6月,邢本荣任邹平修防段段长。
1983年11月至1986年11月,宋继平任邹平修防段副段长。

四、本次进馆档案情况简介

这次进馆档案共计115卷,其中文书26卷、科技77卷、会计12卷。其主要内容有:治黄工作总结;防凌、防汛工作总结;工程管理总结;机构变更;人事任免;技术职称资格、聘用;河势查勘报告及附图;劳动工资年报;干部、专业技术干部年报;党员、党组织年报;会计决算年报;水利工程基本建设、防汛岁修年报。

惠民黄河河务局档案全宗介绍

全宗号:7.5.2

一、概述

惠民黄河河务局现驻山东省惠民县文安路218号,占地总面积33.75亩,机关初建制于1946年6月,1990年12月始称现名。现有职工218人,其中在职职工102人,离退休职工106人,离岗职工10人;党员56人。机关内设办公室、防汛办公室、工程管理科、水政科、财务科、人事劳动教育科,为发展经济,还组建了经济发展管理办公室。县局下设簸箕李、归仁、白龙湾、大崔4个管理段和山东惠民黄河工程有限责任公司1家企业。所辖大年陈、李庄、清河镇、魏集4个乡(镇),辖区有黄河堤防46.484 km(大堤起止桩号左岸205+833~252+317),河道整治工程12处,坝岸482段,工程长度19.413 km;涵闸5座,设计引水能力161 m^3/s。主要职能是:负责辖区内黄河河务的行政主管业务;惠民县黄河防汛日常工作;惠民黄河河道、堤防、险工、控导等水利工程的治理与开发、管理与保护等。

二、机构沿革简介

惠民黄河河务局的前身是惠民治河办事处,1946年6月惠民县人民政府奉渤海行署指示组建而成,全称为“山东河务局驻惠民县治河办事处”。惠民县有了治理黄河的专门机构,下设总务股、工程股、工程队、材料股、河防队。

1968年7月,惠民修防段更名为惠民县修防段革命委员会。

1978年8月,根据水电部水电字第10号文转送国务院“将山东、河南两省河务局及所属修防处、段,改为黄委建制,实行以黄委为主的双重领导”的批示精神,全称改为“山东黄河河务局惠民修防段”。

1979年10月,全国人民代表大会第936号提案提出黄河筑堤实行机械化,以减轻惠民地区人民负担过重问题。国家计委同意黄河逐年建立筑堤机械化队伍。山东黄河河务局同意惠民修防段组建土方工程机械队。

1982年10月,经省、地公安部门批准,惠民修防段成立黄河公安派出所,隶属惠民修防段和地方公安局管辖。

1983年12月,根据山东黄河河务局机构改革意见,惠民修防段机关设秘书股、政工股、工务股、工管股、财务股。基层单位设置崔李分段、归仁分段、白龙湾分段、大崔分段、土方机械队。机关住址:清河镇。惠民修防段机关办公原住址坐落在背河堤脚外(清河镇西五村南),地基低洼,办公场所紧张。

1984年4月,惠民修防段机关由清河镇西五村迁至白龙湾险工淤背区办公(大堤桩号

236+000~236+150),总占地面积24.10亩,其中建筑面积2 242 m^2。

1985年,惠民修防段机关科室有政工股、工务股、财务股、秘书股、派出所、工会。基层单位有簸箕李分段、归仁分段、王集分段、白龙湾分段、大崔分段。

三、人事变动情况

1968年7月至1969年4月,刘风岭任主任。

1969年4月至1970年1月,刘世和任主任。

1970年1月至1971年6月,梁宗久任主任。

1972年1月至1975年8月,吕学斌任主任。

1975年8月至1983年11月,冉祥龙任段长。

1983年11月至1986年1月,李耀亭任段长。

四、本次进馆档案情况简介

这次进馆档案共计109卷。这部分档案已与黄河档案馆办理了移交手续,并存入了黄河档案馆。其内容主要有:治黄工作总结;防凌、防汛工作总结;工程管理总结;压力灌浆总结;水位站水位月报表;印章的启用;表彰先进;人事任免;技术职称资格;河势查勘报告及附图;劳动工资年报;干部、党员年报;会计决算年报;水利工程基本建设、防汛岁修年报。

滨城黄河河务局档案全宗介绍

全宗号:7.5.4

一、概述

滨城黄河河务局现驻地在山东省滨州市黄河十路 585 号,机关和宿舍占地总面积 50 亩。机关成立于 1946 年 6 月,属于水利事业行政机构,受滨州黄河河务局和滨城区委、区政府的双重领导,为副县级行政事业单位,下属北镇、大道王、道旭、韩墩 4 个管理段,滨州黄河工程有限责任公司、山东黄河门窗有限公司 2 个公司。现有职工 216 人,其中离退休职工 102 人,在职职工中,干部 35 人,工人 79 人;各类专业技术人员 57 人,其中初级技术职称 22 人,中级技术职称 31 人,高级技术职称 4 人。主要职责和工作任务是:担负着滨州市区管辖范围内的黄河治理、防洪工程管理、防凌防汛、黄河水政监察和水行政执法等任务。

滨城黄河河务局各类堤防总长 47.692 km,其中临黄堤共 41.432 km,全部为一级一类堤防,其中左岸 23.122 km(大堤桩号 266+098~273+700、0+000~4+447、279+960~291+033),右岸 18.31 km(160+520~178+830);非临黄堤共 6.26 km,为四级堤防(大堤桩号 273+700~279+960)。管辖险工控导工程(含险工)共计 13 处(大道王险工、王家庄子险工、道旭险工、小街控导、户家控导、赵寺勿控导、大高控导、韩墩控导、龙王崖控导、王大夫控导、翟里孙控导、麻家控导、五里庄控导),工程长度 19.43 km,护砌长度 19.03 km,坝岸 407 道(段),其中丁坝 192 段,垛坝 20 段,土联坝 139 段,护岸 56 段。

二、机构沿革简介

滨城黄河河务局历史沿革:山东河务局驻滨县治河办事处→滨县修防段→与惠民修防段合并为惠民修防段,并将部分分段划归沾化修防段→惠民、滨县两县分设修防段,重新建立滨县修防段→滨县修防段革命委员会→滨州修防段,北镇分段由滨县修防段划出,归滨州修防段→滨县、滨州两修防段合并为滨州修防段→滨州修防段更名为滨州市黄河河务局,属副县(处)级单位→滨州市黄河河务局更名为滨州市滨城区黄河河务局→滨州市滨城区黄河务局更名为滨州黄河河务局滨城黄河河务局。

1967 年,成立“三结合”革命委员会,撤销各股,初期为生产办公室,后改称政工组、办事组、工务组、财务组。机关驻滨县杜店镇张肖堂村。

1976 年 6 月,机关办公驻地迁往滨县北镇义和街。机关设秘书股、政工股、工务股、财务股,下属单位:兰家分段、张肖堂分段、北镇分段、阎家分段、〇七仓库。

1982 年 9 月,增设黄河公安派出所,其余科室不变。

1983 年 1 月,北镇分段划归滨州修防段。机关驻滨州市小营镇道旭村。

1983年12月,机关设秘书股、政工股、工务股、财务股、派出所,下属单位:兰家分段、张肖堂分段、阎家分段、〇七仓库。

1985年年初临时建立多种经营办公室,年底正式改称为综合经营股。

三、人事变动情况

1964年8月至1977年7月,徐文荣任副段长。

1965年9月至1971年6月,张玉田任段长。

1970年3月至1980年12月,何福忠任段长。

1971年6月至1975年8月,刘凤岭任副段长。

1971年6月至1983年11月,刘恒德任副段长。

1975年8月至1977年1月,付永明任副段长。

1977年1月至1983年11月,付永明任段长。

1979年1月至1983年11月,张华生任副段长。

1980年11月至1982年12月,郑立光任副段长。

1980年12月至1986年4月,刘世和任副段长。

1983年11月至1987年4月,刘学声任段长。

1983年11月至1989年1月,吴庆华任副段长。

四、本次进馆档案情况简介

这次进馆档案共计162卷,这部分档案已与黄河档案馆办理了移交手续,并存入了黄河档案馆。其内容主要有:治黄工作总结;防凌、防汛工作总结;工程管理总结;工会总结;1973年财务大检查的总结;1978年黄河复堤工程、冬修工程施工、涵闸虹吸管理工作总结;印章的启用;表彰先进;人事任免、人员录用;河势查勘报告及附图;劳动工资年报;干部、专业技术干部年报;党员、党组织年报;会计决算年报;水利工程基本建设、防汛岁修年报;张肖堂站水位月报表。

博兴黄河河务局档案全宗介绍

全宗号:7.5.5

一、概述

博兴黄河河务局现址为滨州市博兴县城胜利四路 219 号,占地总面积 11 亩。机关成立于 1946 年 4 月,属于水利事业行政机构,受滨州黄河河务局和博兴县委、县政府的双重领导,下设办公室、工程管理科、防汛办公室、水政科、财务科、经济办公室 6 个科室和王旺庄管理段、博兴黄河工程公司 2 个基层单位,职工 85 人,其中离退休职工 36 人,在职职工中,干部 21 人、工人 28 人;各类专业技术人员 16 人(具有高级技术职称的 1 人,中级技术职称的 4 人,初级技术职称的 11 人)。主要职能是:负责辖区内黄河河务的行政主管业务;博兴县黄河防汛日常工作;博兴黄河河道、堤防、险工等水利工程的管理、保护等。

博兴黄河大堤起止桩号右岸 178+830~189+121,南展堤 0+000~3+750,其中临黄堤 14.04 km,南展大堤 3.75 km,险工 1 处,坝岸 41 段,工程长度 1 900 m,引黄涵闸 1 处,设计引水流量 120 m^3/s。

二、机构沿革简介

博兴黄河河务局由山东黄河河务局驻蒲台办事处、蒲台修防段→蒲台、博兴合并为博兴修防段→博兴县黄河河务局→博兴黄河河务局沿革而来。

1966 年秋,组织机构陷于瘫痪,驻滨州小营道旭。

1967 年 3 月,成立“三结合”的博兴修防段革命委员会,各科室撤销,初期秘书股改组为办事组,工务股、财务股改为工务财务组(后称生产办公室)。

1976 年 10 月,重新恢复原有组织机构及归属,机关撤销设秘书组、人事组、工务组、财务组编制,改称秘书股、人事股、工务股、财务股。

1977 年 8 月,博兴修防段革命委员会改称博兴修防段。

1980 年末职工总人数 261 人。

1981 年 5 月,博兴修防段由原住址(道旭)迁至黄河大堤南新院。

1982 年 11 月,因行政区划,建立滨州修防段,博兴修防段辖原属堤段,大堤桩号 166+770~178+830,划归滨州修防段管辖,道旭分段划归滨州修防段。

1983 年 1 月,因行政区划变更,博兴修防段原住地划归滨州修防段,迁至王旺庄办公。

1983 年 12 月,因行政区划变更,原博兴修防段临黄堤 189+121~201+300、南展堤 3+750~10+500 划归东营修防处牛庄修防段管辖,同时撤销王旺庄分段,博兴修防段下设工务股、政办股、工程队。

1986年2月,设立工务股、财务股、政办股、王旺庄分段、打渔张引黄闸管理所,撤销工程处,年末职工85人。

三、人事变动情况

1966年7月至1972年7月,毛秀峰任段长。

1972年7月至1979年1月,张玉田任段长。

1979年1月至1983年7月,尚锡九任段长。

1983年7月至1983年11月,刘恩荣任副段长(主持工作)。

1983年11月至1986年1月,郑立光任段长。

四、本次进馆档案情况简介

这次进馆档案共计86卷,其中文书档案28卷、科技档案52卷、会计档案6卷。这部分档案已与黄河档案馆办理了移交手续,并存入了黄河档案馆。其内容主要有:治黄工作总结;防凌、防汛工作总结;工程管理总结;机构变更;组织建立;印章的启用;表彰先进;人事任免、人员录用;技术职称资格、聘用;河势查勘报告及附图;劳动工资年报;干部、专业技术干部年报;党员、党组织年报;会计决算年报;水利工程基本建设、防汛岁修年报。

利津黄河河务局档案全宗介绍

全宗号:7.6.1

一、概述

黄河河口管理局利津黄河河务局,其机关住址为山东省东营市利津县大桥路66号,占地面积为28亩。利津黄河河务局成立于1946年8月,原隶属山东省黄河河务局,现隶属黄河水利委员会黄河河口管理局。2010年底,全局总人数132人,其中干部49人,工人83人,高级专业技术职称5人,中级专业技术职称33人,初级专业技术职称26人;离退休人员84人,其中离休6人、退休78人。

利津黄河河务局是副县级水利事业单位,主要职责是:第一,负责《中华人民共和国水法》《中华人民共和国河道管理条例》等法律、法规的宣传贯彻和组织实施,在利津县行使黄河范围内水行政职权;第二,制订利津县黄河防汛方案,负责利津县黄河防汛办公室日常工作,为行政首长指挥防汛抗洪当好参谋并负责抗洪抢险的技术指导;第三,负责黄河河道、堤防、险工、涵闸、淤背区、护堤地、岸线工程设施的管理和运用;第四,负责编报有关工程建设项目建议书,编写可行性报告和初步设计,配合上级做好黄河基建工程、防汛岁修工程的施工管理;第五,管理黄河水资源,依法计收水费;第六,研究利津黄河河务局经济发展战略,发挥资源优势,发展黄河产业;第七,研究制定科技发展规划和年度计划并组织实施,推动治黄科学技术的发展和运用;第八,负责职工队伍建设,研究制定精神文明建设规划和工作意见,并组织实施;第九,完成上级授权或交办的其他任务。

利津黄河河务局管理河段为上游与滨州市黄河河务局接壤,下游与河口区黄河河务局为邻,河道全长74 km。管辖左岸临黄堤64.231 km(桩号291+033~355+264);河口堤13.634 km(桩号为0+000~13+634);民埝20.436 km(桩号355+264~375+700)。辖段内有宫家、张滩、綦家嘴、刘夹河、小李、王庄6处险工;丁家、五庄、宫家、张滩、东关、东坝、中古店、崔家8处护滩,共131段14 380 m;4座涵闸,分别为宫家引黄闸、东关引黄闸、王庄引黄闸、罗家屋子引黄闸。

二、沿革简介

1946年5月,渤海行政公署设置山东黄河河务局及其驻沿河各县的办事处。同年8月成立山东黄河河务局驻利津县治河办事处,首任办事处主任由利津县县长王雪亭兼任。1950年8月,办事处名称改为山东黄河河务局利津修防段,正副段长由山东黄河河务局任命。1967年1月,原有机构瘫痪。1968年6月,经利津县革命委员会批准建立利津修防段革命委员会。1977年9月,革命委员会名称取消,复称为山东黄河河务局利津修防段。

1990 年 12 月,更名为利津县黄河河务局,并升格为副县级水利事业单位。2005 年 5 月,更名为黄河河口管理局利津黄河河务局。

(一)名称与时间

1946 年 8 月 22 日,成立山东黄河河务局驻利津县治河办事处,隶属山东黄河河务局。

1949 年 5 月 12 日,利津县治河办事处隶属山东黄河河务局。

1949 年 11 月 25 日,利津县治河办事处隶属山东黄河河务局垦利分局。

1950 年 8 月 1 日,更名为山东黄河河务局利津修防段,隶属山东黄河河务局惠垦修防处。

1953 年 3 月 18 日,利津修防段隶属山东黄河河务局惠民修防处。

1956 年 3 月 18 日,利津修防段分为利津第一修防段、利津第二修防段,隶属山东黄河河务局惠民修防处。

1958 年 6 月 16 日,利津修防段隶属山东黄河河务局惠民修防处。

1958 年 11 月 20 日,根据山东黄河河务局(58)黄人字第 928 号文件,利津修防段更名为沾化修防段,隶属山东黄河河务局淄博修防处。

1961 年 12 月 18 日,根据山东黄河河务局(61)黄秘字第 131 号文件,沾化修防段更名为利津县第一修防段,并成立利津县第二修防段,隶属山东黄河河务局惠民修防处。

1965 年 1 月 14 日,根据山东黄河河务局(65)黄人字第 8 号文件,原利津第一修防段更名为利津修防段,隶属山东黄河河务局惠民修防处,原利津第二修防段合并到垦利修防段。

1983 年 12 月,利津修防段隶属山东黄河河务局东营修防处。

1990 年 8 月 12 日,根据黄委黄劳〔1990〕58 号文件通知,原利津修防段升格更名为利津县黄河河务局(副县级),隶属黄河水利委员会黄河河口管理局。

2005 年 6 月,更名为黄河河口管理局利津黄河河务局,隶属黄河水利委员会黄河河口管理局。

(二)机关住址的变更情况

利津黄河河务局始建时处于临战状态,不具备安定机关的必备条件,其驻地随工而定,游迁频繁,先后在东关、西街、大马家、张滩、东街、大隅首西等地方落脚,少者二三个月,多则半年,所到之处多靠借民房居住,分散办公。之后迁至路北,也就是现在的利津县城西街 9 号;1998 年 10 月迁至利津县城南路 7 号;2000 年 8 月原门牌号利津县城南路 7 号改为利津县大桥 66 号。

(三)机关内部机构设置

1946 年 8 月,成立利津县治河办事处,下设工务股、财务股、秘书股、航运股,宫家、张滩、綦家嘴、王庄、小街、路庄 6 个分段,河防队、工程队。1948 年 2 月撤销河防队;1949 年 1 月增设工会。

1950 年 8 月,更名为利津修防段,下设工务股、财务股、秘书股、航运股、工会,宫家、张滩、綦家嘴、王庄、小街、路庄 6 个分段,工程队。1952 年撤销航运股;1954 年撤销綦家嘴分段。

1956 年 3 月,利津修防段分为第一、第二修防段,下设工务股、财务股、秘书股、工会,宫家、张滩、王庄 3 个分段,工程队。1958 年 6 月增设集贤分段;1956 年 3 月,小街分段、路庄分段划归垦利;1958 年增设程口分段,撤销宫家分段、张滩分段。

1958 年 11 月，利津修防段更名为沾化修防段，下设工务股、财务股、秘书股、工会，程口、王庄、集贤 3 个分段，工程队。1960 年 5 月增设生产股，1961 年生产股撤销。

1961 年 8 月，沾化修防段更名为利津县第一修防段，成立第二修防段，下设工务股、财务股、秘书股、工会，宫家、张滩、王庄 3 个分段，工程队。集贤、程口分段分别划归垦利、滨县修防段；1964 年 10 月增设东宋分段，集贤分段划归利津修防段。

1965 年 1 月利津第一修防段更名为利津修防段，下设工务股、财务股、秘书股、工会，宫家、张滩、王庄、东宋 4 个分段，工程队。1965 年 9 月撤销东宋分段；1967 年撤销工程队；1973 年增设政工股；1979 年 10 月增设土方机械队；1982 年增设公安派出所。

1983 年 12 月，利津修防段隶属东营修防处，下设工务股、工管股、财务股、秘书股、政工股、派出所、工会，宫家、张滩、王庄、集贤、一千二 5 个分段，机械队。1986 年 5 月增设多种经营办公室；1989 年 12 月机械队更名为山东黄河利津工程处。

1990 年 8 月，利津修防段升格更名为利津县黄河河务局，下设工务科、工管科、财务科、办公室、政工科、水政科、派出所、工会，宫家、张滩、王庄、集贤、一千二 5 个河务段，工程处。1990 年，成立小李园林场；1990 年 12 月，多种经营办公室合并到财务科，称财经科；1991 年多种经营办公室撤销；1992 年，增设综合经营办公室，1992 年 5 月，工程处更名为利津县黄河河务局工程处，组建土方机械施工二队，1993 年更名为山东黄河工程开发有限总公司利津工程处，1995 年改称山东黄河工程局第一分局利津工程处；1995 年综合经营办公室合并到财务科，更名财经科；1995 年 8 月政工科更名为人事劳动科。

1999 年 10 月，利津黄河河务局局机构改革后，下设办公室、财经科、人劳科、河务科、水政科、派出所、防汛办公室、工会、通信管理站、机关服务部，宫家、张滩、王庄、集贤、一千二 5 个河务段，一个园林场，一个工程处。

2005 年 6 月，利津黄河河务局机构改革后，利津县黄河河务局更名为黄河河口管理局利津黄河河务局。下设办公室、水政水资源科、工程管理科、防汛办公室、人事劳动科、财务科、党群工作科为机关科室；宫家、张滩、王庄、集贤、一千二 5 个管理段。

利津黄河河务局 1966 年末职工总人数为 98 人，1980 年末为 338 人，2000 年末为 298 人，2010 年末为 132 人。

机关内部其他机构设置及撤销情况如下：

1946 年 8 月 22 日，利津县驻河办事处，下设工务股、财务股、秘书股、航运股 4 股，宫家、张滩、綦家嘴、王庄、小街、路庄 6 个分段，河防、工程两个队。

1948 年 2 月，撤销河防队。

1949 年 1 月，增设工会。

1952 年，撤销航运股。

1954 年 2 月，撤销綦家嘴分段。

1956 年 3 月 23 日，小街分段、路庄分段划归垦利。

1958 年 6 月，增设集贤分段。

1958 年 11 月，增设程口分段，撤销宫家分段、张滩分段。

1960 年 5 月，增设生产股。

1961 年 8 月，集贤分段、程式口分段分别划归垦利、滨县；撤销生产股，恢复宫家分段、张滩分段。

1964 年 10 月增设东宋分段,集贤分段划归利津。

1965 年 9 月,撤销东宋分段。

1967 年,撤销工程队。

(四)主要负责人名录

略。

三、档案情况简介

利津黄河河务局自 1948 年建档,1991 年 4 月 3 日(利黄办字〔1991〕4 号文)建立综合档案室,配专职档案员 1 名,实行集中统一管理。人民治黄至今,形成并积累了大量的有价值的历史资料。截至目前,库存案卷共 3 730 卷、651 件。库存档案分为科技档案、文书档案、会计档案、声像档案、实物档案等。档案室库房面积 30 m^2,阅览室面积 15 m^2,办公室面积 45 m^2。档案橱 32 个,高 180 cm、宽 40 cm、长 90 cm;档案室配备有微机、空调、去湿机、吸尘器、灭火器、碎纸机等设备,档案实施现代化管理,库内温湿度保持在最佳状态,具备了防盗、防火、防潮、防虫、防鼠、防强光等功能。

四、进馆档案

(1)1950—1966 年的档案,根据山东河务局《关于转发〈黄河档案馆关于进馆档案工作规定〉》[黄办发(1989)8 号]的通知精神,利津黄河河务局于 1989 年组织专门力量对其进行整理、鉴定,共拆卷 494 卷,其中文书档案 143 卷、科技档案 351 卷;新组文书档案 144 卷,科技档案 224 卷。1950—1966 年档案于 1992 年 10 月通过黄委验收,以黄档接字(1992)第 4 号黄河档案馆接收档案资料凭证接收,但所整理的档案仍存利津黄河河务局档案室代为保管。

(2)本次进馆的文书档案主要为 1967—1985 年治黄工作意见、总结,治黄工作会议文件,干部任免,劳动工资,干部、党员、职工年报表、花名册;启用印章、职称认定、表彰先进、劳模、违纪等文件材料的请示、报告、批复、通知等。科技档案主要为 1967—1985 年的防汛岁修、基本建设计划、批复、年报表;河势查勘报告、河势图;水位、降水量记录;防汛工作意见、总结、规划;堤防加固、河道整治、根石探摸成果、大断面图;涵闸虹吸的设计、施工、测量、记录、图纸及报告;树木采伐、复堤占地、新建宿舍等的请示、协议等。会计档案主要为 1967—1985 年的水利事业费、基本建设、器材会计决算报表。共计 92 卷。1967—1985 年无声像、电子档案及实物档案。

垦利黄河河务局档案全宗介绍

全宗号:7.6.2

一、组织沿革

垦利黄河河务局原名为垦利修防段,为黄河流域专业性机构,属事业管理单位,受惠民修防处和垦利县委、县政府双重领导,主要负责所辖黄河堤防109.763 km的防汛及防洪工程设施的建设与管理工作。

1967年,县段驻王家院,徐建华任段长,刘茂纯、薄崇山、冉祥龙任副段长,下设工务组、财务组、办事组和胜利、路庄、义和三个分段。

1968年4月,县段迁驻一号坝,经县革命委员会批准,成立垦利修防段革命委员会,徐建华任主任,刘茂纯、薄崇山、冉祥龙任副主任。又下设政工办公室和生产办公室,增设二十一户分段。

1970年,增设十八户闸管所。

1971年,县段下设机构改称为工务组、财务组、办事组及政工组。

1972年11月,新增设王营分段。

1974年,县段下设机构,各组又改称股并恢复股长职称,各段亦恢复分段及分段长职称。

1977年春,新设南防洪堤分段和北防洪堤分段,撤销二十一户分段,十八户闸管所改为十八户分段。

1981年3月,章丘屋子闸管所移交垦利段管理。同年10月成立土方机械队,队长张温藻,副队长马新华、吴光宗。

1983年1月,垦利修防段公安派出所成立,受修防段和县公安局双重领导,支海泉任所长。

1983年11月,机构改革,张荣安任段长,张同会、李建成、王耀三、刘友文任副段长,王传仁任工会主席。县段机关驻一号坝,下设工务股、工管股、财务股、秘书股、人事股、工会、派出所和胜利、路庄、王营、义和、十八户、南防洪堤、北大堤分段、章闸管理所及土方机械队。

1983年12月,根据行政区划变更,东营市正式成立,东营修防处随之成立。垦利修防段由惠民修防处划归东营修防处管理。

1985年1月10日,河口管理段成立并办公,副段长张同会等13名职工调该段工作。北大堤分段及所属河口北大堤全部、河口东大堤大部划归该段管辖。其余股、分段、队、所未有变动。

二、进馆档案的数量统计

根据《黄委档案馆关于接收档案规定的通知》精神，本次进馆档案的编号，按照全宗内档案历年大流水。全宗内档案首先按年度排列，在同一年度先排文书档案，再排科技档案，最后是会计档案，垦利黄河河务局1967—1985年进馆档案共107卷。

三、本次进馆档案的主要内容

本次进馆材料主要为垦利黄河河务局形成的需要永久保存的材料，主要内容包括：年终治黄工作总结，职务任命，劳资，干部、工人、党员统计表；基建岁修，涵闸沉陷观测报表，摸水记录，汛前、汛末河势工情检查，涵闸竣工报告，险工横断面图；会计基建决算报表等。

山东黄河河务局东平湖管理局档案全宗介绍

全宗号:7.7

一、1967—1985 年的单位组织沿革

1967—1985 年,单位名称为“山东省黄河位山工程局”,隶属山东黄河河务局,是水利部黄河水利委员会驻梁山派出机构,属国家事业管理单位。

(一)机构设置变化情况

1967 年,位山工程局设有秘书科、政工科、工务科、财务科。

1968 年,该局成立山东省黄河位山工程局革命委员会,下设政工组和抓革命促生产组。

1970 年,该局建立中共山东省黄河位山工程局革命委员会核心小组。

1978 年,该局恢复办公室、保卫科。

1981 年,该局机关增设工会、纪检组,原政工科改为人事科。

(二)单位人事变动情况

1967 年,位山工程局副局长杨克民。

1968—1969 年,位山工程局革命委员会副主任李武成、郭尽遂、朱振昌。

1970—1974 年,位山工程局主要负责人、中共位山工程局党核心小组组长田浮萍。

1975—1978 年,位山工程局局长田浮萍,副局长杨克民、肖长智。

1978—1979 年,位山工程局局长杨克民,副局长肖长智、赵连生。

1980—1981 年,位山工程局局长杨克民,副局长肖长智、赵连生、李广超。

1982 年,位山工程局局长杨克民,副局长李善润、肖长智、赵连生。

1983 年,位山工程局局长李善润,副局长张锁厚、赵连生,工会主席:肖长智,纪检组长:李广超。

1984 年,位山工程局局长李善润,副局长赵连生、张锁厚、石德容。

1985 年,位山工程局局长李善润,副局长赵连生、张锁厚、石德容、李金堂。

二、本次进馆档案的数量

此次进馆档案共计 138 卷、图纸 158 张。其中,文书档案 138 卷。

三、本次进馆档案的主要内容

文书档案主要包括:东平管理局年度治黄工作意见、总结;启用、停止使用印章;档案管理;年度劳动工资、干部统计报表;职工登记表;专业技术人员登记表;国家机关干部、各类专

业干部统计报表;职工升级方案审批表、花名册;机构设置;干部任免;离职休养批复、报告;公布和聘任专业技术职务;职工处分报告、批复、奖惩统计表;党员登记、统计报表、花名册;防汛意见、总结;汛前、汛末河势查勘报告;基建、岁修统计年报;堤防管理总结;防汛防守方案、总结;黄河春修施工总结;石洼进湖闸、林辛进湖闸、码头泄水闸等改建工程竣工总结、竣工验收鉴定书、竣工图;决算报表。

梁山管理局档案全宗介绍

全宗号:7.7.1

一、1967—1985 年单位组织沿革

梁山管理局的前身为梁山湖堤修防段,隶属山东黄河河务局位山工程局,为副县(处)级全民事业单位,驻梁山县城关公社任庄,是梁山县东平湖水库的主管部门,承担着黄河东平湖防洪保安全、防洪基本建设、工程管理、引黄供水等任务,管理着黄湖两用堤 806 m、东平湖围坝 45 579 m、1 处险工、5 个坝头、2 座泄洪闸、1 座引黄闸及 2 处护岸工程的建设、维修、养护工作。

二、机构设置变化情况

1967 年前内部设置为秘书股、财务股、工务股、工程队、政工股。

1967—1970 年机关内部机构改为各办事组(股级)。

1972 年设立二级湖堤组(股级)。

1975 年设立马坊分段(股级),二级湖堤组改为二级湖堤分段。

1980 年设立任庄分段、许寺分段(股级)、工会(副科级),政工股更名为人劳股。至年底职工人数为 116 人。

1983 年 12 月 27 日,增设工管股、保卫股,撤销工程队,政工股更名为人事股。

1985 年初,成立多种经营股,同年撤销保卫股,设立公安派出所。

三、单位人事变动情况

1967 年 7 月至 1970 年 7 月,桑立俊任梁山修防段段长。

1976 年 7 月至 1978 年 7 月,李海臣任梁山修防段段长。

1980 年 11 月至 1983 年,王昭华任梁山修防段段长。

1983 年 12 月至 1985 年 11 月,胡庆法任梁山修防段段长。

1985 年 11 月,李衍林任梁山修防段段长。

1970—1972 年,李海臣任梁山修防段革命委员会主任。

1970 年,董欣然任梁山修防段革命委员会副主任。

1970 年,张珂玉任梁山修防段革命委员会副主任。

1967 年至 1970 年 7 月,桑立俊任梁山修防段革命委员会副主任。

1967 年 5 月至 1970 年 7 月,赵绍增任梁山修防段革命委员会副主任。

1970 年 11 月至 1972 年 11 月,王春林任梁山修防段革命委员会负责人。

1972 年 7 月至 1977 年 12 月,张树俊任梁山修防段副段长。

1976 年 8 月至 1977 年 12 月,梁基增任梁山修防段副段长。

1978 年 12 月至 1980 年 11 月,王昭华任梁山修防段副段长。

1978 年 12 月至 1983 年 11 月,胡庆法任梁山修防段副段长。

1980 年 11 月至 1983 年 11 月,曲庆城任梁山修防段副段长。

1983 年 12 月至 1985 年 11 月,许建中任梁山修防段副段长。

1983 年 12 月至 1985 年 11 月,杨传平任梁山修防段副段长。

1985 年 11 月至 1987 年 12 月,任士伟任梁山修防段副段长。

四、本次进馆档案的数量

此次进馆档案共计 133 卷、图纸 34 张。其中,文书档案 133 卷。

五、本次进馆档案的主要内容

文书档案主要包括:梁山管理局年度治黄总结,劳动工资,干部统计年报表,职工登记表,专业技术人员登记表,党员登记表,国家机关干部、各类转业干部统计报表,干部人事任免,防汛总结,基建、岁修统计年报,基本建设会计年报表,水利事业会计决算报表,堤防管理工作总结、报表,防汛防守方案、总结,防洪工程计划,国那里引黄闸、流长河、二道坡水位、沉陷、测压管、裂缝等观测报表,汛前堤防普查,增设和更改职能部门名称,启用新印章的通知请示、批复,抢险工程专用代电,黄河下游防洪基建工程十年规划工程管理竣工验收资料及征购土地补偿协议等。

东平东平湖管理局档案全宗介绍

全宗号:7.7.2

一、1967—1985 年的单位组织沿革

1967—1985 年期间,1967 年东平湖堤修防段更名为东平修防段革命委员会。1976 年更名为东平湖堤修防段,归属山东黄河河务局位山工程局,驻东平州城镇南门。主要职责是东平湖和大清河的防汛,东平湖库区、大湖围坝、大清河堤、险工、涵闸、戴村坝护滩工程的建设、维修、养护工作。属国家事业管理单位。

(一)机构设置变化情况

1966 年,东平修防段革命委员会内设工务组、财务组、秘书组。

1973 年,增设大清河组。

1976 年,东平湖堤修防段内设工务股、财务股、秘书股、政工股、大清河分段、工程队。

1979 年,增设围坝分段。

1983 年,增设工会、工管股、流泽分段、北堤分段、多种经营办公室,取消大清河分段。

(二)单位人事变动情况

1967—1979 年,赵恒禄任东平修防段革命委员会段长(正科级)。

1970—1975 年,桑立俊任东平修防段革命委员会段长(正科级)。

1978—1983 年,王玉峰任东平湖堤修防段段长(正科级)。

1978—1983 年,李金堂任东平湖堤修防段段长(正科级)。

1967—1975 年,毕天真任东平修防段革命委员会副段长(副科级)。

1976—1985 年,毕天真任东平修防段副段长(副科级)。

1967—1972 年,孙衍昇任东平修防段革命委员会副指导员(副科级)。

1975—1978 年,王玉峰任东平修防段副段长(副科级)。

1971—1975 年,胡庆法任东平修防段副段长(副科级)。

1976—1978 年,胡庆法任东平湖堤修防段副段长(副科级)。

1977—1983 年,周德庆任东平湖堤修防段副段长(副科级)。

1983—1985 年,周德庆任东平湖堤修防段工会主席(副科级)。

1971—1975 年,刘智清任东平修防段革命委员会副段长(副科级)。

1975—1983 年,刘智清任东平修防段副段长(副科级)。

1983—1985 年,郭兴平任东平湖堤修防段副段长(副科级)。

1984—1985 年,陈庆芝任东平湖堤修防段副段长(副科级)。

1983—1985 年,曲庆芝任东平湖堤修防段副段长(副科级)。

二、本次进馆档案的数量

此次进馆档案共计126卷,其中文书档案126卷。

三、本次进馆档案的主要内容

文书档案主要包括:东平东平湖管理局年度治黄总结;年度劳动工资、干部统计报表;职工登记表;专业技术人员登记表、党员登记表;国家机关干部、各类专业干部统计报表;干部任免;防汛意见、总结;基建、岁修统计年报,基本建设会计报表;会计报表;水利事业决算报表;堤防管理工作报表;堤防管理总结;防汛防守方案、总结;防洪工程计划;工程检查情况及征购土地补偿协议。

汶上东平湖管理局档案全宗介绍

全宗号:7.7.3

一、1967—1985 年的单位组织沿革

1967—1985 年,单位名称为“汶上湖堤修防段”,归属山东黄河河务局位山工程局,是水利部黄河水利委员会驻汶上派出机构,行使国家授权其在汶上县黄河流域内水行政管理职能,属国家事业管理单位。

(一)机构设置变化情况

1967 年,汶上湖堤修防段设有政工股、工务股、财务股。

1985 年,增设多种经营办公室。

(二)单位人事变动情况

1967—1977 年,汶上湖堤修防段段长刘锡铎。

1971—1979 年,汶上湖堤修防段副段长王宪树。

1975—1979 年,汶上湖堤修防段副段长张学友。

1980—1983 年,汶上湖堤修防段段长郑德仁。

1984—1985 年,汶上湖堤修防段副段长孙炳健。

1985 年,汶上湖堤修防段段长纪道善。

二、本次进馆档案的数量

此次进馆档案共计 91 卷,其中文书档案 91 卷。

三、本次进馆档案的主要内容

文书档案主要包括:汶上东平湖管理局年度治黄工作意见、总结;年度劳动工资、干部统计报表;职工登记表;专业技术人员登记表、党员登记表;国家机关干部、各类专业干部统计报表;干部任免;防汛意见、总结;基建、岁修统计年报、会计决算报表;水利事业报表;堤防管理工作报表;堤防管理总结;水位监测年报、防汛防守方案、度汛方案、总结;人事工作总结;防洪工程计划;堤防汛前检查报告;工会工作总结等。

东平管理局档案全宗介绍

全宗号:7.7.4

一、1967—1985年的单位组织沿革

1967年东平湖堤修防段更名为东平修防段革命委员会。1976年更名为东平湖堤修防段。归属山东黄河河务局位山工程局,驻东平州城镇南门。主要职责是东平湖和大清河的防汛、东平湖库区、大湖围坝、大清河堤、险工、涵闸、戴村坝护滩工程的建设、维修、养护工作。属国家事业管理单位。

(一)机构设置变化情况

1966年,东平修防段革命委员会内设工务组、财务组、秘书组。

1973年,增设大清河组。

1976年,东平湖堤修防段内设工务股、财务股、秘书股、政工股、大清河分段、工程队。

1979年,增设围坝分段。

1983年,增设工会、工管股、流泽分段、北堤分段、多种经营办公室,取消大清河分段。

(二)单位人事变动情况

1967—1979年,赵恒禄任东平修防段革命委员会段长(正科级)。

1970—1975年,桑立俊任东平修防段革命委员会段长(正科级)。

1978—1983年,王玉峰任东平湖堤修防段段长(正科级)。

1978—1983年,李金堂任东平湖堤修防段段长(正科级)。

1967—1975年,毕天真任东平修防段革命委员会副段长(副科级)。

1976—1985年,毕天真任东平修防段副段长(副科级)。

1967—1972年,孙衍昇任东平修防段革命委员会副指导员(副科级)。

1975—1978年,王玉峰任东平修防段副段长(副科级)。

1971—1975年,胡庆法任东平修防段副段长(副科级)。

1976—1978年,胡庆法任东平湖堤修防段副段长(副科级)。

1977—1983年,周德庆任东平湖堤修防段副段长(副科级)。

1983—1985年,周德庆任东平湖堤修防段工会主席(副科级)。

1971—1975年,刘智清任东平修防段革命委员会副段长(副科级)。

1975—1983年,刘智清任东平修防段副段长(副科级)。

1983—1985年,郭兴平任东平湖堤修防段副段长(副科级)。

1984—1985年,陈庆芝任东平湖堤修防段副段长(副科级)。

1983—1985年,曲庆芝任东平湖堤修防段副段长(副科级)。

二、本次进馆档案的数量

此次进馆档案共计 126 卷,其中文书档案 126 卷。

三、本次进馆档案的主要内容

文书档案主要包括:东平管理局年度治黄总结;年度劳动工资、干部统计报表;职工登记表;专业技术人员登记表、党员登记表;国家机关干部、各类专业干部统计报表;干部任免;防汛意见、总结;基建、岁修统计年报,基本建设会计报表;会计报表;水利事业决算报表;堤防管理工作报表;堤防管理总结;防汛防守方案、总结;防洪工程计划;工程检查情况及征购土地补偿协议。

梁山河务局档案全宗介绍

全宗号:7.7.8

一、1967—1985年的单位组织沿革

1967—1985年,单位名称为"梁山黄河修防段",隶属山东黄河修防处,是水利部黄河水利委员会驻梁山派出机构,行使国家授权其在梁山县黄河流域内水行政管理职能,属国家事业管理单位。

(一)机构设置变化情况

1967年,梁山黄河修防段设有秘书股、政工股、工程股、财务股、工程队。

1977年1月,增设引黄股。

1981年12月,梁山黄河修防段共设工务股、财务股、工程股、办公室、人事股、基建股。

1982年2月,增设梁山县公安局黄河派出所。

1982年10月,办公室改为秘书股。

1983年12月,菏泽修防处下达关于梁山修防段机构设置的通知,机关共设秘书股、政工股、工务股、工管股、财务器材股、工程队6个职能部门,同时设立陈垓闸管理所。

1985年,增设多种经营办公室。

(二)单位人事变动情况

1967—1971年,梁山黄河修防段段长徐奎。

1967—1971年,梁山黄河修防段副段长吕学彬。

1971—1977年,梁山黄河修防段段长梁宗久。

1971—1975年,梁山黄河修防段副段长汤文英。

1975—1977年,梁山黄河修防段副段长史玉田。

1975—1982年,梁山黄河修防段副段长赵汝芳。

1977—1980年,梁山黄河修防段段长贺宏开。

1977—1980年,梁山黄河修防段副段长郭风桐。

1977—1980年,梁山黄河修防段副段长王继鑫。

1980—1983年,梁山黄河修防段段长张召岭。

1982—1983年,梁山黄河修防段副段长仲维才。

1982—1983年,梁山黄河修防段副段长王以善。

1983—1990年,梁山黄河修防段段长刘玉来。

1983—1989年,梁山黄河修防段副段长雷玉山。

1983—1989年,梁山黄河修防段副段长高连正。

1985—1990 年，梁山黄河修防段副段长布如坤。

二、本次进馆档案的数量

此次进馆档案共计 99 卷，其中文书档案 99 卷。

三、本次进馆档案的主要内容

文书档案主要包括：梁山河务局年度治黄工作意见、总结；年度劳动工资、干部统计报表；职工登记表；专业技术人员登记表；国家机关干部、各类专业干部统计报表；干部任免；防汛意见、总结；基建、岁修统计年报；会计决算报表；水利事业报表；堤防管理工作报表；堤防管理总结；水位监测年报、防汛防守方案、度汛方案、总结；人事工作总结；防洪工程计划。

山东黄河船舶工程处档案全宗介绍

全宗号:7.13

2009年8月,按照黄委黄办档〔2007〕7号文关于印发《黄河档案馆关于接收档案的规定》的通知精神,对1969—1985年的档案进行了鉴定进馆。由业务熟练的专业骨干人员进行鉴定分类、整理、打印目录等工作。在鉴定整理期间,山东黄河船舶工程处领导非常重视,多次了解此项工作的进展情况,工作人员在整理期间兢兢业业,认真细致。首先是鉴定分类、打印目录并报经市局档案科领导审核确认;其次是对上级领导提出的问题进行了认真整改;最后按照标准进行细致整理、打印页码、排列卷号、折叠图纸、填写档号,以及打印卷内目录、案卷目录、封皮等各项工作。

1969—1985年,济南黄河船舶工程处前身为山东河务局航运大队,归山东黄河河务局直接领导,主要职责是船舶修造、船运管理及治黄物资运输及抢险等工作。

一、组织机构沿革

1970年11月,经中共黄河水利委员会山东黄河河务局革命委员会核心领导小组(简称山东局核心组)批准成立中共山东河务局航运大队支部委员会,由白效时、冷玉萍、苏德昌三位同志组成,白效时任支部书记。1971年11月,由山东局核心组任命冷玉萍为支部书记。

1972年11月,由山东局核心组任命冷玉萍为航运大队队长,苏德昌、张悦东、巴书臣任副队长。

1973年5月,任命王献儒为航运大队副队长。

1975年8月,贾延峰、苏德俊、张乐学三位同志提为航运大队副队长。

1976年12月,马麟祥任航运大队副队长。

为了加强船只维修、管理工作,更好地完成治黄运输任务,经山东黄河河务局研究批准,航运大队下设修配车间和船队两个单位。

1977年4月,经山东黄河河务局机关委员会研究同意,航运大队支部委员会由贾延峰任书记,马麟祥任副书记。

1978年5月,山东黄河河务局党组任命贾延峰为航运大队队长。

同年8月,山东黄河河务局根据"将山东、河南两省河务局及所属修防处、段改为黄委会建制,实行以黄委为主的双重领导"的批示精神,启用"山东黄河河务局航运大队"新印章。

1979年12月,经山东黄河河务局党组研究决定,李咸道任航运大队副队长。

1979年2月,经山东黄河河务局机关委员会批复,成立中共航运大队总支委员会,贾延峰任书记,张悦东、马麟祥任副书记。总支委员会下设机关、车间、船队三个支部委员会。

1981 年 1 月,经山东黄河河务局研究决定,将航运大队下设的办事组改为秘书股,政工组改为人事股,生产组改为股,器材、后勤、财供组改为财务股。

1983 年 12 月,经山东黄河河务局党组研究决定,贾延峰任中共山东黄河河务局航运大队党总支委员会书记;马麟祥任航运大队队长,贾忠孝、耿呈祥任副队长,徐德银任工会主席。

1985 年 12 月,经山东黄河河务局研究决定,张洪梓任航运大队副队长。

二、全宗档案内容

此次档案进馆内容有:机构设置;行政职务任免;表彰先进;职工处理;党员、人事、工资年报表;治黄工作意见、总结报告等具有永久保存价值的档案。

三、全宗档案情况

这次进馆档案共计 68 卷,其中文书档案 68 卷。这部分档案现已与黄河档案馆办理了移交手续,并存入黄河档案馆。

通过这次档案进馆工作,我们进一步认识到档案自身价值的重要性,更为重要的是这部分档案进馆后保管条件得到改善,不仅延长了档案的保存寿命,也能更好地为治黄工作服务。

说　明

1967—1985 年全宗介绍的编写,内容主要是由档案人员通过查阅档案材料,经过筛选和加工,结合档案工作实际情况,本着详今略古的原则编制而成,机构设置、干部任职是通过查阅档案的批文确定的。

高青黄河河务局档案全宗介绍

全宗号 7. 18. 1

一、组织沿革

高青黄河河务局原名为高青修防段,为黄河流域专业性机构,属事业管理单位,受惠民修防处和高青县委、县政府的双重领导。主要负责所辖黄河堤防 46. 92 km(起止桩号 113+600~160+250)的防汛及防洪工程设施的建设与管理工作。

1967 年 3 月,成立高青修防段革命委员会,撤销机关原设置,取消马扎子、刘春家两个引黄闸管理所,改设办事组、工务组、财务组。

1968 年,增设马扎子、青城、田镇、旧镇 4 个分段,洪化堂任主任,季官起、闫洪训、李宗诚任副主任。

1969 年 2 月,李全喜任主任,贾俊生、李宗诚任副主任。1969 年 10 月,季官起任主任,王国庆、洪化堂、李宗诚任副主任。

1971 年,增设政工组,蔡冠军任段长,王敬五、李光耀、程继满任副段长。

1974 年 2 月,张玉田任段长,吕学斌、王敬五、李光耀、程继满任副段长。

1976 年 10 月,机关名称由高青修防段革命委员会更改为高青修防段。办事组、政工组、工务组、财务组更名为秘书股、政工股、工务股、财务股,青城、田镇、旧镇分段更名为大刘家、刘春家、大道王分段。

1977 年 9 月,张新堂任段长,宋士卿、吕学斌、李光耀任副段长。1979 年 11 月,韩士修任副段长。

1981 年,政工股更名为人事股,增设派出所。1982 年增设土方机械队。1983 年人事股更名为政工股,增设工管股,成立工会,撤销土方机械队。1983 年 11 月,付永明任段长,朱玉华、董鲁田任副段长。1985 年 1 月,撤销工管股。

二、进馆档案的数量统计

根据《黄河档案馆关于接收档案的规定》的通知精神,本次进馆档案的编号,按照全宗内档案历年大流水。全宗内档案首先按年度排列,在同一年里先排文书档案,再排科技档案,最后是会计档案,不再具体分类。高青黄河河务局 1967—1985 年进馆档案共 90 卷。

三、本次进馆档案主要内容

本次进馆材料主要是高青黄河河务局形成的需永久保存的材料,主要内容包括:马扎子、刘春家水位旬(月)报,涵闸沉陷观测报表,放水月报;年度防汛总结及年终治黄工作总结;基建岁修、工程管理、冬修、淤背等各类工程统计年报;党员、干部、工勤人员、新招职工登记表;年度会计决算报表;单位启用印章通知、职务任命、工人转干通知等;扬水站竣工报告;堤防工程加固卡片等。

济南黄河工程机械修理厂档案全宗介绍

全宗号:7.19

2009年8月,按照黄委黄办档〔2007〕7号文关于印发《黄河档案馆关于接收档案的规定》的通知精神,对1969—1985年的档案进行了鉴定进馆。由业务熟练的专业骨干人员进行鉴定分类、整理、打印目录等工作。在鉴定整理期间,济南黄河工程机械修理厂领导非常重视,多次了解此项工作的进展情况,工作人员在整理期间兢兢业业,认真细致。首先是鉴定分类、打印目录并报经市局档案科领导审核确认;其次是对上级领导提出的问题进行了认真整改;最后按照标准进行细致整理、打印页码、排列卷号、折叠图纸、填写档号,以及打印卷内目录、案卷目录、封皮等各项工作。

一、组织机构沿革

济南黄河工程机械修理厂主要从事防汛设备的修理和机械加工工作,同时研制开发了连铸改造项目和冶金铸管项目等。

1969年3月成立的山东黄河河务局五七工程总队,是由山东黄河河务局附属的工程大队、测量队、河道观测队、电话站、仓库五个单位合并而成的,隶属山东黄河河务局。

1971年,山东黄河河务局仓库与五七总队分设并由五七总队代管。1972年,山东黄河河务局五七工程总队更名为山东机修储运队。

1972年11月,山东黄河河务局核心小组任命赵景阳为机修储运队队长。

1977年7月,山东黄河河务局党组任命李光和为机修储运队队长。

1981年2月,山东机修储运队更名为山东黄河河务局济南机修运输队,隶属济南修防处。

1983年12月,济南修防处任命梁溪云为济南机修运输队队长。

1984年11月,济南修防处任命赵伯法为济南机修运输队队长。

1985年1月,机修运输队更名为山东黄河河务局济南机械修配厂。

二、全宗档案内容

此次档案进馆内容有机构改革;印章启用;职务任免;表彰先进;党员、人事、工资年报表;治黄工作意见、总结报告等具有永久保存价值的档案。

三、全宗档案情况

这次进馆档案共计53卷。其中,文书档案53卷。

通过这次档案进馆工作,我们进一步认识到档案自身价值的重要性,更为重要的是这部分档案进馆后保管条件得到改善,不仅延长了档案的保存寿命,也能更好地为治黄工作服务。

说　明

1969—1985年全宗介绍的编写,内容主要是由档案人员通过查阅档案材料,经过筛选和加工,结合档案工作实际情况,本着详今略古的原则编制而成,机构设置、干部任职是通过查阅档案的批文确定的。

黄委水文局档案全宗介绍

全宗号:9

一、基本情况

黄委水文局负责全面收集黄河干支流及区域水文、水资源基本资料(包括水位、流量、泥沙、降水、蒸发、地表侵蚀、水质污染、冰情等指标);负责黄河干支流河段及水库的水文、泥沙测报,进行黄河流域重点河段的水情、气象预报,开展宁蒙河段及下游防凌预报和封开河预报;负责为黄河防汛、防凌、抗旱、水利枢纽运用、水资源调度提供科学的水文情报预报;负责对黄河干流和主要支流水资源(包括地表水、地下水、水量)进行调查与评价;负责制定黄河水文技术标准和流域水文测验、资料整编等规定;负责黄河水沙资料的整汇编工作;负责组织黄河下游河道断面测量及水沙资料的分析研究工作;负责黄委系统水文站网的建设和管理,以及为专用目的设置的河道、水库断面的实施和管理;负责开展与水文水资源有关的科学研究、试验、推广;负责黄河流域水文行业管理,依法保护水文合法权益。

二、机构沿革情况

1968年3月30日,成立“黄河水利委员会水文系统革命委员会”,行使黄委水文处的一切权力。同时,宣布撤销“黄河水利委员会水文处和水文处政治处”。

1969年底精简机构,黄河水利委员会革命委员会(简称黄委革命委员会)宣布撤销“黄河水利委员会水文系统革命委员会”。机关工作人员大部分下放到黄河修防段、规划队和中牟县农村劳动。当时黄委水文业务仅在黄委革命委员会生产组领导下的河务组(有6人)负责日常水文工作。

1971年秋,在黄委革命委员会生产组内筹建水文组,同年末,黄委水文职工减少为1 054人。1972年春,水文组正式成立,张绥为组长,董坚峰为副组长。到1973年初黄委生产组中水文组有职工18人。

1973年8月,黄委革命委员会恢复水文处,张绥为处长,纪明权、罗永聚、董坚峰为副处长。水文处内设办事、技术、水情3个组。1973年后黄委水文职工人数逐年有所增加,到1976年末,水文职工人数增加到1 495人。

1978年2月,水电部〔1978〕水电计字第43号文批复:“为适应治黄工作需要,进一步加强你会的水文工作,便于集中统一领导,经研究同意水文处为黄委会二级机构”。任命张绥为处长,董坚峰、陈赞廷、王克勤为副处长,龙毓骞为主任工程师。同年底,董坚峰调黄河水利学校。1979年底,龙毓骞调黄委水利科学研究所(简称黄科所)。

1980年4月,经水利部批准,成立黄河水利委员会水文局(地市级全能机构),并与黄河水源保护办公室合署办公(一套领导班子,对外是两个机构名称)。任命田绍松、赵作为、张绥、陈赞廷为副局长。同年末,黄委管辖的水文站 159 处(包括渠道站 24 处),职工 1 961 人(包括黄河水源保护职工)。1981 年 3 月,任命张兆钧为副局长。

1983 年 1 月,调整局领导班子,任命董坚峰为局长,张兆钧、辛志杰为副局长,陈赞廷为总工程师,张绥为顾问。1984 年 3 月,根据水电部、城乡建设环境保护部《关于流域机构水资源保护局(办)变更名称的通知》,黄河水源保护办公室改为水利电力部、城乡建设环境保护部黄河水资源保护办公室。1984 年 10 月,水文局领导班子调整,董坚峰为局长,张兆钧、张民琪、孔祥春、吕光圻为副局长,陈赞廷、温存德(兼)为总工程师,马秀峰为副总工程师,张绥为督导员。水文局机构设置有办公室、政治处、测验处、水情处、水源保护处(又称综合处),同年又增设行政处、计划财务处和调查研究室。1985 年末黄委水文职工人数达到历年最高,为 2 532 人。

三、全宗内档案情况

(一)机关档案机构设置情况

水文局 1980 年成立后,设资料室,负责资料的收集、借阅工作,无专人管理,由收发人员兼管,规章制度不健全。随着机关职能的变更和档案资料的增加、业务范围的扩大,于 1986 年正式组建局档案资料室,负责局机关各处室的档案资料收集、整理、归档、利用工作及局属各局档案工作业务指导、水文专业有偿服务、期刊征订等工作。档案资料科定编 4 人。1980 年仅有 1 名工作人员,1982 年为 2 人。

(二)机关档案设施情况

1980 年以前原水文处技术处档案归黄委档案科保管和利用,因当时行政管理属黄委,因此无文书档案。1980 年以后才建立文书档案。当时由于档案资料用房紧张,只是部分处室的档案交档案资料室保管,大部分文件材料散存在处里。1986 年局机关正式组建档案资料室,归办公室秘书科领导。文书档案、科技档案、会计档案集中统一管理。

(三)机关档案分类、数量、保管情况

截至 1985 年底,局机关库存档案 1 526 卷,全宗内各类档案均按有关规定分类、立卷、排架。文书档案分 11 类,分别为:①综合类;②劳动人事类;③计划统计类;④财务器材物资类;⑤审计类;⑥党务类;⑦团委类;⑧工会类;⑨多种经营类;⑩会计类;⑪水政类。排架时按类分保管期限,先永久,后长期、短期。

科技档案按黄委 1980 年制定的水文科技档案分类办法及水资源保护科技档案分类办法进行分类,用“S”代表水文类科技档案,“Y”代表水资源保护类科技档案;科技档案按大类分开,每个大类又分若干个小类,逐年流水编写案卷顺序号,排架时不分保管期限,只按类分开排列。基本建设档案按水文局机关情况分为 4 类,排架时不分保管期限,按类分开排列。

会计档案按年、按保管期限编写卷号。永久卷自 1980 年起编写大流水号。排架按年份保管期限。

文书档案、科技档案,永久卷、长期卷实行两套制。

四、本次进馆工作情况

本档案进馆时间要求为 1967—1985 年。水文局是 1980 年成立的,故水文局机关本次

进馆时间跨度为建局至1985年。

本次进馆档案主要内容为：机构设置、变更及印章启用、职务任免通知；单位工作总结、工作安排及会议记录；干部统计年报；水文局事业费、基建、工会财务决算报表等。

说　明

黄河流域水文年鉴作为黄河水文科技档案的重点已于每年刊印后向黄河档案馆移交，故本次水文局机关档案进馆内容中无科技档案。

黄河上游水文水资源局档案全宗介绍

全宗号:9.1

一、机构沿革情况

(一)名称与时间

(1)黄委兰州水文分站:1953年1月成立,1956年5月撤销。

(2)黄委兰州水文总站:1956年6月合并组建成立。

(3)黄委兰州水文总站革命委员会:1968年7月成立,1978年撤销。

(4)黄委兰州水质监测站:1979年成立,承担黄河上游水质监管职能。

(5)1981年10月,兰州水文总站秘书科改为办公室至今。

(6)1984年10月,将泾、渭河各基层单位移交三门峡总站管理。

(二)主要负责人名录

略。

二、档案数量统计

1967年以来,上游局档案分类紧密结合专业档案记述和反映的事物属性,遵循从总到分,总体上有概括性,能包容各类档案,类目有稳定性,使分类既适应有档案的实际需要,又给今后的发展留有余地,力求准确、简明、易懂、易记,适于利用者查询,在工作中严格按水文局下发的分类标准和保管期限实施。

从上游局目前档案归案率与完整率情况看,文件基本完整、收集齐全,多年来从未发生过档案毁损和丢失现象;随着科技的发展,近几年来形成的稿件底稿大部分没有,打印出来直接存档。

这次进馆主要是将1967—1985年间的档案根据水文局要求重新进行鉴定、拆卷、整理、组卷,进馆时主要分为两部分进行:一部分是文书档案(包括财会),另一部分是技术档案。这次进馆前由黄委档案馆易成伟馆长、张卫群科长,水文局档案科张玮科长来兰州检查、指导进馆工作,并为准备进馆做了重要安排和部署。

档案进馆文书部分内容:1967—1985年间共647卷中逐卷进行鉴定、拆卷、重新组卷,最后筛选出230卷进馆。

文书档案148卷。其中,党团类30卷,秘书类29卷,人事类58卷,工会类7卷,计财类24卷。

技术部分共计82卷。其中,站网建设类24卷,成果报告类10卷,资料整编类10卷,综合类9卷,测验分析类23卷,水情类6卷。

三、档案主要内容

文书部分内容包括:工作总结、年度计划、各种会议记录、合同、协议等;劳动人事类包括:机构设置、干部任免、考核、转正、定级、奖励、处分、安全保卫、劳动年报、人员名单等;计划统计类包括:工作条例、规定、制度、各种报表;财务、物资类包括:年度决算、征用土地方面的审批手续、契约等;党务类包括:党委会议记录。

技术部分内容包括:水文测站站网建设类、基本站的测验资料整编、汇编审查工作总结、洪水调查、水文调查、水文分析研究等。

中游水文水资源局档案全宗介绍

全宗号 9.2

一、基本情况概述

1968 年 6 月，吴堡水文总站经水利部黄委批准更名为黄委吴堡水文总站革命委员会；1978 年 5 月，黄委吴堡水文总站革命委员会恢复为黄委吴堡水文总站；1985 年 11 月，经黄委批准，吴堡水文总站由陕西省吴堡县迁往山西省榆次市（现为榆次区）郊郭村，更名为黄委榆次水文总站。

黄河中游水文测区位于黄河中游区上段黄河河口镇—龙门区间。地理坐标在东经 108°02′~112°44′，北纬 35°40′~40°34′，行政区域分属内蒙古、陕西、山西 3 省（区）7 市（盟）43 县（区、旗）。测区积水面积 111 586 km^2，占黄河流域面积的 14.8%；干流河长 723 km。本测区是黄河洪水泥沙的主要来源区之一。

榆次水文总站主要负责黄河中游头道拐至龙门区间干流和入黄支流把口站的水文测报、洪水预报、资料整编、泥沙颗粒分析、水文分析计算、水资源调查评价、水质监测、水文调查等任务。

全区共有 39 个水文站：河曲、府谷、吴堡、义门、高石崖、皇甫、清水、王道恒塔、新庙、旧县、下流碛、温家川、高家川、高家堡、申家湾、马湖峪、丁家沟、曹坪、李家河、青阳岔、横山、殿市、韩家峁、白家川、甘谷驿、延安、子长、延川、临镇、新市河、大村、吉县、大宁、裴沟、后大成、林家坪、碧村、杨家坡、裴家川（其中一级支流站 19 个）；1 个水位站；263 个雨量站（其中群众雨量站 226 个）；水质监测断面 8 处；省界监测断面 17 处。主要观测项目有降水、水位、流量、泥沙、蒸发、水质、冰凌等。常年站 35 个，汛期站 4 个。积累了 5 000 多站年的系统水文、水质等资料。

二、机构沿革情况

1968 年 6 月，吴堡水文总站改名为吴堡水文总站革命委员会。根据黄委批准，燕培森任吴堡水文总站革命委员会第一副主任，杨路锁、范灶兴任副主任。总站职工总人数为 244 人。

1970 年 8 月，经吴堡县革命委员会同意，任命付永光、辛永忠为吴堡水文总站革命委员会委员。

1971 年 4 月，经黄委批准，吴堡县革命委员会同意，任命汤秀生为吴堡水文总站革命委员会主任。同年，吴堡水文总站根据水文测验的需要，在义门水文站下 7 km 处设立府谷水文站。

1972 年 8 月,吴堡水文总站为适应水文工作需要,加强水文测站的领导,重新恢复府谷、横山、延安三个中心站。其中,府谷中心站辖义门、后会、碧村、裴家川、府谷、皇甫川、温家川、高石崖、王道恒塔、高家堡、新庙,共 11 个水文站。横山中心站辖靖边、横山、殿市、韩家峁、高家川、申家湾、马湖峪、青阳岔、李家河、曹坪,共 10 个水文站。延安中心站辖子长、延安、甘谷驿、川口、延川、临镇、新市河、大村,共 8 个水文站。同年 9 月,总站革命委员会研究决定,将原生产组划分为生产组和财务组;调整后总站共分 4 个组:办事组、生产组、财务组、政工组。总站职工总人数为 218 人。

1973 年 7 月,吴堡水文总站委托延安水文中心站刻制延安中心站、府谷中心站、横山中心站三枚印章并启用。

1975 年 5 月,根据黄委意见及吴堡水文总站情况,为了加强党的一元化领导,加强水文测站政治思想工作,特建立吴堡水文总站核心小组,对所属 37 个测站的党政工作实行地方党委和总站党的核心组双重领导。核心组由汤秀生、燕培森、付永光三人组成,汤秀生任组长,燕培森任副组长。当时总站职工 273 人。同年 8 月,因水电部在山西保德建立天桥水电站,为掌握水库水文及泥沙规律,适应天桥电站调度管理和科学研究等方面的需要,根据水电部意见,黄委将天桥电站库区水文测验任务交由吴堡水文总站承担,吴堡水文总站经研究决定将站址选在府谷县。天桥库区水文实验站下设干、支流进库水文站 3 处(河曲水文站、旧县水文站、清水川水文站),增设测验队、泥沙室各 1 处。

1976 年 3 月,吴堡水文总站核心小组经黄委批准,天桥库区水文实验站与府谷中心站合并,称天桥库区水文实验站。

1978 年 4 月,根据黄委批示,吴堡县委决定,由杨路锁、付永光、燕培森、辛永忠组成中共吴堡水文总站党组,杨路锁、付永光任党组副书记。同年 5 月,由黄委批准,吴堡水文总站革命委员会改为吴堡水文总站,新印章自 1978 年 5 月 20 日启用,原印章停用。同时吴堡水文总站机关将原办事组、生产组、财务组、政工组四个组改为政工科、秘书科、技术科、财务科四个科,新印章自 1978 年 10 月 25 日启用,原印章停用。

1979 年 11 月,经黄委批准、吴堡县委同意,付永光任吴堡水文总站主任。同时根据中央《环境保护工作要点》的通知精神,黄委批准建立吴堡水质监测站,付永光任监测站主任,辛永忠任副主任,同时启用监测站印章。同年,吴堡水文总站由黄委明确为县团级单位,当年总站职工总人数 320 人。

1980 年 4 月,根据黄委《关于恢复黄河系统工会组织的报告》的文件精神,吴堡水文总站从 1980 年 5 月 1 日起恢复工会工作,由付永光兼任主任,王学文任副主任。

1981 年 9 月,通过实践,为了有利于党的建设,经黄委水文局批准、吴堡县委同意,将中共黄河水利委员会吴堡水文总站党组改建为中共黄河水利委员会吴堡水文总站委员会。党委成员仍由原党组成员组成,付永光任党委书记,田顺成、辛永忠任党委委员。测站党的组织关系仍实行以总站党委为主和当地党委的双重领导。1981 年 12 月,付永光调任三门峡总站,由田顺成任吴堡水文总站副主任,主持全面工作。为了工作需要,统一机构建制,有利于加强管理和协调各职能部门工作,将总站机关秘书科改为办公室。当年职工总人数 386 人。

1982 年 4 月,根据工作需要,经黄委水文局批准同意,成立吴堡水文中心站。负责丁家沟、吴堡、杨家坡、林家坪、后大成、裴沟、大宁、吉县 8 个水文站的行政、业务工作,站址设在吴堡水文站。同时,将天桥库区水文实验站改称为府谷水文中心站,负责河曲、旧县、下流碛、新庙、王道恒塔、温家川、高家堡、高石崖、皇甫川、清水、府谷 11 个水文站的行政、业务工作,站址设在府谷水文站。1982 年 5 月,经黄委水文局、吴堡县委同意,将吴堡水文总站基层党组织关系归属总站党委领导,同时建立府谷、横山、吴堡、延安、天桥库区 5 个基层党支部。同年 10 月,经吴堡县委同意,建立吴堡水文总站纪律检查委员会,田顺成任书记。

1983 年 5 月,根据机构改革精神,经黄委水文局批准、吴堡县委同意,田顺成任吴堡水文总站主任,许世跃、席锡纯任副主任。1983 年 6 月,根据总站实际情况,成立总站机关劳动服务公司。同年 12 月,经黄委会水文局批准,吴堡水文总站设立办公室、技术科、基建设施科、计划财务科、水质监测站、政工科;同时撤销吴堡、横山两个中心站;保留延安、府谷两个中心站。相应撤销吴堡、横山、天桥库区测验队 3 个党支部,保留总站机关、延安、府谷 3 个党支部。将府谷、河曲、碧村、高家堡、旧县、下流碛、裴家川、皇甫川、清水、高石崖、温家川、新庙、王道恒塔、天桥库区测验队 14 个水文站队,划归府谷水文中心站领导;靖边、青阳岔、曹坪、李家河、丁家沟、白家川、延川、子长、甘谷驿、延安、临镇、新市河、大村、吉县、大宁 15 个水文站划归延安水文中心站领导;裴沟、林家坪、杨家坡、后大成、吴堡、横山、韩家峁、殿市、马湖峪、申家湾、高家川、总站泥沙室 12 个水文站室属总站直属站室。1983 年末总站职工总人数为 398 人。

1984 年春,根据水电部改革水文管理体制的指示精神,经黄委批准建立延安水文勘测队、榆次水文勘测队。同年,根据工作需要,黄委水文局批准,任命席锡纯为吴堡水文总站主任,林来照任副主任,许世跃任工会主席,芮君和任主任工程师,同时经吴堡县委同意,任命李江泰为吴堡水文总站党委书记。总站机构设置也适当进行了调整,设办公室、行政科、技术科、政工科、计财科、工会、水沙分析室等机构,年末总站职工总人数 425 人。

1985 年 3 月,根据工作需要,吴堡水文总站设立党委办公室,尚应全任党委办主任。同年 11 月,经黄委批准,吴堡水文总站由陕西省吴堡县迁往山西省榆次市郊郭村,更名为黄委榆次水文总站,年末总站职工总人数为 403 人。

三、全宗内档案情况

(一) 1967—1985 年档案机构设置情况

1967 年始机关没有档案室,生产组仅由一名职工兼职负责资料的收集、借阅工作,无专人管理,规章制度不健全。随着机关职能的变更和档案资料的增加、业务范围的扩大,1977 年设立档案室。主要负责中游测区原始水文资料及上下级机关、中游水文水资源局机关文书档案、会议档案的收集、整理、归档、查考利用等工作,兼管水利行业技术期刊的征订等工作。1977—1985 年资料室改为档案室,正式定编 1 名专职档案员。

(二) 机关档案分类、数量、保管情况

截至 1967—1985 年底,机关共有文书档案 592 卷(其中永久卷 156 卷、长期卷 246 卷、短期卷 190 卷),会计档案 17 卷(仅决算),科技档案 113 卷(其中永久卷 19 卷、长期卷 76 卷、定期卷 18 卷),原始资料(1982—1985 年)共 436 卷。各类档案均编有案卷目录,文书档案编有案卷文件目录和文档号对照表。每年定期对上年度档案情况进行统计,并上报黄委水文局档案室。

1967—1985 年文书档案进馆主要内容包括:中游水文水资源局年度工作总结、工作计

划、工作安排意见；中游水文水资源局召开的重要会议、领导讲话、会议记录，中游水文水资源局启用、停止使用印信的文件材料及停止使用的印章。劳动人事类包括机构设置、干部任免、职工奖励、处分、政策落实、安全保卫、职工花名册、干部名册、劳动工资等方面的文件材料。计划财务类包括水利事业费请示、报告、批复，基本建设的请示、报告、批复及各种统计报表；中游水文水资源局与有关单位签订的合同，征用土地方面的审批手续、契约等。党务类包括机关党组、纪检组织会议文件，党组织成员任免奖惩的文件。科研技术方面有资料整编工作总结、洪水情况报告、水文情况年报、水文站迁站报告、勘测报告、迁移测验断面请示、批复等文件材料。

原始资料：1982—1985 年水位观测记载簿；基本断面水尺校测记载簿；大断面测量记载簿；三等水准测量记载簿；流量测验记载簿；冰流量逐日平均计算；悬移质水样处理记载；逐日含沙量；水位-流量关系图；比降观测记载；水位、流量、含沙量关系图；水样递送单；悬移质输沙率颗分水样记录计算表；单位水样颗分水样记录计算表；实测悬移质单位水样可分级配成果表；悬移质平均颗粒级配计算；单断关系线图；光电仪颗分曲线。

此次进馆文书档案共 110 卷，其中会计档案 17 卷，科技档案 19 卷，原始资料 436 卷。

三门峡库区水文水资源局档案全宗介绍

全宗号:9.3

一、机构沿革简介

三门峡库区水文水资源局负责黄河中下游及三门峡库区的水文测报工作,控制流域面积68.842 1万km^2,担负着黄河中下游龙门—三门峡区间及泾河、渭河、汾河水系的水文测报、洪水预报、资料整编、泥沙颗粒分析、水质监测与水资源调查评价、水库库容、淤积测验、清淤试验等项任务。主要观测项目有雨量、蒸发、水位、流量、含沙量、冰凌等。

1968年3月,总站成立黄委水文系统三门峡库区水文实验总站革命委员会,机关设政工组、办事组、生产组、泥沙分析室、修配车间,管辖9个水文站,1个地下水观测站。

1978年,撤销三门峡库区水文实验总站革命委员会,机关设秘书科、政工科、技术科、计财科、泥沙分析室、车间、通信站,管辖1个测验队,8个水文站。

1979年,三门峡库区水文实验总站撤销泥沙分析室,增设水质监测站。

1980年,三门峡库区水文实验总站所属的通信站划归黄委通信总站领导。年末在职职工384人。

1981年1月,三门峡库区水文实验总站机关增设研究室,4月撤销秘书科,设办公室。

1983年11月,三门峡库区水文实验总站机关增设劳动服务公司。年末在职职工365人。

1984年4月,三门峡库区水文实验总站机关增设机电科、泥沙分析室、船舶修造厂。年末在职职工379人。

1985年1月,黄委水文局将原属黄委兰州水文总站领导的西峰水文中心站和天水水文中心站划归三门峡库区水文实验总站领导,并且接收其管辖的23个水文站和1个实验站。年末在职职工534人。

三门峡库区水文水资源局主要负责人名录(略)。

二、档案数量统计

此次进馆档案共计278卷。其中,文书档案161卷、科技档案99卷及会计档案18卷。

根据黄委水文局档案进馆工作的安排意见和统一部署,三门峡库区水文水资源局组织档案人员,制订了1967—1985年档案进馆工作计划,并且在上级档案人员的协助下,对1967—1985年的进馆档案进行了鉴定,把具有进馆价值的文件材料分门别类,按照其自然形成的规律特点和内在有机联系进行了鉴定、整理、组卷、编目等,对褪色变质、破损不整的案卷进行了修补,凡字迹不清或用铅笔、圆珠笔、复写纸等不符合档案书写规定的文件材料,一律采用复印方法进行复制。鉴定三门峡库区水文水资源局1967—1985年形成的案卷共计4 522卷,其中文书档案575卷、财务账本和凭单907卷、技术档案3 040卷。此次进馆文书档案161卷,财务决算档案18卷,技术档案99卷。

三、档案主要内容

此次进馆的档案有文书、财务、水文原始。

文书档案内容:党委、办公会议记录、会议纪要、领导讲话、会议文件汇编,机构成立、启用印章的报告、通知及批复。干部任免、转干、职工招工、转正定级、工资转移介绍信、调资、离退休、评定技术职称等的报告、批复、通知。职工表彰、处分,各类安全事故、人员伤亡、后事处理的意见、报告、批复、通知;工作总结、安排意见、测站管理制度、财务工作改革办法,征用土地的报告、批复。兰州泾渭河站移交三门峡总站管理的报告、会议纪要、信函及水文局的通知。劳资年报、干部年报、党员统计年报、团员统计年报。

财务内容:水利事业费、基本建设财务决算报告、批复。

水文原始内容:水位观测记载簿、基本断面水尺校测记载簿、大断面测量记载簿、三(四)等水准测量记载簿、流量测验记载簿、单位水样处理记载、比降观测记载、水位-流量关系曲线、单-断关系曲线、大断面图、水利因素过程线、悬移质输沙率颗分水样记录计算表、单位水样颗分水样记录计算表、实测悬移质单位水样可分级配成果表、悬移质平均颗粒级配计算、泥沙颗粒级配曲线、光电仪颗分曲线、逐日流量含沙量计算表、水文资料整编说明书、淤积测量记载等。

河南水文水资源局档案全宗介绍

全宗号:9.4

一、概述

黄委河南水文水资源局是黄委下属的事业单位,位于河南省郑州市金水区城北路5号,机关办公总面积4 348.99 m^2,其中建筑占地面积901.83 m^2;住宅总面积为8 922.95 m^2,其中建筑占地面积1 501.52 m^2。成立于1953年,所管辖的水文测区位于黄河中下游地区,基层24个水文站,4个水位站,14个渠道站,202个雨量站。以上各站分布于陕西、山西、河南3省32个县(市)。控制流域面积4.26万 km^2,主要担负着黄河三门峡至夹河滩区间干支流的水文测报、洪水预报、资料整编、泥沙颗粒分析、水文水资源分析计算、水资源调查评价和研究等任务。主要观测项目有雨量、水位、流量、含沙量、冰凌等。

在职职工405人,其中干部194人、工人211人。

二、机构沿革简介

(一)名称与时间

1968年,机关名为郑州水文总站革命委员会。

1969年12月至1975年12月,郑州水文总站归属河南黄河河务局。

1975年12月,郑州水文总站收归黄委水文处(1980年起水文处更名为水文局)领导至今。

1978年4月,郑州水文总站革命委员会改名为郑州水文总站,升格为县团级。

(二)机关内部机构设置

1968年由于机关人员削减,机构由原来的3个股改为政工、生产、财秘3个组。

1978年4月机关设立秘书、政工、技术、财务4个科。

1979年设立郑州水质监测站。

1980年机关内部设立秘书科、财务科、政工科、监测站。

1981年10月总站秘书科改为办公室。

1984年总站增设行政科、船舶机电科。

三、河南水文水资源局主要负责人名录

略。

四、档案数量统计

1967—1985年,档案材料虽然实行了统一集中管理,但与档案管理有关法规的要求还

有相当大一段距离，由于历史的原因，部分档案纸质较差，且有用圆珠笔、红水笔、纯蓝水笔书写的现象，按要求贴补修复 28 张，描写 23 张，复印 296 张。但总的来说比较完整，基本上能反映河南水文水资源局治黄的真实情况。1985 年以前河南水文水资源局档案共分文书和科技、图书。其中文书档案 446 卷、科技档案 742 卷。根据黄委进馆要求，河南水文水资源局对 1967—1985 年间所有文件进行重新整理、组卷，目前共整理出进馆档案 80 卷，其中文书档案 73 卷、会计档案 7 卷。

五、档案主要内容

档案主要内容有：机构成立和启用公章的通知，年度工作总结，年度工作计划，会议记录，人事任免，机构设置，表彰先进、先进事迹，处理决定，事故的通报，组织的改选，“七五”规划、职代会、工代会和 1985 年水文、水源保护工作会议资料，水利基本建设年报表及基本建设统计年报表等。

山东水文水资源局档案全宗介绍

全宗号:9.5

一、机构沿革简介

山东水文水资源局主要负责黄河山东段水文测报、资料整编、泥沙颗粒分析、水文水资源分析计算、水资源调查评价和研究、水质监测、黄河山东段河道测验和滨海区观测等工作。主要观测项目有水位、水深、流量、含沙量、颗分、水质、冰凌等。

1971 年 9 月,山东黄河河务局将位山水文总站、前左河口水文实验站、河道观测队、测量队 4 个单位合并,成立山东黄河河务局水文总站,隶属山东黄河河务局领导,同时,启用单位新印章。总站机关驻济南黄台山。负责黄河水文、陆地测量、河道测验及河口滨海区测验等任务。总站机关设办事组、政工组、后勤组、业务组、测量组共 5 个组。辖区内有高村、孙口、陈山口、艾山、泺口、利津等 6 个水文站及苏泗庄等 19 个水位站、1 个河床队(一号坝水文站)、1 个浅海测验队(河口水文测验队)。

1975 年 12 月,经黄委决定,山东黄河河务局水文总站划归黄委领导,更名为黄河水利委员会济南水文总站,并启用新印章,旧印章同时作废。1977 年 7 月,总站机关增设科技组。

1979 年,济南水文总站由正科级升格为正处级单位,并划归山东黄河河务局领导。1980 年 11 月,总站各组改为科室,有秘书科、政工科、财务科、技术科、河口河道科、水质监测站等 6 个科室。

1982 年,总站迁至济南市花园路 67 号新址办公,并将秘书科改为办公室。1984 年又改河口河道科为研究室,并增设纪检组。(1992 年 6 月,地方公安部门统一规划街道门牌编号,总站机关门牌号由花园路 67 号改为花园路 141 号,沿用至今。)

1982 年 2 月,经山东黄河河务局批准,一号坝水文站、河口水文测验队合并成立“河口水文实验站”,为科级单位。

二、本次进馆数量统计

此次进馆档案共计 542 卷。其中,文书档案 163 卷、科技档案 361 卷及会计档案 18 卷。

三、本次进馆档案的主要内容

(1)文书档案。主要有:机构成立、合并、撤销、更名及启用印章的通知,山东水文水资源局的年度工作总结,水文工作会议形成的报告、决议,单位颁发的各种规定、管理办法,劳动工资计划,干部职工年报,职工花名册,财务年报,单位领导人的任免,山东水文水资源局下发的职务任免通知,对山东水文水资源局职工个人的表彰、处分决定。水文测报、拍报任务书,河道、河口观测任务书,资料整编工作总结等。

(2)各类原始。主要有基本水文测报记载原始、水位观测记载原始,各种记录仪记录纸,泥沙颗粒分析和水质分析记载计算资料。河道河口测验原始记载,各类水准测量记载原始等。

黄河水文勘察测绘局档案全宗介绍

全宗号:9.7

一、机构沿革简介

(一)名称与时间

1949年7月,根据治黄工作需要,组建平原省黄河河务局测量队。

1952年12月,平原省撤销,平原省黄河河务局测量队归入河南黄河河务局,成立河南黄河河务局测量队。

1957年汛前,因三门峡水库建成后,下游河势将发生重大变化,为及时地提供黄河中下游河势变化的信息,黄委水文处于1957年成立了河床演变测验队。

1970年1月,(70)黄革政字第3号文批复,河床演变测验队与河南黄河河务局测量队合并,合并后名为"河南河务局测量队",并成立革命委员会。

1981年3月,因增加地质勘察业务,豫黄劳字〔1981〕11号文批复河南黄河河务局测量队更名为河南黄河河务局勘探测量队。

(二)黄河水文勘察测绘局主要负责人名录

略。

二、档案数量统计

1968—1985年间,河南黄河河务局勘探测量队为河南黄河河务局局直单位,人事、业务均归河南黄河河务局机关各处室领导,由于以前没有正式的档案管理制度和统一要求,档案在分类、编排上存在不少问题,这种现象一直到1987年通过参加档案管理培训班学习,根据黄办字〔1986〕51号文"文书档案分类及保管期限"的通知,在1988年文书档案、科技档案才步入正轨,所以黄河水文勘察测绘局未存1985年以前的文书、科技相关档案。根据河南黄河河务局《关于财会档案清理、整理、归档工作的意见》(豫黄办字〔1984〕5号),河南黄河河务局勘探测量队组织人员于1984年8月对此财务档案进行整理、立卷。根据黄委进馆要求,黄河水文勘察测绘局对1985年以前所有文件进行重新整理、组卷,目前共整理出进馆档案文书档案6卷、财务决算报表21卷,共计27卷。

三、档案主要内容

主要内容有:人事职务任免、单位更名、水利事业决算报表、基建决算报表及批复。

金堤河管理局档案全宗介绍

全宗号：10

一、金堤河管理局概述

金堤河管理局驻河南省濮阳市中原路389号，机关和宿舍占地面积19 846.47 m^2。1989年3月成立金堤河管理局筹备组。1991年1月3日正式成立。机关现有职工92人，离退休人员20人，其中：干部55人，工人37人，专业技术人员53人。机关设办公室、人事劳动教育科、目标办、工科处、财务处、水政水资源处、机关服务处、工会、张庄闸管理所9个部门。金堤河管理局主要担负协调豫鲁两省水事纠纷，负责金堤河干流近期治理工程和彭楼引黄入鲁灌溉工程的建设，协助当地人民政府搞好金堤河防汛和排涝等任务。张庄闸成建制归金堤河管理局领导。

金堤河干流治理工程主要有：金堤河干流河道疏浚131.6 km，堤防加培78.18 km（南小堤49.3 km，北小堤23.88 km），新建、改建桥梁工程10座，涵闸工程8座，抽排站工程2个，3个水文站改造。

彭楼引黄入鲁灌溉工程主要有：桥梁27座，跨金堤河倒虹吸1座，涵闸6座，杨楼河渡槽1座。

二、沿革简介

（一）名称与时间

1989年3月20日，黄委黄干（89）33号文通知：为加快开展金堤河管理局筹备工作，成立黄河水利委员会金堤河管理局筹备组。筹备组由王福林、张凌汉、乔新智、王永山四位同志组成，王福林任组长。

1989年4月8日，黄委黄办〔1989〕15号文通知：根据《关于成立黄河水利委员会金堤河管理局筹备组的通知》（黄干〔1989〕33号），颁发给金堤河管理局印章1枚，请自行启用。

1991年1月3日，黄委黄人劳〔1990〕40号文通知：为加强金堤河治理，协调河南、山东两省有关金堤河的管理事宜，经水利部水人劳（90）100号文批准，同意黄委成立金堤河管理局（正局级），暂定编制40人。

1991年1月3日，黄委黄任〔1990〕43号文通知：经主任办公会议研究决定，任命王福林为黄委金堤河管理局副局长。

1991年3月7日，黄委办〔1991〕16号文通知：启用“水利部黄河水利委员会金堤河管理局”印章1枚，原“水利部黄河水利委员会金堤河管理局筹备组”印章同时作废。

1993年3月6日，黄委黄任〔1993〕9号文通知：经主任办公会议研究决定，陆书成为黄委金堤河管理局副局长。

1993年3月10日,黄委黄任〔1993〕11号文通知:经主任办公会议研究决定,王德威任黄委金堤河管理局副局长。

1994年9月16日,黄委黄人劳〔1994〕135号文通知:金堤河管理局的主要职能是:①负责《中华人民共和国水法》《中华人民共和国河道管理条例》等法律、法规的组织实施和监督,制定实施细则。②协调豫、鲁两省金堤河水事纠纷。③代委对金堤河干流北耿庄以下至张庄闸(包括在河道管理范围内取地下水)范围内取水实行全额管理,受理、审核取水许可申请,受理、审批取水许可预申请,发放取水许可证。④负责金堤河干流治理工程的建设。⑤负责金堤河以南引黄入鲁输水工程建设和管理工作。⑥协助当地人民政府搞好金堤河干流防汛抗旱和除涝工作。⑦管理张庄入黄闸、张秋排涝闸,会同有关部门管理金堤河河道、南北小堤等项目工程。⑧会同金堤河沿岸市、县水利部门,合理开发利用金堤河资源。⑨负责金堤河干流水环境监测,依法管理、改善水环境。⑩承担委授权与交办的其他任务。人员编制70人,其中局领导按1正2副配备,总工1人,正副处长6人。

1994年11月30日,中共黄委党组黄党〔1994〕61号文通知:经委党组研究决定,王永山任黄委金堤河管理局副局长。

1994年12月3日,中共黄委党组黄党〔1994〕67号文通知:经委党组研究,王福林为金堤河管理局主要负责人。

1995年8月18日,黄委黄人劳〔1995〕86号文通知:接水利部1995年8月1日部任〔1995〕53号文通知,王福林任黄委金堤河管理局局长。

1995年9月11日,中共黄委党组黄党〔1995〕71号文通知:赵衍湖任金堤河管理局副局长。

1996年3月29日,黄委黄人劳〔1996〕30号文通知:王德威已到退休年龄,经研究决定,不再担任金堤河管理局副局长职务。

1997年7月14日,黄委黄人劳〔1997〕38号文通知:鉴于陆书成已到退休年龄,不再担任金堤河管理局副局长职务。

1997年12月24日,中共黄委党组黄党〔1997〕56号文通知:赵衍湖任金堤河管理局党组副书记(主持工作),王振宇任金堤河管理局副局长,免去王福林金堤河管理局局长职务(原局级待遇不变),免去王永山金堤河管理局副局长职务(原副局级待遇不变)。

1997年12月24日,水利部人事劳动教育司人干〔1997〕130号文通知:经部党组研究,同意免去王福林的金堤河管理局局长职务,改正局级调研员。

2002年3月27日,黄委黄人劳〔2002〕20号文通知:根据流域管理职能的转变及新时期黄河治理开发情况的变化,撤销金堤河管理局。金堤河管理局撤销后,人、财、物整体并入河南黄河河务局管理,委管局级干部的工作安排由委党组研究决定。

2002年4月5日,黄委黄办〔2002〕10号文通知:根据黄委"三定"方案机构设置和文件精神,金堤河管理局印章废止。

(二)机关内部机构设置

1991年1月,正式成立金堤河管理局。机关设办公室、工务处、财务器材处。张庄闸管理所成建制归属金堤河管理局领导。1991年4月,增设水政水资源处。

1992年2月,增设综合经营科、物资供应站、建筑安装工程公司。同年11月24日,物资供应站更名为物资供应公司,办公室与财务器材处合署办公,工务处、水政水资源处合办。

1993年,增设防汛办公室、设计室、金龙经济发展总公司。

1994年9月6日,根据《关于印发金堤河管理局职能配置、机构设置及人员编制的通知》[黄人劳(1994)135号]设办公室、河务处(水政水资源处)、计划财务处,人员编制70人。

1995年3月,黄劳劳便(95)1号文批复金堤河管理局机构设置:办公室(政工科、科书科、行政科),计划财务处(计划科、财务科),河务处(河务科、设计室、防汛办公室),水政水资源处(水政科、水资源科)。

1998年机关机构设置:办公室(秘书科、行政科),计划财务处(财务科、经营科),河务处(计划科、设计室、工管科、防汛办),水政水资源处(水政科、水资源科);人劳科、目标办、综合室(监察、审计、工会)。在职职工92人,离退休20人。

2000年3月,撤销濮阳黄河金龙经济发展总公司。

(三)主要负责人名录

略。

三、档案情况简介

(一)档案数量统计

目前,金堤河管理局机关档案库存总量2 185卷,其中文书档案688卷、科技档案1 009卷、会计档案408卷。档案的起止年代为1989—2009年。

自金堤河管理局筹备组成立以来,文书档案、科技档案实行了统一管理,会计档案分别由业务部门管理,1998年会计档案统一交档案室保管。金堤河管理局档案的分类原则是根据黄委、河南黄河河务局颁发的有关档案管理规定划分的,分为永久、长期、短期三个期限。目前金堤河管理局现有库房面积43.2 m^2,案卷排架总长度40 m,铁皮档案柜16个,计算机、空调、防盗器各1台。

(二)档案完整程度

档案的完整是档案工作的重中之重,确保档案安全是档案工作者的职责。金堤河管理局十分重视档案的完整、安全工作,从单位成立到撤销无丢失、损坏现象。

(三)档案进馆情况

金堤河管理局档案进馆工作于2010年7月1日开始,于2010年12月8日结束,历时160天。1989—2002年单位撤销的全部档案进行了统一的鉴定,按照2008年《黄河档案馆关于接收档案的规定》、2009年《关于接收档案进馆工作相关事项的通知》及2010年档案进馆培训讲义等有关规范进行科学的整理与分类,根据黄委档案馆领导的要求,整理期间,从库房调出档案2 185卷,折卷526卷,重新组卷360卷,需要进馆1 089卷。

(四)检索工具编制情况

为了方便进馆档案的提供利用,编制了多种检索工具,有案卷目录、案卷文件目录及电子目录等。这些检索工具为有效利用档案提供了方便。

(五)档案整理情况

这次进馆档案的整理工作是按照黄委2008年《黄河档案馆关于接收档案的规定》、2009年《关于接收档案进馆工作相关事项的通知》及2010年档案进馆培训讲义规范进行操作的。因金堤河管理局没有安装档案管理软件，所以整理起来非常烦琐。在进馆档案的整理过程中，首先进行统一的鉴定，然后按照进馆的相关规定进行科学的整理。对破损和使用不耐久字迹书写的文件材料进行修裱和复印，共修裱档案材料 325 余张，对使用不耐久字迹书写的文件及表格进行了复印，共复印 8 630 张，为了装订不压字，粘贴了装订边。最后通过上级领导的检查，确认进馆档案正确无误后，编写了页码，打印了卷内目录、案卷目录、进馆档案卷内电子目录，并按照规定采用三孔一线的方法对档案实体进行了装订。

(六)档案主要内容

1. 文书档案

金堤河管理局进馆的文书档案涉及 1989 年至 2002 年 4 月。其主要内容包括启用印章，机关大事记，治黄工作总结，目标责任书，业务和精神文明双百分考核结果，局务办公会议记录，各种规章制度；表彰先进单位、个人决定的通知，陈宪路同志 2000 年荣获全河劳动模范先进事迹；解放思想大讨论意见；档案统计年报；公文处理办法，来访接待规定，成立各项工作领导小组的通知；专业技术人员的聘任、机构设置、人员编制的请示、批复、通知，职工晋升工资、离退休人员增加退休金及养老保险金汇总表，专业技术人员统计报表，技术工人等级考核统计报表，职工基本情况、劳动工资、职工人数变动、劳动报酬、职工福利、职工教育统计表；财务管理、财务稽查处理意见、落实的报告、请示、批复，张庄闸财务改革、核定以收抵支指标及财务自查总结的批复、请示、函；财务开支规定、购置办公设备、经费包干、工程财务、账务管理的通知，财务电算管理办法，遗留债务处理情况的报表；审计工作总结、要点、制度、办法，领导离任审计结论和决定落实情况，黄委给金堤河管理局财务审计的结论和决定，审计署对农发资金审计决定及金堤河管理局挪用农发资金错误检查报告；成立金堤河管理局党组、党组织任免、启用党组印章的通知，党员花名册，党组工作总结，党员统计报表，党组会议记录，金堤河管理局党风廉政建设和反腐败斗争主要任务工作分工职责的通知，“三讲”教育回头看整改方案、领导讲话、总结；工会工作总结，综合经营工作总结，综合经营基本情况统计报表，“九五”经济发展规划，经济实体管理办法，经营开发项目立项决策实施细则，经济民事判决书；水政水资源工作意见、总结，水资源调查评价证书的报告，水法，“十五”规划，取水许可年审总结；彭楼引黄入鲁北金堤供水水价测算审查意见会议纪要，水事纠纷问题及彭楼引黄入鲁工程通水仪式。

2. 科技档案

金堤河治理意见报告，金堤河流域旱涝碱灾害防治对策研究；濮阳市政协、人大对金堤河干流治理与彭楼引黄入鲁工程以及南北小堤加培问题提案的答复，彭楼引黄入鲁工程及申请立项尽快治理金堤河报告；行使业主职能金堤河干流治理工程实行法人、责任人制试点的请示、批复；金堤河治理与彭楼引黄入鲁灌溉工程安排、工程变更、施工、设计、答复问题的意见、报告；涵闸、虹吸、电排站、桥梁竣工验收两项工程监理技术服务合同、工作汇报提纲、报告、通知；金堤河治理与彭楼工程监理计划，两项工程治理与张庄闸改建工程质量监督施工方案、工程建设、资金处罚规定、任职通知；金堤河治理会议文件，金堤河南小堤修建水事工程、山东阳谷县境内北小堤加培施工方案、河道清淤工程的请示、批复，总结、合同、竣工报告；金堤河干流查勘报告，金堤河干流治理工程河道水面线修改计算、施工图设计、开工报告、批复、施工总结；河道治理工程可研报告，金堤河治理河道疏浚工程阶段施工、验收、监理、监督、鉴定书，疏浚单元工程质量评定表，分部分项工程验收签证、施工方案、技术规范，河道治理工程、干容重、层土质量检测原始记录表、监理报验单及报审表、原材料试验报告、施工方案、请示、批复;金堤河干流治理工程、张庄提排站设计及防洪排涝勘测设计委托书,张庄、张秋闸门启闭机设备管理评定自查报告;工程管理工作年报,张庄闸进行技术鉴定请示、批复,金堤河检修、维护施工图设计;彭楼引黄入鲁灌溉工程供水管理协议,高堤口引黄灌溉涵闸、虹吸和渠道工程开工报告、永久占地的请示、批复、监理、施工、管理、验收签证、质量评定、验收鉴定书;水淹滩地、下游大水情况及张庄闸防汛分洪调查报告、意见、办法;汛前工程普查报告,1994 年 4 月金堤河流域暴雨成灾调查报告;度汛方案,汛前普查,防汛工作总结;水利基建投资、工程统计报表,水利部、河南省水利厅关于金堤河干流治理与彭楼引黄入鲁灌溉工程项目建议、投资计划的请示批复;张庄闸清淤工程投资,金堤河治理投资计划、追加、防汛、事业、水政费基建投资计划的批复,投资工程统计报表;金堤河水利基建投资及彭楼工程可研报告投资计划通知、函;山东省、河南省签订的投资包干协议书,国家农村发展办公室、水利部关于金堤河治理和彭楼引黄灌溉工程可研报告及审查意见的批复,分部、单元、单位工程验收鉴证、质量评定表,金堤河工程、张庄电排站施工设计审查意见及投资计划、设计概算,工程鉴定协议书的函、批复、测量、技术转让、咨询合同协议;张庄闸清淤经费及土地划界计划请示、批复;金堤河干流治理与彭楼灌溉工程的设计、监督报告、合同;穿北金堤涵闸、张庄电排站检修、维护,水文站改造,倒虹吸工程投资包干的协议书、工程用地协议书;金堤河治理和彭楼工程水政建设计划、水文设施报告、批复、通知;农业综合开发、水利建设投资计划批复;机关总平面布置图,办公生产基地征用地协议、请示、批复及规划许可证,住宅楼工程规划许可证、承包合同、任务书报告、工程预算书、施工预算,征地经济案法院判决报告;中原乙烯废水排金堤河问题的请示、答复意见及合同,开工、竣工报告,竣工图工程预算书;金堤河工程建设、四座桥梁开工的请示、批复;金堤河治理与彭楼工程验收鉴定书、竣工财务决算、竣工审计报告,工程建设、监理、设计、施工、质量评定报告。

3. 会计档案

这次进馆的会计档案主要是 1989—2002 年的会计决算报表,金堤河管理局征地费用包干协议及记账凭证,共计 30 卷。

4. 声像、电子档案

1989—2002 年声像资料 2 盒,照片 251 张。

(七)档案利用情况

在日常工作中,档案发挥了较大的作用。

(1)为了加强金堤河干流近期治理与彭楼引黄入鲁灌溉工程的建设管理工作,金堤河管理局组织人员将从档案中查阅的 1993—1998 年有关单位下发的文件编成《金堤河干流近期治理与彭楼引黄入鲁灌溉工程文件选编》,为工程管理提供了可靠的依据。

(2)张庄闸因年久失修,对黄河防汛构成隐患。1993 年 7 月和 1995 年 6 月,专家鉴定组两次对张庄闸进行了安全技术鉴定,经现场检查和查阅原始观测资料,查清了存在的问题,利用原竣工图进行了结构计算,认定闸墩等能满足改建加固的需要,不需重建,从而确定了加固改建方案,节约了大量投资。在张庄闸改建设计阶段,参考原施工图进行了结构设计和配筋,减少了计算强度。在施工拆除中,利用原配筋图进行爆破布孔,降低了劳动强度,提高了工作效率。

(3)1990 年金堤河管理局通过濮阳市土地局和市、区政府征地约 29.77 亩,其中东白仓村民申大才种有树苗若干。1995 年申大才状告金堤河管理局,市中院下达了仲裁书,要求金堤河管理局赔偿树苗款 37 万元。金堤河管理局通过查找征地资料,上诉省高院,经裁定赔偿 19 万元,档案资料在处理该案件中发挥了较好的作用。

(4)1993 年 3 月,濮阳市中原路办事处东白仓村民申宝军,未经金堤河管理局许可擅自在金堤河管理局南商业楼东侧建房一间,面积 25.84 m^2。经查找金堤河管理局土地使用证,并经濮阳市有关部门调查核实,认定其属侵权行为,金堤河管理局依法收回土地使用权。

(八)档案编研成果

1998 年由王福林编写的《金堤河地区水事纠纷》,1999 年由工务处编写的《金堤河干流治理与彭楼引黄入鲁灌溉工程文件选编(1993—1998 年)》,1999 年办公室编写的《档案利用典型事例汇编》《全宗介绍》《机关大事记》《机构组织沿革》,2001 年由工务处编写的《金堤河治理和彭楼引黄入鲁灌溉工程管理实用手册》等。

四、资料内容简介

金堤河管理局档案现存的治黄资料主要有《黄河流域水文资料》《山东黄河志》《黄河大事记》《黄河规划志》《河南省志》《水利史志》《黄河流域防汛资料汇编》《清代黄河流域洪涝档案史料》等。

黄河水利科学研究院档案全宗介绍

全宗号 14

一、机构沿革简介

黄河水利科学研究院(简称黄科院)是水利部黄河水利委员会所属的以河流泥沙研究为中心的多学科、综合性水利科研机构,是全国水利系统四所公益型非营利性科研单位之一。

1950 年 10 月,黄委泥沙研究所成立,隶属黄委。1953 年 3 月,机构设置有水工组、土工组、泥沙测验组、泥沙资料整理分析组、材料组和秘书组。1955 年,增设材料化学研究组;同年 5 月,泥沙测验组与人民胜利渠管理局的测验人员合并成立引黄泥沙测验队。

1956 年 2 月,泥沙研究所更名为黄河水利委员会水利科学研究所(简称黄科所)。

1957 年 3 月,机构设置有水工研究室、土工研究室、泥沙研究室、材料研究室、化学研究室、水土保持研究室、秘书室和泥沙测验队。1958 年 10 月,撤销引黄泥沙测验队。1960 年 10 月,增设新技术研究室。1961 年 2 月,水工、泥沙两室合并为泥沙室,土工、材料化学两研究室合并为土工室,增设农场。

1963 年 12 月,水土保持研究室划归黄河中游水土保持委员会领导。1964 年 1 月,恢复水工研究室、泥沙研究室、土工研究室、材料化学研究室,撤销农场。

1967 年 1 月,黄科所革命委员会成立。1969 年 3 月,黄委革命委员会宣布撤销黄科所;同年 7 月,又决定保留黄科所。

1974 年 3 月,机构设置有办事组、水工组、泥沙组、新技术组、抗磨组、地质构造组;同年 10 月,增设电算室。1975 年 7 月,增设政工组。

1978 年 3 月,恢复黄科所建制,增设生产管理科和政工科。1984 年增设土壤侵蚀研究室。1985 年生产管理科和政工科分别更名为科研管理科和人事劳动工资科,增设财务器材科、科技咨询服务部和情报资料室。

二、档案数量统计

自 1950 年至 1985 年,室藏有文书档案 937 卷(其中永久档案 148 卷、长期档案 283 卷、短期档案 506 卷);科技档案 3 400 卷(其中永久档案 3 252 卷、短期档案 148 卷);会计档案 1 350 卷(其中凭证 1 056 卷、账簿 248 卷、报表 46 卷)。

三、档案主要内容

(一)文书档案

全年工作计划、总结,目标任务书及表彰的先进单位和个人名单;科研管理办法,机关工作制度;基建投资计划及上级有关通知、批复意见,年度基建统计报表,水利基本建设投资的请示与批复,财务、物资方面的管理制度及规定;水利科学技术发展计划、水利科学试验研究工作计划及重要科学技术研究项目表,水利科学技术项目计划执行情况;职工统计报表及劳动工资年报,干部任免的通知,职工聘任、奖励、处分的决定和通知;党员统计年报表,党内民主生活会纪要及征求群众意见情况;工会工作总结及业务工作目标;经济工作等。

(二)科技档案

1. 河道泥沙类

黄河泥沙一般特性研究:内容包括工作报告、计算图表(17 卷)、泥沙来源分析、下游地质资料初步整理分析,黄河水流挟沙能力问题的初步研究(30 卷)、黄河河床质起动流速的研究,黄河下游糙率特性的初步研究;黄河下游河道平面变形及平面形态的研究、黄河下游河势预报方法的研究,黄河下游河床演变及河道整治研究工作总结,黄河下游河道查勘观测。

黄河下游河床演变的综合研究:成果包括黄河下游河床演变及河道整治的研究、三门峡水库建成后黄河下游河床演变与河道治理(34 卷)、黄河下游平衡断面的设计原理和方法、三门峡水库修建前后黄河下游来沙量变化的初步研究、三门峡水库低水位运用条件下黄河下游游荡性河道河床演变过程试验研究(31 卷)、三门峡水库低水位运用后黄河下游河床演变预报(16 卷)、关于人造洪峰冲刷下游河道问题、黄河三门峡水库人造洪峰发电试验期间水库上下游冲淤情况;黄河下游河床变形计算、多沙河流拦洪水库下游河床变形计算方法;黄河下游河床粗化问题;黄河下游河床演变模型试验,包括:黄河下游河床平面摆动模型试验、自然模型试验总结、黄河下游河道野外大模型河床演变预报及整治工程试验总结报告、黄河下游河道野外大模型整治过程试验测验报告等;黄河下游河床演变会议及国内协作文件。

黄河河口演变的研究:黄河河口的淤积延伸、改道对下游河道冲淤的影响研究报告、附图及参考资料。

黄河下游河道整治方向、方法的研究:黄河下游河道整治方向、方法的模型试验,黄河下游河道整治会议文件,黄河下游河道整治综合性研究;河道整治工程措施经验调查报告、堤防塌坝险情分析、生产堤运用问题分析,河道整治过程野外测验研究、河道整治过程室内试验研究(39 卷)、河道整治过程材料研究等。

2. 渠首渠系类

黄河下游大中型渠道引水进沙情况及淤积问题研究,渠道引水、引沙调查分析,红旗渠、人民跃进渠等引水问题分析;沉沙池设计布置与渠系泥沙处理研究、设计方法,进出口水位、流量、含沙量统计表,引黄沉沙池调查报告,经验总结,粒径计算表,纵横断面变化图,水位记录,模型试验,结构设计等。

渠道稳定设计研究、浑水渠道稳定断面形式研究等项目形成的档案有共产主义渠 1+600 档案 27 卷、人民胜利渠 0+700 档案 460 卷、人民跃进渠档案 16 卷,其主要内容是挟沙能力与可冲流速的研究、含沙量资料分析、测线流速分布、泥沙沉降速度、比降流量误差统计表、流量含沙量输沙率计算表、泥沙颗粒分析曲线、沉沙池淤积过程、沉沙池设计方法和管理运用研究、挟沙能力与可冲流速的研究等成果。

3. 黄河支流工程类

陆浑水库、故县水库、黑石关铁桥等20多个水库工程试验研究、水工模型试验、试验报告、材料试验、砂砾石试验报告、结构试验、溢洪道弧形闸门弹性试验报告、岩石试验、室内物理力学性试验成果、坝基岩体试验、渗流试验。

4. 三门峡水库类

三门峡水库淤积与回水发展野外模型试验研究项目形成档案175卷，内容包括：试验总结报告、水库模型设计及有关资料、整体大模型施工资料、整体大小模型浑水相似性分析、系列模型延伸法分析、整体大模型试验观测资料、渭河局部模型试验资料、整体小模型施工试验资料等；三门峡水库泥沙问题的基本经验总结，包括：三门峡水库修建前后库区及下游基本情况、“四五”期间发展趋势预估、关于在多沙河流上修建水库保持有效库容的初步分析；三门峡水库低水位运用下的淤积和冲刷特性的研究；三门峡水库异重流问题初步探讨意见及初步分析小结；水库淤积和冲刷计算方法的研究；三门峡水库修建后渭河下游冲淤特性的研究等项目。

5. 水库泥沙类

水库淤积问题的研究包括大型水库淤积问题送审稿、定稿本，水库泥沙处理措施的研究，水库库容问题的研究，坝前淤积问题的研究等分析报告、试验资料等。

6. 泥沙运动理论研究类

挟沙水流研究，成果主要有：玻璃水槽挟沙能力试验报告，清水流速测量记录及流速分布图、泥沙颗粒分析曲线，活动玻璃水槽糙率试验、悬移质输沙试验等。不平衡输沙问题研究，成果包括：泥沙在静水中沉降速度影响的试验资料、试验总结及记录，黄河泥沙在静水中沉淀及加矾对澄清的效用试验报告等。挟沙水流相似律的研究，成果包括：自然与半自然河工模型试验方法的研究、动床河工试验总结、比尺河工模型试验方法的研究、模型沙分选试验研究报告、试验记录等。挟沙水流内部结构的研究，高含沙量水流测验方法研究，含沙量对浑水黏滞性影响的试验报告，黄河高含沙量水流黏度的测验方法。

7. 黄河干流工程模型试验类

天桥电站整体模型试验，天桥电站河床覆盖管涌试验，天桥电站土坝断面渗流电拟试验，天桥电站室内岩石试验，天桥电站泄洪闸结构模型试验；黄河三门峡最大洪水量第二次模型试验，三门峡施工导流模型试验，三门峡双层泄流减(常)压水工模型试验，三门峡水库大坝无声爆破模拟试验，三门峡浑水颗粒分析试验，三门峡坝址土工委托试验；小浪底整体水工模型试验，导流模型试验，小浪底溢洪道布置方案水工模型试验，小浪底泄洪圆塔水工模型试验，小浪底库区滑坡涌浪水工试验，小浪底电站排污试验，小浪底堆石坝防渗土料高压三轴试验，小浪底右岸三向渗流有限元法计算，小浪底地下厂房三维渗流计算，小浪底堆石材料湿化试验，小浪底高土坝砂砾石及掺砾土抗震特性研究，小浪底工程溃坝对下游影响试验研究初步报告，小浪底斜心墙堆石坝的三维有效应力法地震反应分析，小浪底电站地下厂房模型试验，小浪底枢纽2号高位孔板泄洪洞减(常)压水工模型试验，小浪底工程地下厂房岔洞三维结构分析研究，小浪底工程细砂混凝土试验；三盛公枢纽库区动床模型试验；

桃花峪水库泄水闸模型试验；花园口枢纽泄洪闸模型试验；济卫扩建渠首闸模型试验；黑岗口引水闸模型试验，大功分洪口门模型试验；渠村分洪闸桩基试验，渠村分洪闸上下游河道动床模型特大洪水试验；青铜峡水利枢纽泄洪闸下游冲刷试验；龙羊峡电站1981年度汛方案水工模型试验；东明黄河大桥整体模型试验；位山十里铺进湖闸整体模型试验；芝川水库拦河坝土工试验，邢庙分闸闸基渗流试验等。

8.“六五”科技攻关项目类

“黄淮海平原中低产地区综合治理和综合开发研究”23项，形成档案180多卷，主要是引黄灌溉泥沙处理技术研究成果，橡胶坝在多沙水流中的应用，人民胜利渠灌区沉沙池调控运用观测试验，沉沙池淤灌经验总结，黄河下游网帘防沙引水渠淤积试验研究，黄河下游沿黄地区机械化施工（清淤）现状调查报告，封丘顺河衡引水口网帘防沙引渠淤积试验小结，人民胜利渠引水口及引水渠机船冲淤和拖淤试验，结合大堤淤背机械高浓度处理入渠泥沙试验报告等。

9.水利工程类

黄河下游粉细沙地基的试验，坝基渗流分析，地质勘探与地下水观测，颗粒分析计算，试验报告、总结及附图；堤防工程设计加固方案与措施、断面电算成果图及稳定分析、阶段性试验报告、记录、研究底稿、成果报告；水工建筑物结构模型试验的设计与制造、研究总结。主要完成项目：渗透变形的观测试验研究，渗透变形控制措施的研究，渗流问题的试验研究，透水地基防渗铺盖的研究，坝坡稳定性的分析研究，岩石定向爆破的试验研究，水工建筑物下游局部冲刷试验研究，水工建筑物结构模型试验设备及材料模型试验研究，黄河下游堤防工程有关坝址土料试验等。

10.新技术类

放射性同位素应用研究的测量、试验报告及底稿、记录、有关成果；激光技术应用研究的工作报告、试验、成果应用、讨论、设计、分析。主要完成项目：关于利用中子散射与γ射线散射测定土壤湿度、密度的研究，河工模型流量及尾水位、水温、流量、泥沙、水化学、降水量、蒸发量自控系统研制，X射线正比管低含沙量计算报告，黄河56型推移质采样器测验研究。

11.水土保持类

水土流失规律研究的试验分析、测验、整编成果；土壤观测任务设计书、总结；水土保持措施对保水保土效益研究的措施、计划、规划、查勘报告、分析与计算。主要完成项目：西北黄土地区水量平衡的研究，黄河中游水土保持措施对保水保土效益的研究，支流水保措施对水土保持效益的研究，典型流域规划的研究等。

12.高速水流及抗磨类

水工建筑抗腐、抗汽蚀试验研究的防护、措施、观测、原始记录、研究报告及底稿、合同等。主要完成项目：黄河小浪底水库消能孔板抗腐蚀的防护措施研究，抗磨损耐汽蚀水力机械新机型的试验研究。

13.河南工程与其他工程类

水库工程的水工、土工模型试验，原型观测记录、报告及设计图。主要完成项目：贾鲁河水库工程，安阳河小南海水库工程，南湾灌区平桥渠首枢纽工程，林县淅河弓上水库工程，孤石滩水库工程，河南省平顶山姚孟电厂工程。

14. 基建类

办公楼、试验厅、家属楼等工程竣工图、土地使用证、用地规划许可证等有关文件。

四、资料主要内容

黄科院、北京水利科学研究院、南京水利科学研究院、长江水利科学研究院及其他兄弟单位的科研成果报告;1919—1985 年黄河流域水文资料;1964—1985 年黄河下游河南、山东河道大断面及地形图;科技图书及科技期刊等。

黄委信息中心档案全宗介绍

全宗号:20

一、机构沿革

黄委信息中心前身是黄委电话站,成立于1954年,主要任务是机关电话管理,人员隶属黄委办公室。1977年7月21日建立通信总站,为正处级单位。

二、历任领导

1977—1978年,通信总站主任姜圣俊。
1978—1984年,通信总站主任丁华实。
1984—1994年,通信总站主任王岫。

三、进馆档案数量统计

此次进馆档案共计15卷。其中文书档案15卷。

四、进馆档案主要内容

1977年黄委签发(77)第26号文件,根据水利水电部的指示,为确保黄河防洪、防凌通信联络畅通,经研究决定建立通信总站,负责全河的有线、无线通信业务管理工作。同时于1977年8月25日签发了《关于启用“黄河水利委员会革命委员会通信总站”印章的通知》[黄革字(77)第3号],至此成立了黄河水利委员会革命委员会通信总站。

1978年,由黄委签发的《关于建立黄委会无线电管理委员会的报告》[黄通字(78)第2号]明确,通信总站负责承办无线电管理委员会的日常工作,明确了无线电管理委员会的主要任务:①统一管理无线电频率的划分和使用;②统筹安排各种无线电、站的建设布局和审定台站的具体位置;③指导无线电通信保密;④提出消除工业无线电干扰的建设;⑤监督和管理无线电的设备使用。

1979年,根据《关于金银山中继站工程总体计划的批复》[黄通字(79)第6号],信息中心提出关于金银山总体计划的报告以及关于京汉微波干线至我会支线建设意见的报告、三门峡-垦利2GC微波通信设备安装经费的报告,顺利完成任务。

1980年,由黄通字(80)第2号文件布置1980年三花间无线电通信工作计划,主要内容为:①在现有基础上进一步提高散射干线和超短波干线通信;②完善无线网络;③改进现有单边天线;④技术人员培训;⑤加强对无线电通信工作的领导;⑥建立岗位责任制为中心的各项规章制度。提高通信质量,严格要求,防止发生事故,做好安全工作,经费合理使用,节约开支。信息中心按时保量保质地圆满完成各项工作任务。

1982 年,信息中心按照郑政字(82)第 5 号和黄通字(82)第 1 号文件指示,在陆浑水文总站办公室于 1982 年 1 月 19 日进行了关于陆浑通信站的交接事宜。

1982 年,根据《关于召开通信工作会议的通知》[黄通字(82)第 4 号],在信息中心召开了为总结 1981 年通信工作,交流开展通信工作经验,布置了 1982 年工作的重点,参加人员:河南、山东两局通信工作负责人及业务技术干部。本次大会强调了线路维护,提高通话质量,加强业务管理和技术指导,分析了存在的问题,为圆满完成 1982 年的工作打下基础。

1983 年,根据《报送黄河中、下游防汛、报汛无线电通信网的建设》[黄通字(83)第 6 号],信息中心认真研究组织、规划以及对现有人员技术培训,对下游无线电建设从设备采购到机房设计、微波建设计划、基站建设、投资情况等做了明确说明。

1983 年,根据《中共通信总站总支委员会关于表彰优秀共产党员的决定》[黄通字(1983)9 号],深入贯彻十二大精神,经全体党员评选总支委员决定六位同志为优秀共产党员予以表彰,由广大党员和全体职工认真学习他们的好思想、好作风,在总站进一步掀起学先进、人人当先进的热潮。

1983 年,根据黄劳字(83)第 176 号文件批准,通信总站设一室三科,即办公室、政工科、通信管理科和财务器材科。

1985 年,根据郑规划(85)地字第 8 号文件关于巩县(现为巩义市)黄委会通信站征地的批复,信息中心完成巩县黄委通信站桃园乡五指岭土地 5.00 亩土地的征用工作。

1985 年,根据黄通党(85)第 3 号文件精神,由中心党组、会机关党委、会纪委召开通信站第一期整党工作,通过学习广大党员回顾一年来的学习,一致认为:这次整党指导思想明确,掌握政策稳妥,效果明显。

1982—1984 年通信总站会计预算及决算报表,数据完整并附有详细的报表说明。